KB267636

이웃의 얼굴

레비나스의 '얼굴'을 관계 윤리로 읽다

이웃의 얼굴

레비나스의 '얼굴'을 관계 윤리로 읽다

초판 1쇄 펴낸날 | 2026년 2월 9일

지은이 | 박연규
펴낸이 | 고성환
펴낸곳 | (사)한국방송통신대학교출판문화원
　　　　(03088) 서울시 종로구 이화장길 54
　　　　전화 1644-1232
　　　　팩스 (02) 741-4570
　　　　홈페이지 https://press.knou.ac.kr
　　　　출판등록 1982년 6월 7일 제1-491호

출판위원장 | 박지호
편집 | 신경진
디자인 | 플랜티

ⓒ 박연규, 2026
ISBN 978-89-20-05507-2 93190

값 19,000원

■ 이 저서는 2022년 대한민국 교육부와 한국연구재단의 지원을 받아 수행된 연구입니다.
　(2022S1A6A4046949)

Emmanuel
Levinas

레비나스의 '얼굴'을 관계 윤리로 읽다

이웃의 얼굴

박연규 지음

지식의날개

프롤로그
이웃의 얼굴을 만나면서

프랑스 철학자 에마뉘엘 레비나스(Emmanuel Levinas, 1906~1995년)에게 철학의 시작은 생각하는 주체(cogito, 코기토)가 아니라 세상 밖의 타자(Autre, the Others)와 맺는 관계에 있다. 레비나스에게 타자란 자기 밖의 모든 외부적인 존재를 가리키며, 그는 "앎 그 자체가 이미 타자와 맺는 관계"라고 말한다.[1] 다시 말해 관계가 없다면 앎이라는 인식 행위 자체도 성립할 수 없다는 뜻이다. 이명곤은 이런 레비나스의 타자 윤리학을 다음과 같이 쉽고 멋지게 요약했다.

"레비나스의 윤리학은 한 마디로 관계성에 대한 고찰과 탐구라고 할 수 있다. 따라서 이러한 윤리학은 칸트적 의미의 규범적 도덕성과는 거리가 멀다. 정당성이나 당위성 혹은 행위의 준칙 등의

---

1. 에마뉘엘 레비나스, 『타자성과 초월』, p.39.

도덕법칙을 규명하는 것은 전혀 레비나스의 윤리학이 지향하는 것이 아니다. 레비나스의 윤리학은 오히려 세계와 인간에 대한, 특히 인간이 타자에 대해 가지고 있는 원초적인 국면을 현상학으로 규명하는 것이라고 할 수 있다. 즉 인간이 처한 근본적인 상황이 곧 '관계성'으로 나타나고, 따라서 인간의 문제는 곧 '윤리적인 문제'로 환원되는 것이다." (이명곤, 『레비나스와의 1시간』, p.68.)

윤리가 마냥 이론적일 수 없는 이유는 그것이 철저히 현실에서 발생한다는 사실, 그리고 현실에서 방법을 찾고 해결해야 한다는 사실에 있다. 물론 윤리가 무엇인가에 대해서는 어느 정도 선이해가 필요하지만, 윤리를 생각 또는 사유의 어떤 것으로 몰아가서는 안 된다. 예를 들어 의무론이나 공리주의의 딜레마 해결에 몰두하면 윤리의 상식적이고 실존적 모습과는 멀어진다. 윤리를 우리의 일상으로 되돌려야 추상적인 거대 담론에 빠지지 않는다. 윤리학의 현실적 필요와 해결은 멀리 있지 않고 우리의 작고 사소한 생활양식에 있다. 세상일에 접목되는 윤리학, '일상의 현상학'이라 부를 수도 있는 관심과 책임, 희생과 배려, 이웃과 장소에 있다. 타인과의 관계에서 생겨나는 존중, 겸손, 염려, 공감, 양심처럼 타인을 의식하며 서로 힘든 모습을 외면하지 않고 이해할 때 윤리가 만들어진다.

힘들고 지치기 쉬운 일상생활에서 삶의 희망을 찾기 위해서는 나 혼자만의 삶이 아닌 타인과 더불어 살아가는 양식인 관심과 염려가 중요하다. 관심은 윤리적일 수 있는 길을 제시한다. 예를 들어 얼굴 보기를 삶의 중심에 놓으면 세상과 관계 맺는 방식이 달라진다. 우리의 얼굴을 보자. 얼굴은 쉽게 예측되거나 표현되지 않지만, 어떨 때는 얼굴 그 자체로 말을 건네며 만남의 즐거움을 느낀다. 가끔 얼굴은 나에게 호소와 간청으로 오기도 한다. 그가 힘들고 고통스러울 때이다. 윤리적 사건의 층위는 이렇게 얼굴을 통한 행복과 불행의 관계 맺음에서 시작한다. 많은 경우 얼굴의 윤리는 삶의 부정성 또는 허약함으로 우리에게 드러난다. 주위를 살펴보면 '약하고 가난한' 얼굴이 있고 '헐벗고 굶주린' 얼굴이 있으며, 공포, 분노, 불쾌함, 슬픔, 놀라움, 또는 측은함, 동정심, 미안함, 죄송함, 고마움의 얼굴이 있다.

얼굴 이야기를 좀 더 해보자. 얼굴과 관련해 흥미로운 점은 자기 얼굴을 본 최초의 사람은 자신이 아니라는 사실이다. 사람은 태어난 이후에도 한참 동안 자기 얼굴을 볼 수 없고 얼굴이 있다는 사실조차 알지 못한다. 이상한 경험이기도 하지만 우리는 자기 얼굴을 보기 전에 이미 다른 사람의 얼굴을 먼저 보았고 타인의 얼굴을 보면서 유아기를 보냈을 것이다. 얼굴은 자기 것이면서도 실제로는 타인이 먼저 보는 것이라고 할 수 있다. 요즘처럼 자기 얼굴에 무한정한 의미를 부여하는 것이 이상할 정도이다.

"얼굴은 자신을 위한 것이 아니라 타인을 위한 것"이라는 테제 자체를 인정하면 우리는 지나친 자기중심에서 벗어날 수 있다. 이 말은 얼굴은 자기 것이지만 그 의미나 활용은 누군가에게 보이는 데 있다는 뜻이다. 실제 거울을 통해 자기 얼굴을 보는 시간보다 타인의 얼굴을 보는 시간이 더 많다. 거울로 자신을 들여다볼 때는 마치 자기 초상화를 보듯 불필요한 집중을 하게 되지만, 타인의 얼굴을 볼 때는 마음 편히 풍경화를 보는 듯하다. 자기를 들여다볼 때의 긴장감과 어색함에서 벗어나 넓은 시각으로 풍경을 대하듯 타인을 보는 행위는 유아기의 원초적인 자연스러움일 것이다.

사람에게 가까이 접근할 때 가장 전면에 나타나는 것이 얼굴이다. 우리의 하루는 누군가를 보면서 시작하고 끝이 난다. 얼굴로 매개되고 얼굴로 근접된다. 사람의 얼굴에 다가가고 다시 멀어지는 일이 삶의 전체일지도 모른다. 누군가를 보거나 누군가에게 보이는 모습, 이런 '봄과 보임의 양식'에는 대단한 가치 개념이 끼어들 여지가 없다. 오직 얼굴 보기라는 관심의 현상만이 있다.

얼굴은 말을 하면서 서로에게 관심을 자아내며 가끔 서로 감춰 둔 고통의 모습을 드러낸다. 윤리는 이런 모습을 찾아내어 서로에게 긍정적인 메시지를 주고 적절히 반응하면서 상처로 얼룩진 타인을 달래고 우리의 삶을 희망으로 이끌어 간다. 자기중심적이고 이기적인 일상에서 서로 얼굴을 제대로 볼 수 있다면 얼마나 좋을까. 윤리적인 길은 멀리 있지 않고 지금 누군가의 얼굴을 보고 있는가에 있다. 당신은 어제 누구의 얼굴을 보았는가.

기독교 윤리학자인 라인홀드 니버는 주어진 상황에 어떻게 '적합하게' 반응을 할 수 있는가를 물으면서 상황 윤리에 근거한 책임 윤리학을 제시했다. 무엇이 현재 진행되고 있는가, 무슨 일이 생겼는가, 내가 처한 삶의 상황에서 내가 누구에게 무엇에 책임이 있으며 어떤 상호작용을 하는 공동체 안의 나 자신인가라는 물음을 통해 책임의 중요성을 말했다. 자신이 처한 상황, 대상, 일, 공동체 등이 모두 책임의 주제가 된다. 오스트리아 출신의 유대계 종교철학자인 마르틴 부버도 이 세상에 '나라는 것'은 혼자 존재할 수 없다고 했다. "관계의 세계가 찾아왔을 때 우리는 얼마나 흐뭇했으며 관계의 세계가 떠나갔을 때 우리는 얼마나 슬펐던가."라고 기술한다.[2] 그에게 우리는 항상 누군가와 같이 있는 관계 그 자체였다.

레비나스의 윤리학은 '책임'의 윤리학이다. 그는 책임지는 행위를 인간이 지닐 수 있는 가장 온전한 모습으로 본다. 자신의 존재 유지, 이성, 자율에 책임이 추가될 때 온전한 주체로 거듭난다는 뜻이다. 그의 책임 윤리학은 일인칭 관점의 내 삶에서 벗어나 이인칭 관점인 '타인을 위한 책임'으로 변화하는 과정을 다룬다. 이 과정은 내 삶은 내가 책임을 진다는 차원을 넘어 타인에 관한 관심과 염려 그리고 배려로 나아간다. 여기에서 '책임을 진다'는 표현은 관계의 무게 중심을 타인에 둔다는 뜻이다. 타인이 중심이 되는 윤리를 말하는 순간 우리는 누군가와 같이 있으며 그 누군가가 중심이 되어 내가 윤리적일 수 있는 것이다. 이에 대한 온갖 서술이 이 책의 전편을 덮고 있다. 다음의 비유적인 달의 변화 과정을 통해 그 의미를 간단히 살펴보자.

---

2. 마르틴 부버, 『나와 너』, p.53.

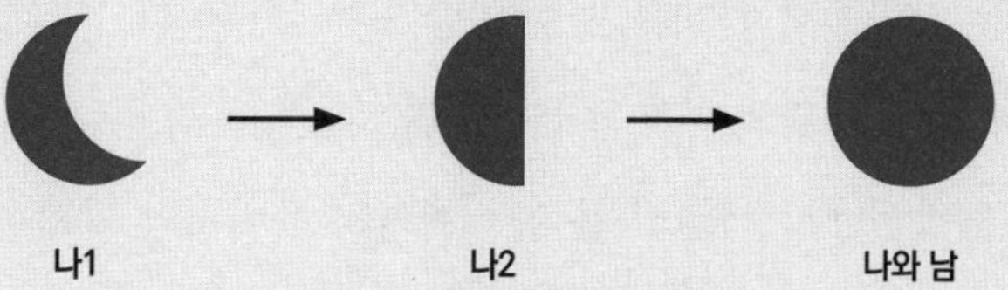

　'나1'은 원초적인 상태의 자기중심이고, '나2'는 자아가 형성되긴 했어도 여전히 이기적이고 자기중심적인 자아에서 완전히 벗어나지 못하고 있음을 의미한다. 개인의 자기실현을 도와줄 남이 빠져 있어 온전하지 못하다. 마지막 보름달 같은 자기는 '나와 남'이 함께하는 윤리적인 자아로 완성될 때이다. 남이 내게 들어오려면 어떻게 해야 할까. 나와 남이 같아진다는 것은 말 그대로 쉽지 않다. 남을 들어오게 하려면 그를 중심에 둬야 하는데 그게 어렵다. 무게 중심이 여전히 내 자의식에 있으면 타인이 쉽게 들어올 수는 없다.

　우리는 오랫동안 자아가 강해야 한다든지 자의식이 분명하고 주체적이어야 한다는 말을 들어 왔다. 이 말이 물론 잘못된 것은 아니다. 그러나 이런 의식이 강화된 탓에 지나치게 주관적이 되거나 이기적이 되는 문제가 생긴다. 자기 밖의 모든 세상이 자신을 위해 존재한다고 생각한다. 이런 비극적인 존재론에서 벗어나려는 질문이 바로 레비나스의 '타인(남)은 누구인가'이다. 타인을 내게 들어오게 하려면 '나는 누구인가'라는 질문은 잠시 잊고 이 질문에 좀 더 집중해야 한다.

　　윤리는 사람들과 관계를 맺는 역량 또는 기술이다. '관계'는 윤리 이론이나 윤리 행위의 대표적 특성이다. '관계 윤리'라는 말은 '관계 자아'의 연장선에서 책임의 윤리나 배려의 윤리처럼 학제적 개념으로 쓰이기도 한다. 이 책에서 자주 언급되는 '이웃' 또는 '얼굴'이라는 말은 관계 윤리의 물질적이고 현상적인 표현이다. 이웃이라는 말은 공동체적 삶의 구체적이고 대상적인 표현이며, 얼굴은 레비나스의 윤리 논의의 중요한 매개이다. 이렇게 이웃과 얼굴이 합해지면 윤리의 적용과 문제 해결 영역 두 가지가 함께 이해된다. 이웃에는 타자 의미가 내포되어 윤리학의 여러 담론을 모두 담을 수 있고, 얼굴을 통해서는 책임, 배려, 양심 등 윤리적 에스프리를 끌어낼 수 있다.

　　관계 윤리를 이웃이나 얼굴로 풀어내면 우리 시대의 윤리적 갈등을 구체적인 서사로 읽어 낼 수 있다. 인간관계를 무균의 폐쇄적 실험실 공간에 두고 현미경으로 들여다볼 필요가 없다. 철저하게 닫힌 공간의 개인이 아니라 시민 또는 동네 주민의 열린 공간에서 망원경의 시각으로 윤리 논의를 펼칠 수 있다. 예를 들어 '양심'처럼 오래 묵은 윤리 개념은 사람들의 관계 속에서 접근할 수 있다. 이는 하이데거를 비롯한 유럽 실존주의자들, 후기모더니즘 계열의 철학자들이 도덕의 존재론적 성격을 '인간 사이'에 놓고자 하는 의도와 맥을 같이 한다. 그리고 윤리학을 사회정의와 같은 거시적이고 이론적 담론으로만 논의하는 데서 벗어나 정의감이나 책임과 같은 미시적 담론으로 끌어낼 수 있으며, 2장에서 논의하겠지만 레비나스 윤리의 백미이기도 한 '비대칭'이나 '수동성' 같은 개념도 풀어낼 수 있다.

윤리는 상당한 수준에서 미시적이다. 윤리적 행위는 눈에 띌 정도로 강력하지도 않으며 작고 움직임이 없어 눈치채기가 쉽지 않다. 겸손의 몸짓도 그러하고 부끄러움이나 미안함의 표정도 그러하다. 윤리적 행위는 다른 행동과는 달리 잘 드러나지 않고 내밀하게 숨어 있으며, 그 진폭이 옅고 희미해 사람들 눈에 잘 띄지 않는다. 윤리는 분명 강력한 인간관계의 힘을 지니고 있지만 미시적 특성으로 우리 삶의 배경에서 작동한다. 비록 잘 보이지 않는 듯해도 윤리적 행위가 없으면 삶의 진실성은 기대할 수 없고 우리의 마음 깊은 곳에 놓인 삶의 가치와 아름다움, 조화를 발견할 수 없다. 윤리는 오래 관찰하지 않으면 놓치고 마는 고요함의 산물이기 때문이다.

윤리는 사회 규범이나 의무와는 차원이 다르다. 그것은 인간다움의 정수이다. 윤리적 감성은 삶의 장식도 아니고 사치도 아니다. 그저 그렇게 삶을 엮어 내는 힘이다. 이 책에서는 이기적인 자기에서 출발하되 타인의 얼굴을 마주하며 이웃이 될 수 있는 '윤리의 힘'을 말하고자 한다. 사람에 싫증이 났다가도 이내 관계라는 희망의 끈을 놓고 싶지 않은 사람들의 이야기를 하고 싶은 것이다. 좋은 인간관계는 한곳에 오래 머물면서 사람들과 어울려야 얻을 수 있다. 거기에 더해 온 가족이 식탁에 둘러앉아 얼굴을 마주 보며 함께 저녁을 먹을 수 있다면 그보다 더 좋은 게 없을 것이다.

이 책에서는 레비나스의 윤리학을 4개의 장으로 풀어서 기술하고자 했고, 장과 절은 인간 발달 단계처럼 개인에서 사회로 확장되는 형식을 취했으며 전체 흐름에 따라 각각의 작은 주제를 설정해 액자식으로 구성했다.

1장에서는 인간의 이기심과 자기중심성의 불편한 진실에 가까이 가려고 했다. 윤리가 성립되려면 이기심의 과정을 충분히 설명해야 하지만 대부분 '이기심 삭제'라는 주제에 성급하게 진입하려고 한다. 이기심에 대한 논의를 생략하고 이타심으로 건너뛰면 윤리는 위선이 되며 강압과 억압으로 작동한다. 그리하여 이기심의 스펙트럼인 무관심, 폭력, 불안, 고독, 고통 등을 다룬다. 어린 시절, 자폐증, 노동, 몸의 겹 구조 같은 소주제에 대해서도 논의한다.

2장에서는 타인에 대한 의식화가 왜 중요한지를 논의하면서 자기중심적인 이기심을 향한 부정성을 반성할 필요가 있다는 점을 관계의 관점에서 알아본다. 차이와 다름, 타인의 발견, 타자 경험, 관계 가치, 접촉 등의 소주제를 통해 관계 윤리가 정상화될 수 있는 요인을 찾는다.

3장에서는 관계 윤리의 관점에서 얼굴의 의미와 역할을 본격적으로 다룬다. 얼굴을 통한 윤리적 사건이나 얼굴의 발견으로 인해 이기적 나에서 이타적 나로 변화하는 방법을 모색한다. 얼굴의 기호 분석과 얼굴의 가치, 얼굴의 타인 지향적 의미 등을 통해 얼굴의 윤리가 기능하는 방법을 알아본다.

4장에서는 얼굴의 윤리가 실현될 수 있는 사회의 여러 모습을 이웃이라는 주제를 통해 조망한다. 책임과 양심, 공감과 정의 그리고 사회 현장의 모습으로서 장소, 도시, 동네, 주민 등의 소주제를 논의

한다. 윤리의 현실성을 높일 수 있는 사회적 조건으로 얼굴이 장소를 통해 드러나게 하는 것이 이 장의 몫이다. 얼굴 윤리학의 적합성과 얼굴 보기의 미시적 담론을 기술한다.

이 책에서는 전체적으로 타인과의 얼굴 보기를 통해 관계의 윤리적 덕목이 다채롭게 나타나도록 했다. 자기중심에서 벗어나 온전한 주체성을 형성하고 관심과 책임 의식을 강화하며, 나아가서 공동체적 정의감 또는 이웃 정의의 실현 가능성을 제시하고자 했다. 얼굴을 보는 행위에서 윤리가 발생한다는 레비나스의 주장에 동조하면서 그의 주장에 설득력을 더하는 다양한 근거와 사례를 모았다.

목차 contents

2장 나와 너

3장 얼굴

1장

이기적 나

ETHICS

ETHICS

이기심은 뿌리가 단단해서 사람들의 의식 전체를 지배하고 있다. 윤리학의 모든 전략은 이런 이기심을 어떻게 조절하고 극복할 것인가에 달려 있다고 해도 지나치지 않다. 동서양을 막론하고 인류 문명사는 이기심 제거의 역사였다. 공동체의 질서, 중용, 관용을 강조했던 아테네, 그리고 로마 시대부터 마키아벨리를 시작으로 하여 홉스나 루소에 이르는 서양 근대에 이르기까지는 이기심 제거, 흔히 말해 욕망 제거의 역사라고 할 것이다. 시야를 동양으로 가져와도 마찬가지이다. 마음을 문제 삼는 싯다르타의 무아(無我), 사욕 제거를 위한 공자의 인(仁)과 예(禮)도 이기심 제거가 일찌감치 시작되었음을 말해 준다. 지금 이 시대의 담론인 정의, 공정, 배려라는 덕목 역시 이기심 제거를 전제로 하듯이 이기심은 윤리학의 가장 오래 묵은 숙제일 것이다.

몸을 가진 인간이 욕망의 존재인 것은 어쩌면 숙명과도 같다. 욕망은 아무리 세련되게 처치한다고 해도 한계가 있다. 이 한계를 잘 포장해 겉으로는 별다른 문제가 없는 것처럼 보이게 할 수는 있어도 욕망이나 욕심 자체가 근본적으로 사라지지 않는다. 욕망은 아무리 잘 조정되더라도 항상 부정적인 것으로 남는다. 이런 부정성은 사회가 불안하거나 경제가 안정되지 못하면 언제든지 틈을 비집고 나온다. 욕망이나 이기심은 잠복해 있을 뿐 생명이 끝나지 않는 한 절대 죽지 않으며 잘 짜인 사회정의의 체계적 담론으로도 없어지지 않는다. 이타성도 어디까지나 이기심을 전제하며 기능하는 것으로 봐야 한다. 1장에서는 우리의 일상을 이기심의 원초적인 모습을 통해 살펴보면서 타인 이해를 어렵게 하는 요인을 알아본다.

1. 이기적인 너무나 이기적인

자기 안에 매몰되어 주위의 어떤 것도 제대로 보이지 않을 때가 이기주의의 가장 원시적인 순간이리라. 이런 원시성에 무슨 죄가 있는 것은 아니다. 이기주의자의 잘못이 있다면 그저 자기 삶에 충실하되 "이웃을 향한 열림이 작아진 것" 말고는 없다.[3] 자기중심성이 모두 이기적인 것은 아니지만 적어도 이기적일 수 있는 원인을 제공한다. 우리는 이기적이라야 손해를 보지 않고 경쟁 사회에서 살아남을 수 있다고 생각한다. 한편 이기적인 것이 정신적으로 건강하지 않다고 생각하면서도 그저 지나치지 않을 정도의 자기중심적 삶에 만족하며 적절히 포기하고 산다. '이기적인 너무나 이기적인' 인간의 모습이 어떻게 전개되는가를 살펴보자.

---

3. 이명곤, 『레비나스와의 1시간』, pp.28-29.

자기중심과 무관심의 얼굴

자기중심적 사고는 사회생활의 경쟁이나 물욕, 계약 관계, 심지어 이성의 합리적인 도구 양식으로 강화된 측면이 있지만 거의 태생적이다. 우리는 모두 자기가 태어난 곳, 또는 살던 집에서부터 자기중심성을 키워 냈다. 세상 사람의 수만큼 자기중심의 양도 많고 자기중심의 농도와 깊이도 대단하다. 그것은 믿음이나 신앙처럼 너무나 깊고 단단해 의식하기가 쉽지 않고 알아채더라도 없애기가 쉽지 않다. 물론 다른 사람이 자기만큼이나 자기중심적이라는 사실을 알면 자기중심의 원심력이 약해질 수는 있다. 하지만 사람들은 자신의 자기중심성을 잊어버린 채 그것을 반복하고 증폭시킨다. 타인도 자기만큼이나 자기중심적이고 이기적일 것이라는 생각에 두려움을 느낀다. 자기라는 강력한 장소에 밀착되어 그 견고한 벽을 깰 수 없고 자기중심적 사고에서 벗어나기도 쉽지 않다.

자기중심의 삶을 살다 보면 타인에 대해 무관심할 수밖에 없다. 이런 무관심은 타인의 얼굴을 보려고 하지 않는 데서 쉽게 드러난다. 얼굴을 보지 않는다는 것은 사람들이 남에게 신경을 쓸 겨를이 없고 오직 자기 일에 몰두해 있음을 의미한다. 자기중심적인 사람은 타인을 자기 방식으로 몰아가거나 끌고 가려고 한다. 어떨 때는 무관심의 수준을 넘어 잔인함의 단계까지 간다. 방관자가 된 채 이어지는 편견은 치명적인 피해를 준다. 그러므로 윤리를 최소한의 법적 위반을 하지 않는 것 또는 남에게 물질적 피해를 주지 않는 것 정도로 생각하면 안 된다. 자기중심적인 태도에서 벗어나 타인에게 관심을 보여야 하며 편견을 줄여야 한다. 자기중심적 행동이 심해지면 다른 사람을 나 몰라라 하는 것을 넘어 그들의 생각이나 인격과 존엄성을 무시하고, 그의 것을 억지로 끌어와 자기 것으로 만들려고 한다. 자기장처럼 외부를 자기 안으로 끌어들인다.

자기중심적인 자기장에서 벗어나려면 먼저 남들과의 차이를 인정해야 한다. 차이를 인정하는 순간 자기중심에서 빠져나올 희망이 생기기 때문이다. 차별도 다른 사람을 인정하지 않고 자신을 지나치게 강화한 결과이다. 타인에게 끼치는 손해, 피해, 상해, 폭력은 모두 차별의 결과이며 거기에는 괴물과 같은 자기중심이 있다. 차이라는 말을 색의 비유를 통해 살펴보자. 색은 다른 색이 옆에 있어야 보인다. 인접한 곳에 다른 색이 없다면 그 색을 정확히 파악할 수 없다. 애매한 색은 옆에 다른 색이 없으면 알아차릴 수 없다. 어둠이 색이 아니고 검정도 색이 아니듯, 우리가 어둠과 검정처럼 되면 너무 쉽게 자기중심에 빠질 수 있다.

앞서도 말했지만 자기중심이나 이기심에는 죄가 없다. 처음부터 남에게 피해를 주려고 만들어 놓은 게 아니기 때문이다. 다만 이것이 철저히 자기 내부로 향해져 생존과 안전을 위해 기능하는 탓에 생겨난 것뿐이다. 자기중심에 잘못이나 죄를 물을 수 없다. 자기 너머 밖의 일에 관심을 가지기가 어려운 게 모든 생명체가 지닌 속성이다. 이를 비극으로 본다면 할 수 없겠지만 잘못은 아니다. 생명체 중 유일하게 인간만이 윤리라는 이름으로 자기 외부를 걱정하거나 염려한다. 그러나 늘 자기중심이라는 원점으로 되돌아온다. 마치 시시포스처럼 실현 불가능한 일을 끊임없이 시도하는 듯하다.

폭력, 돌이킬 수 없는

자기중심적으로 행동하면 남들에게 본의 아니게 불쾌감과 피해를 준다. 무관심으로 관계가 정지되고 상실되며 이는 폭력으로 비화한다. 실제 거리에서 폭력은 흔하게 일어나지 않는다. 뉴스에 나와서 폭력이 많아 보일 뿐이다. 영화나 게임의 '보여 주기' 위한 특이성에 가까워져 강도가 높아질 뿐이다. 현실의 일상화된 폭력은 너무 사소하고 시시하다. 귀를 잡아당기고 발길질하고 골탕을 먹이는 장면이나, 도움을 요청하는 손길을 못 본 체하는 행위를 누가 폭력이라고 하겠는가. 그러나 현실에서는 이런 사소한 것이 쌓여 분노와 원한을 만들어 낸다. 그것은 조직적이거나 계획적이지도 않으며 폭력으로 취급되지도 않는다. 그저 그렇게 생활화되어 자신도 모르게 저지르고 또 당하면서 익숙해진다.

분노와 억울함을 유발하는 폭력이 있고 오랫동안 감정의 앙금으로 남는 폭력도 있다. 하지만 폭력이 긍정적 쾌감을 만들어 낼 때도 있다. 범죄 영화의 폭력 장면을 윤리적인 안정감 속에서 편안하게 즐길 수 있는 이유는 정의가 늘 승리하기 때문이다. 직접적이고 단순해서 거기에는 인격적 모멸감이나 인간적 역겨움이 없다. 누군가는 이런 폭력마저 없어야 한다고 하겠지만 그런 세상은 없다. 현실 사회의 테러나 전쟁의 폭력은 일상을 넘어서는 폭력으로 어떤 의도나 메시지를 전달하기 위한 것이지만, 일상의 폭력은 그 목적이 타인에 대한 위해나 손상 또는 무시나 차별 그 자체이다.

현실에서 폭력은 피해와 가해의 성격이 서로 뒤섞인다. 나름대로 사연이 있고 파고들면 들수록 도대체 누가 옳은지 혼란이 올 정도이다. 세상이 진심으로 우려하는 폭력은 가해자와 피해자가 엄격히 구분되는 일방적인 폭력이다. 이런 폭력은 일상적 악습을 되풀이하면서 잔인함을 재생산한다. 사소한 위해가 걸러지지 않고 자연스럽게 축적되고 익숙해지면서 위험해진다. 그리하여 자기 몸을 지나치게 보호하려는 자기중심적인 태도로 굳어지고 윤리와는 점점 거리가 멀어진다.

폭력은 자기 몸의 물리적 경계를 넘어서는 행위이다. 주먹을 휘두르거나 몽둥이, 칼 등의 도구를 사용해서 자기 몸의 안전성을 확보하려는 행위는 이내 폭력으로 바뀔 수 있다. 아무리 순수한 폭력도 그 현상은 '휘두름'이다. 자신의 경계에 타인이 들어오지 못하게 하는 행위이고, 필요에 따라 자기중심의 영역을 확보하려는 태도이다. 폭력은 자기중심의 외연을 넓히면서 자기 안에 타인이 들어오지 못하게 하는 물리적 장치이자 자기 보호의 장치로 사용된다. 자기 것을 주지 않기 위해, 또는 빼앗기지 않기 위해 휘두르는 팔과 다리에서 폭력이 만들어진다. 폭력을 사회적 병리로만 취급해 법적 조치를 하는 정도로는 문제가 해결되지 않는다. 폭력의 물리성에는 이기심과 자기중심의 속성이 들어 있다. 폭력이 비윤리적인 것도 바로 이 때문이다.

‘우리’라는 말

　사람들은 대체로 서로의 일에 별로 신경을 쓰지도 않고 호기심 이상의 관심도 없다. 우리라는 말의 개성 없는 특징이 서로의 무관심에 속도를 내게 하는 촉매제가 되곤 한다. ‘우리’라고 하는 순간 나로부터 출발해야 하는 모든 상황이 지체되고 지연된다. 물론 나의 존재론이 ‘우리의 존재론’이 되면 자기중심적 인식의 폐해를 없애는 장점은 있다. 나로 출발하는 사유에서 벗어나 내 생각을 잠시 양도할 수 있기 때문이다. 우리라는 말은 소속감과 결속력을 주며 유대감을 준다. 집단에 머물면서 고립을 줄일 수 있고 간혹 자신만의 개성과 잠재력을 발견할 수도 있다. 하지만 우리의 존재론에는 여전히 지나치게 과장된 결속력이나 집단의식이 자기중심을 만들며, 타인 배제가 더 조직적이고 체계적으로 이루어지기도 한다. 물론 ‘우리의 존재론적 사유’가 정상적으로만 발휘된다면 ‘공동의 존재’를 우선순위에 두고 ‘상호주체적 사유’를 가능하게 할 수 있다. 그런 사유에서는 서로의 주체성을 확인하고 양보하고 타협하며 자기중심성을 줄일 수는 있다. 만약 그렇게만 된다면 ‘우리의 존재론’이 힘을 발휘할 수 있겠지만 현실은 그렇지 못하다.

　‘우리’라는 말은 다른 사람과 나의 구별을 모호하게 한다. 흔히 ‘나’라는 말이 우리라는 말보다 더 자기중심적인 것처럼 보이지만 사용법의 속내를 들여다보면 꼭 그렇지만은 않다. 우리라는 말은 나의 외연을 넓혀 주는 긍정적인 효과도 있지만, 이기심이 확대되는 모습으로 나타날 때가 많다. 상황에 따라 ‘우리’가 ‘나’보다 더 치명적인

해악을 입히기도 한다. 지연이나 학연을 생각해 보라. 거기에는 나의 이기심이 우리의 이기심으로 확대되며 집단화된 자기중심적인 성격이 그대로 들어 있다. 이 때문에 '우리'라는 말이 갖는 공동체적 긍정성이 쉽게 무너지고, 적절한 조치가 없으면 '우리'는 전혀 쓸모없는 말이 된다.

'우리'라는 곳은 나를 잠시 숨기기에 좋은 장소이긴 해도 안정적이지는 않다. 우리라는 말은 자신을 특정 집단 안에 녹아들게 할 뿐 아니라 '녹아 없어지게' 하는 위험이 존재한다. 사람들에게 떠밀려 자신도 모르게 그렇게 판단하고 동조한다. 이런 상황에서 개인적 성찰이나 반성이 생겨날 수 없다. '자기중심적 집단'이 만들어지기 때문이다.

자기중심이라는 말은 이기적이라는 말과 같다. 만약 인간이 얼마나 이기적인지를 측정하는 도구를 개발할 수 있었다면 일찌감치 이타적으로 되었을 것이다. 요즘처럼 잡식성이 강한 심리학의 학제적 관심을 보면 언젠가는 이기심 측정 문항이 개발되지 말라는 법도 없다. 그러나 이기심 측정 도구를 굳이 찾고 싶지는 않다. 그 도구가 신뢰성도 없고 효과도 없는 이유는 인간이 자기중심이나 이기심에서 완전히 벗어나기 어려운 존재이기 때문이다. 자기중심이나 이기심은 점액질에 가깝다. 마치 아스팔트의 타르처럼 옷에 검게 묻어 버리면 씻어 내기가 쉽지 않은 것과 같다. 어쩌면 자기중심은 인지능력의 잘못이 아니라 우리의 어린 시절에 원인이 있는지 모른다. 그 시절로 돌아가 보자.

어둠, 어린 시절

유아기 때는 자기 주위의 세계를 '가질' 수 없었다. 자신과 외부를 구별하지 못한 채 다만 느낄 뿐이었다. 실제로 유아는 신체의 고통이 올 때 어디가 정확히 아픈지를 알지 못하며 어떻게 아픈지를 설명할 수 없다. 유아는 눈의 초점도 정확히 맞추지 못하며, 멀리 있는 사물과 가까이 있는 사물을 별개의 사물로 간주할 수 있는 공간 감각도 없다. 이 시기에 유아의 몸은 배고픔과 충만함, 이 두 가지 느낌으로 가득 찰 정도로 단순하고 소박하다. "생후 6~8개월 사이의 아기는 낯선 사람을 두려워하지만, 그 이전에는 낯선 얼굴과 낯익은 얼굴을 구별하지 못한다."[4] 한편 좀 더 자라면 낯선 사람 또는 모르는 사람을 피하기도 하는데 이것은 아는 사람과 모르는 사람의 중간 영역에는 관심이 없다는 뜻이다. 지극히 이분법적이고 극단적이다. 그러나 이내 서로 다른 두 영역을 구분하고 중간 지점을 찾는다.

하지만 말을 할 수 있는 정도가 되었다고 해도 크게 나아지는 것은 없다. 분리 능력이 여전히 부족하다. 유아는 사물들의 공간 관계를 기술하지 못하거나 관심이 없고 대신 사물 자체에만 집중하는 경향이 있다. 사물의 관계를 보려면 사물을 분리할 수 있어야 하는데 그렇지 못하다. 분리 또는 분화 능력의 부족으로 생기는 관계 불안의 역사가 만만치 않은 것은 이런 이유 때문이다.

여기에 못잖게 아이에게 주양육자는 중요하다. 예를 들어 "어머

---

4. 이-푸 투안, 『공간과 장소』, pp.43-45.

니는 아이의 제일의 장소이다."[5]라는 말처럼 어머니는 아이의 머리맡에 항상 고정되어 있다. 거기에 돌봄이 있고 그에 따른 안정감이 있기 때문이다. 어린아이가 구석진 곳에서 편안함을 갖는 이유도 자기만의 작고 닫힌 공간에 밀착되어 있다는 느낌 때문이다.

어린 시절에는 자기중심성이 최대치에 이른다. 가끔 어릴 적 살던 동네나 다니던 초등학교를 지나칠 때가 있다. 감개무량하고 온갖 생각이 다 일어난다. 그러나 학교 뒷문 안쪽에 높고 거칠어 신비스럽게 보였던 느티나무는 한쪽으로 작게 물러나 있고, 땅속으로 내려앉은 듯한 철봉에는 어떻게 매달릴 수 있었는지 신기하다. 한없이 넓어 보이던 운동장도 평수를 매기고 싶을 정도로 가까워 보인다. 집 앞의 길다란 골목길이며 높이 둘러쳐진 담은 또 어떠한가. 해가 지고 어둠이 내리면 함께 떠들며 몰려다니던 아이들을 냉정하게 갈라놓았던 담은 허무할 정도로 낮아져 있고 골목길은 너무 짧게 끊어졌다. 왜 이렇게도 작아 보일까. 단순히 키가 커진 탓에 만들어진 물리적 각도가 시각 차이를 냈을까. 보이는 사물의 거리나 넓이와 크기가 세상을 한번 흔들어 놓았는지 모른다. 아니면 그새 높은 빌딩과 넓고 복잡한 도시에 익숙해졌고 게다가 과장된 어휘와 상상으로 어른이 된 탓일지 모른다. 이 모든 것이 어린 시절의 기억을 맥없이 만들어 버렸는지도 모를 일이다.

어린 시절의 사물이 크게 보였던 까닭은 주로 측면에서만 사물을

---

5. 이-푸 투안, 『공간과 장소』, p.54.

보기 때문이다. 키에 비례하여 평면 중심의 인지 경향이 커진 탓이다. 어린아이의 작은 키가 시각 영역을 크게 했다면 어른이 되어 자라 버린 키는 그 영역을 축소한다. 사물과의 관계 진폭의 차이도 어린 시절과 전혀 다른 세상을 만들었다. 그렇지만 여전히 키가 중요하다. 인간은 "직립해 있을 때 세계를 획득"하고 "직립했을 때 완전한 인간의 지위를 얻는다."라는 이-푸 투안의 말이 여기에도 적용될 것 같다.[6]

어린 시절은 말 그대로 자기중심적이다. 자기 신체, 환경, 사회적 조건이 서로 맞물리지 못하고 따로 논다. 자신과 사물들의 차이를 분별하는 능력도 없다. 차이에 대한 이해 부족으로 '나다움'을 구성하지 못하고 타인과의 구별이 분명하지 않아 자기가 누군지도 제대로 파악하지 못한다. 마치 어둠 속에서 사물을 제대로 볼 수 없는 것과 같다. 어둠 속에서는 자기 몸의 경계가 불분명해서 자기 몸의 위치나 위상을 정확하게 그려 낼 수 없다. 눈을 감고 자기 몸을 만져 보면 답답하고 느낌도 명확하지 않다.

어린 시절 어둠이 두려웠던 이유는 자신이 타인과 분리되어 있음을 정확히 인식하지 못했기 때문이다. 가장 큰 불안은 내가 이 세상에서 갑자기 사라지지 않을까 하는 두려움이었다. 주위의 어른들에 비해 자신이 미미한 존재로 여겨졌고, 말 그대로 너무 작아 이 세상에서 사라질까 봐 무서웠다. 이때 불안은 자기라는 경계가 명확하

6. 이-푸 투안, 『공간과 장소』, pp.65-67.

지 않기 때문이고 자신을 무엇이라고 규정할 수 없는 한계 속으로 가두어 놓은 탓이다. 어린 시절의 막연한 불안에서 벗어나 빨리 어른이 되고 싶었고, 밤은 지겹고 세상은 이해 불가능한 것이었다. 어른이 되고 몸이 커지면 경계가 명확해질 것 같았고 지겨움과 답답함에서 벗어날 수 있으리라고 생각했다. 어른이 되고자 하는 욕구는 그런 의미에서 규정되지 않은 자신에게서 빠져나오는 데 있으며, 타자와 구분될 수 있는 자기 정립의 필요성에 기인한다. 이 시절의 답답함, 막연함, 궁금증, 표현의 미개함 등은 자신이 어디서 와서 앞으로 삶이 어떻게 진행될 것인가에 대한 두려움이라고 할 수 있다. 이런 모든 불분명함은 비록 의도하지 않았다고 하더라도 어쩔 수 없는 자기중심 때문에 발생한 것이다. 자기중심이 자신과 세계의 차이를 제대로 구분할 수 없게 만들어 버렸기 때문이다.

어린 시절은 자기 밖의 타인이나 사물에게서 미분화된 상태이므로 윤리적일 수 있는 요건을 갖출 수 없다. 윤리가 구성되려면 '나 - 너'의 분리 공식을 따라야 하는데 어린 시절에는 이 공식이 만들어지지 않는다. 비록 미분리에서 탈출한다고 해도 분리를 통합하는 일이 여전히 남아 있다. 타자와의 분리는 윤리가 시작되는 시점이지만 분리 시에는 떨어짐의 상처를 입거나 자기 왜곡이 일어날 수 있다. 중요한 것은 이 시점에서 분리를 정신 병리적으로 건강하게 잘 넘겨 건전한 정체성을 만드는 데 있다. 또한 미분화가 불안을 가져오지만, 분화도 급격하게 일어나거나 기대 이상으로 지나치면 불안을 가져온다. 그러나 미분화된 불안은 스스로 통제할 능력이 없지만 분화된 불안은 자신이 통제할 여지가 있다. 분화되어야만 윤리적이냐를 말할 수 있지, 미분화된 단계에서는 윤리라는 말조차 사용할 수 없기 때문이다. 어린아이의 착해 보이는 행동을 두고 '윤리적'이라는 말을 쓸 수 없는 것도 그런 이유이다.

자신이 누구인지를 모른다는 답답함은 어둠 속에 있는 것과 같다. 어두운 밤의 공간에서 나는 나의 이름도 모르고 자신을 무엇이라고 규정할 수도 없었다. 자기 주변 세계와의 뚜렷한 구별도 없이 어둠 속에 사로잡혀 개별성을 상실하며 자신의 '있음'을 내세우지 못했다. 자신에 대한 뚜렷한 의식이 없는 상태는 마치 세상에 홀로 내던져진 것처럼 불안과 혼돈의 연속이다. 어른이 되어도 자기 밖의 세계를 구별하는 능력을 갖추지 못하면 어린 시절의 미분화된 현상이 반복된다.

물론 어린 시절이 불안의 연속이지만은 않다. 그 시절이 아릿하고 아름다운 추억으로 남아 있을 수 있다. 여기서 말하는 어린 시절은 자신의 최초 기억 이전인 무의식일 수 있으며, 명확하게 '자기'라고 말할 수 없는 단계를 의미한다. 그러나 어린 시절의 애틋한 기억의 한 장면을 떠올린다고 해서 명확하게 '나'가 그 상황에 주체적이었다고 할 수 없다. 어린 시절의 문제는 아이였던 자신이 세상 밖의 일에 주체적으로 나서지 못했다는 사실, 그리고 그 시절이 자신도 모르게 자기중심적이고 이기적인 행위의 원초적인 흔적으로 남아 있다는 사실이다. 어린 시절은 그렇게 있었을 뿐이지 '내가 그것을 했다'고 강하게 말하지 못하는 상태이다. 막연함과 애매함이 세상과의 차이나 분화를 불가능하게 했고 성인이 되어서도 쉽게 윤리적으로 되기가 어렵게 만든다. '비윤리적'인 것의 시작은 일찌감치 우리 자신 안에 있었다고 할 수 있다.

불면과 갇힘

사람이나 사물과의 명확하지 않은 경계는 불면에서도 나타난다. 잠들지 못하고 깨어 있는 불면 상태는 지킬 게 아무것도 없는데도 깨어 있다는 데 있다. 이런 상태에서는 아무런 의식 대상이 없다. 깨어 있지만 무엇을 할지 몰라 시작도 끝이 없는 상태에 놓인다. 불면의 고통으로 나의 의식은 흐릿하고 모호해지며 주변 사물도 명확하게 정리되지 않고 질서가 잡히지도 않는다.

잠이 오지 않는 어두운 공간에서 자신은 얼굴도 이름도 없이 그저 그렇게 '존재 자체'에 싸인 상태가 지속된다. 자신이 누구인지도 정확히 모른 채 멍한 상태로 자기를 그저 희미하게 의식한다. 깨어 있으려면 자기가 언제 어디에서 무엇을 하고 있다는 사실을 인지해야 하는데 그렇지 못하다. 몇 해 전 여름에 미국 애리조나를 자동차로 여행하면서 갓길에 차를 세우고 사막과 같은 황무지 한가운데로 들어간 적이 있었다. 온 사방이 트인 황무지 한가운데에 있었는데도 이상하게 갇혀 있다는 느낌이 들었다. 넓이가 주는 막연함과 경계 없음이 오히려 갇힌 상황을 만들어 낸 것이다. 젊은 시절 호기심으로 오징어잡이 배를 타고 동해 먼 바다로 나간 적이 있었는데 그때도 바다 한가운데에 갇히는 경험을 했다. 넓고 넓은 바다에서 자유로움을 느낄 줄 알았는데 그렇지 않았다. 구별될 수 있는 무언가가 주위에 없다는 사실은 자신의 정체성을 더욱 모호하게 만드는 것 같다. 비교할 대상이 없기 때문일 것이다.

공간 자체는 중립적이어서 좋고 나쁨의 대상이 아니다. 다만 공간이 인간화될 때, 달리 말해 두 사람 이상이 만나 대화를 나눌 수 있으면 장소가 된다. 건물 안의 빈 곳에 사람들이 모여들어 장소가 되는 것이다. 비어 있어 마냥 넓기만 하고 사람을 만날 가능성이 없다면 그곳은 불안과 두려움의 공간이 된다. 넓은 바다나 사막 한가운데에 혼자 있을 때, 그 공간이 불안하고 두려웠던 원인은 주위에 장소로 변화시켜 줄 요인인 사람이 없었기 때문이다. 넓은 공간에 홀로 있다는 것은 자유나 안정이 아니다.

넓은 공간이 자유로움을 줄 것 같지만 실제로는 그렇지 않다. 아무도 없는 크고 넓은 공간이 주는 공포는 폐쇄된 공간이 주는 공포와 비슷하다. 광장공포증 환자는 개방 공간을 두려워한다. 그에게는 그런 공간이 오히려 행동의 제약을 주며 자아를 위축시키고 자아의 불완전성을 심화시킨다. 도시 한가운데에서도 아는 사람이 전혀 없다든지 말을 걸고 인사를 나눌 사람이 없거나 아무도 자신에게 관심을 주지 않는다면 사막 한가운데에 홀로 떨어져 있는 것과 같다. 도시에 사는 사람들은 일종의 잠재된 광장공포증을 갖고 있다. 이런 상황에서 집과 일터 사이의 도시는 장소가 아닌 헐벗은 공간으로만 남을 수밖에 없다. 사람들은 거리에서 서성대고 싶지 않으며 무의식적으로도 바쁘게 걷고 움직이려고 한다.

어린 시절로 다시 돌아가 보자. 이 시기는 경계 불확실성의 시기로서 자신을 통제하거나 자기 주변과 비교할 수 없는 공간에 있는 것과 같다. 최초의 기억도 대부분 희미한 상태로 남아 있다. 부분적인 장면을 떠올린다고 하더라도 앞뒤의 맥락을 쉬이 놓친다. 가끔 그런 기억이 신비스럽게 느껴질 때도 있지만, 마치 꿈과 같아 자신의 의지가 아닌 수동적이고 소극적인 형태로 남아 있으며 그저 바라보는 상태이다. 경계가 명확하지 않다는 점에서 어둠과 불면의 상태와 닮았다. 이것이 계속되면 자기중심에서 영원히 나오지 못한다.

나의 최초 기억은 골목 끝의 어떤 집에서 시작한다. 아버지가 직조 공장을 운영하셨는데, 마당을 들어서서 오른쪽으로 돌면 창문이 작아 빛이 별로 들지 않는 방이 두 개 있었고 더 안쪽의 어두컴컴한 공장 안에는 큼지막한 기계들이 여기저기 어지럽게 놓여 있었다. 공장 안의 분위기는 대체로 어두웠으며 쇳조각 냄새도 나고 솜과 같은 작은 먼지들이 떠돌아다녔다. 마당은 적당한 폭의 직사각형으로 길게 늘어져 있고 마당 끝에는 장독대가 있었다. 검고 웅장한 장독 단지가 여럿 놓여 있고 주위에는 붉은 맨드라미꽃이 피어 있었다. 장독대 뒤로는 뒷집의 회색 벽돌로 된 담장이 막고 있었다. 마당 옆으로 다른 집과 붙어 있었는데 그 집은 염색 공장을 하고 있었다.

한여름 뙤약볕이었다. 혼자 마당에서 놀고 있는데 장독대 부근에서 이상한 소리가 나서 돌아보니 크고 검은 곰이 팔을 길게 벌리고 서 있었다. 얼마나 덩치가 크고 무서웠던지 너무 놀라 크게 소리를 질렀고 어머니가 소리를 듣고 방에서 뛰어나왔다. 그런데 어머니는 놀라지도 않은 채, 이럴 때는 손가락을 자르면 곰이 도망을 간다고 하면서 옆집의 공장 창문을 통해 가위를 빌렸다. 내 눈앞에서 어머니는 자기 새끼손가락을 가위로 잘랐다. 피가 났는지는 기억이 나지 않는다. 그러자 금방이라도 마당으로 뛰쳐나올 듯했던 곰이 마치 연기처럼 사라져 버렸다. 여기까지의 기억만 있고 그 이후 상황은 전혀 알 수 없다. 물론 그 이후로도 어머니의 손가락은 다친 곳 하나 없이 말끔하다. 도시에 그렇게 큰 곰이 나타날 리가 없고 손가락을 자른다고 곰이 사라지지도 않는다. 한동안 그때의 사건을 궁금해하면 어머니는 내가 꿈을 꾼 것이라고 했다. 인정하기 싫지만 분명 꿈이 맞다. 그러나 나에게는 그때 그 장면이 너무나 사실적이었다. 햇볕이 가득한 마당에서 가볍게 일어나던 마른 흙냄새며 그늘진 대문 안쪽의 축축한 곰팡냄새까지도 기억이 생생하다.

세계와 타인들과의 경계가 명확하지 못하면 전혀 엉뚱한 내용을 실제 사실로 만들 수 있다. 앞의 예화를 어떻게 설명해야 할까. 돌아보면 누구라 할 것 없이 어린 시절이 자기중심성에 놓여 있었기 때문에 가능했을 것이다. 그 시절, 다섯 살 무렵이었으니 꿈과 현실이 구분되지 않았을 것이다. 나와 타자의 경계 자체가 분명하지 않았고 몸의 안과 밖이며 자기 의식과 타자 의식의 경계도 부재했을 것이다. 부끄러움, 놀라움, 어색함, 호기심, 당황 등의 감정을 통제할 수도 없었다. 마당 흙의 미끄러움이나 부드러움, 그리고 가끔 흙을 파면 나오는 땅강아지의 정체도 파악할 수 없었다. 타자와의 차이를 구분 짓지 못한 채 어떤 개입도 할 수 없었다.

윤리의 조건은 자신을 최적화해서 구체적이고 개별적인 존재로 만드는 데 있다. 타자 의식이 분명해지려면 그만큼 자기 의식도 분명해야 한다. 물론 그 반대도 마찬가지이다. 윤리는 타자와의 관계에서 출발하기 때문에 자신의 경계나 한계가 불분명하면 타자를 의식할 수 없고 관계의 요건을 갖출 수 없다. 관계 요건을 갖추어야 주위를 돌아볼 수 있고 관계를 의식해야 자신도 의식할 수 있다. 관계는 자신과 타인의 경계가 분명했을 때의 이야기이다.

'나는 누구인가'라는 물음은 자신의 경계를 선명하게 할 수 있다는 장점이 있다. 하지만 이 물음을 습관적으로 사용하면 경계나 한계의 실제적이고 경험적인 과정을 무시하고 자신을 관념적으로 몰고 갈 위험이 있다. 그러므로 나는 누구인가를 묻기보다는 먼저 자기 몸의 경계나 주변과의 경계 등을 인지해야 한다. 나는 누구인가라는 물음은 오히려 '남은 누구인가'라는 자기 밖에 대한 물음을 통해 분명해질 때가 많다. 나는 누구인가라는 물음은 내가 원해서 묻는 것이 아닌 상당한 수준에서 계몽된 물음이며, 내 몸이 의도해서 묻는 것이 아닌 제도나 사회가 강요한 물음이다. 나에게서 저절로 생겨난 물음이 아닌 물음을 위한 물음에 가깝다.

정체성이라는 말을 생각해 보자. 정체성이 있다고 하려면 전 생애를 통해 자기만의 일관적이고 독특한 무언가가 있어야 한다. 또한 어린 시절부터 성인기에 이르기까지 변하지 않는 성격이나 행동, 남들과 구별되는 자기만의 개성이 있어야 한다. 그러나 이런 정체성도 타인과의 구별이나 차이를 통해 만들어진 것이 아닌가. 타인을 강하게 의식하지 못하면 자신이 누구인지조차 알 수 없다. 그러므로 자의식은 자기가 누구인가를 묻는 말에서 만들어진다기보다는 오히려 타인을 의식하는 과정에서 발견된다고 해야 할 것이다. 자기 계발이나 삶에 대한 긍정성은 정체성 이후의 일이며, 윤리도 타인과의 구분과 경계를 통해 관계를 의식한 이후의 일이다.

즐거움, 그리고 살아 있다는 느낌 너머

흔히 삶을 '고통의 바다'의 관점에서 부정적으로 대하지만, 어떤 사람들은 삶을 쾌락이나 행복의 관점에서 긍정적으로 대한다. 고통이 꼭 삶을 반성하는 유일한 계기가 될 필요는 없다는 뜻이다. 서로 다른 두 관점은 나름의 장단점이 있다. 하지만 융 분석심리학 전문가이자 이미지 명상 치료가인 아놀드 민델(Arnold Mindell)은 그의 책 『명상과 심리치료의 만남』에서 삶을 고통이 아닌 중립적인 것으로 본다. 삶은 쾌락인가 고통인가. 아니면 빈 종이에 그림을 그리듯 만들기에 따라 달라지는 것인가. 일직선의 선분 왼쪽에 쾌락, 오른쪽 끝에 고통, 그리고 중앙의 한 곳에 쾌락도 고통도 아닌 중립적인 지점을 만들어 보자. 선분의 어느 지점에 자신의 쾌락과 고통의 크기를 표시할 것인가.

귀하게 얻은 삶을 고통으로 굳이 어둡게 칠할 이유는 없다. 인생이 '검은 고통'이라고 느낄 때는 혼자 앉아 따지고 분석만 하거나 나쁜 운이 계속되어 잘못 살았다는 느낌이 지배적일 때, 아니면 너무 오래 힘들게 살았다는 기분이 들 때이다. 누군가가 삶의 고통을 말할 때 즐거움을 이야기하는 것은 나름의 의미가 있다. 맛있는 음식과 맑은 공기, 좋은 관계 속에서 즐겁게 대화를 나누고 기분 좋게 자기 일을 할 수 있다면 삶을 고통의 바다라고 할 이유가 없다. 소소하고 시시한 즐거움을 떠난 삶이 따로 있는 것도 아니다. 삶은 염려와 불안으로 시작할 수도 있지만 실제로 그런 시작점은 불분명하거나 아예 없었을지도 모른다. 삶을 고통으로 보는 이유는 고통의 강도가 즐거움의 강도보다 강하기 때문이지 절대적인 양의 크기 때문이 아니다. 즐김과 누림이 일상적 삶을 지배하는 것이지 가끔 돌출되어 나오는 고통으로는 살아가는 데 장애가 일어나지 않는다. 고통의 양이 감당하지 못할 정도로 많다면 몰라도 대부분 사람에게 그런 일은 잘 일어나지 않는다. 한번 주어진 삶을 즐겁게 살아가고 싶은 생각은 인생이 고통이라는 주장에 대한 건전한 저항이 될 수 있다. 호기심, 기대감, 우연성 등으로 가득 차 있는 삶은 본질적으로 즐거움으로 채워져 있기 때문이다.

자기애는 본능이면서 권리이기도 하다. 이것을 애써 부정할 필요는 없다. 다만 긍정적인 삶을 유지하려면 현실감이 있어야 하며 일상을 두려움 없이 만나려는 직접 체험의 자세가 필요하다. 삶의 즐거움을 하나씩 건져내 보자. 즐거움 하나가 불안 하나를 없애는 데 도움을 준다. 삶에 대한 현실감은 구체적이고 확실한 즐거움의 대상이 있을 때 실감 나게 다가온다. 비록 즐거움 속에만 갇혀 있으면 앞서 말한 자기중심적 사고에 갇힐 위험은 있지만, 이기적이어도 괜찮을 정도로 우리 자신은 생존 자체에 편안하게 구속되어 있다. 자율적으로 의사결정을 하고 선택하듯이 삶의 온전한 즐거움도 그렇게 확보한다. 이렇게 인생의 즐거움을 면밀하게 관찰하고 경험하는 과정에서 자신의 정체성이 확인된다. 즐거움을 찾는 과정이 곧 정체성을 찾아가는 과정이고 즐거움에서 선택지를 찾고 결정할 수 있기 때문이다.

주체성은 혼자 외롭게 건져 올린 것이 아니라 사람들과의 관계를 통해 만들어진다. 이런 주체성을 김상봉은 그의 책 『서로주체성의 이념』의 제목을 따라 '서로주체성'이라고 불렀다. 주체성은 주변 세계와의 경계 해체나 분화를 통해 다름이나 차이 의식을 습득하는 가운데 만들어지는 것으로 홀로 만드는 주체성이란 없다. 해체, 분화, 차이 등은 인식적 기교이자 윤리적 기교로서, 내가 그가 되어서도 안 되고 그가 내가 되어서도 안 되는 데 있다. 누구와도 하나가 되거나 동일화되지 않으려는 노력이다. 이런 정체성도 타인을 포함해 세계와의 관계에서 이들 요소를 즐거움의 조건으로 받아들이는 과정에서 생겨난다. 이는 요청이 아닌 사실의 문제로서 세상과 끊임없이 교류하고 접촉하고 만나면서 형성된다.

생명은 존재하는 한 자기 것이며 즐거움의 대상이다. 생존을 위한 모든 노력과 그에 따른 생존의 수많은 하위 항목도 축복의 즐거움이다. 생명을 자기 것으로 '떠맡으면' 주체적으로 세계를 즐기고 누리는 행위자가 된다. 자유로운 떠맡음이나 자기로의 복귀로 인해 자유로운 자아가 되는 것이다. 이런 과정에서 타인이라는 이질성도 친숙함으로 바뀌어 나 자신으로 돌아온다. 타인과의 분리도 다시 가까이

가기 위해서이고 분리가 없다면 윤리적일 수도 없다. 다만 지나친 친숙함을 방치하지만 않으면 된다. 차이를 드러내지 못하는 친숙함은 개인을 비윤리적으로 만들기 때문이다.

정체성이 세계를 즐기는 행위나 사건을 통해 만들어진다는 사실은 대단히 흥미롭다. 그러나 즐거움의 자세는 세계 안으로 깊이 들어간다기보다는 항상 한발 물러나 있다. 즐거움으로 자아를 응축하고 자신에게로 복귀할 자세가 되어 있어야 한다. 필연적 자기 회귀로 활동의 중심이 회복되고, 자신과 자신 아닌 것이 분화되도록 해야 한다. 세계를 즐기되 거리를 두면서 자기만의 유일성과 개별성을 구성해야 한다.

즐거움은 누가 대신할 수 없으며 자신이 직접 관여하는 데 있다. '내가 직접 한다'는 말은 주체성을 갖기 위한 지름길이다. 내가 직접 한다는 즐거움으로 타자와 분리되어 '나'라는 것의 특성이 드러난다. 내가 사랑하는 사람을 누가 대신 사랑할 수 없다. 음식 맛, 옷의 취향, 거주의 즐거움을 누가 대신하겠는가. 즐거움은 축복의 최적 요소이며 삶의 징표이다. 그것은 나의 삶이 한 번뿐이라는 현실감 때문이다. 그러므로 즐거움은 '이 사람'이라는 나의 개별성을 전제한다. 인격의 고유함이나 존엄도 하나밖에 없는 개별성을 조건으로 하며 어떤 것으로도 환원될 수 없다. 저마다의 즐거움을 느끼는 주체로서 '나의 내가 됨'으로 전체화될 수 없다. '내가 됨'은 타인과의 차이를 인식하고 그와 분리되어 나의 개별성이 분명하게 드러날 때이다.

이런 즐거움에도 함정은 있다. 즐거움은 어디까지나 나를 나답게 하는 수준에서 끝날 뿐 나를 윤리적으로 만들지는 않는다는 사실이다. 즐거움이 나의 정체성을 마련하고 나를 세계와 대면해서 주체적으로 만든다고 해도 그 즐거움의 성질 자체가 윤리적인 것은 아니기 때문이다. 나는 타인과의 건전한 분화를 통해 그저 나로 섰을 뿐, 그것이 타인을 배려해 나를 희생하게 하는 덕목을 심어 주지 않기 때문이다. 나는 겨우 세상과 분리되어 떨어져 나왔고 세계를 모두 내 것으로 만들지 않는 수준에서 최소한의 장치를 마련했을 뿐이지 타인 존중과 겸손의 태도를 배운 것은 아니다. 세계와의 차이만을 인식한 것이다. 나의 즐거움은 세계와 구분할 수 있는 수준에 머물러 있어 그저 세계와의 혼돈을 피하고 자기중심성의 수준에서 탈출하게 할 뿐이다.

분리의 그림자와 경계

존 렉터는 인간의 잔인함은 타인을 대상화하기 때문이라고 했다. 대상화는 "타인을 주체가 아닌 사물로 바라보고 사물처럼 대하는 심리적 과정"을 말한다. 그의 대상화 스펙트럼 몇 가지를 보자. 첫째, 일상적 무관심의 대상화로 사람들과 최소한의 정서적 관계만 맺는 것, 둘째, 타인을 자신의 정체성과 욕망, 공포를 반영하는 대상으로 인식하여 무시하거나 평가 절하하는 것, 셋째, 비인간화로서 타인을 인간이라는 본질이 완전히 결여된 존재로 보는 것이다.[7] 이 셋은 정

---

7. 존 M. 렉터, 『인간은 왜 잔인해지는가』, pp.23-24.

도의 차이는 있어도 자신의 목적을 위해 타인을 희생시킨다는 공통점이 있다. 사람을 사물처럼 대상화하면 수치심이나 무능감에 사로잡힌다. 신체 또는 신체 부위로만 축소되어 보이고 감각된 존재가 되어 인간의 물질적인 특성만 남는다.

대상화의 원인은 분명하다. 타인을 인간으로서 총체적으로 이해하지 못하고 자신을 타인과 분리된 별개의 존재라고 인식하기 때문이다. 이때 분리는 건강하지 못한 분리 의식의 어두운 그림자이다. 차이와 다름의 의식이 아닌 편견과 무지에 의한 분리 의식은 세상에 적대감을 심거나 아니면 자기 이외의 것과 경계를 짓게 한다. 타자와의 경계를 증폭시키고 자기중심성을 비대하게 한다. 거만과 교만으로 인한 분리는 발달 과정의 미성숙일 수도 있고 자기애적 성격 장애일 수 있다. 그 어떤 경우라도 타인을 지나치게 단순화한 탓이다. 그리하여 '근심하는' 자신을 만들고 불안에 휩싸인 집착을 낳는다.[8] 불안한 상태가 되어 자기 염려를 낳고 타인에 대한 대상화 경향을 더욱 강화한다. 자기는 남들과 다르다는 인식이 강하게 남아 자기 존재가 사라지기라도 하는 듯 두려워하면서 타인들과 갈등을 끊임없이 재생산한다.

타인을 대상화하는 기질적 요인이 있을까. 렉터는 언어에도 문제가 있고 타인과의 분리를 부추기는 경계적 자아에도 문제가 있다고 본다. 먼저 언어가 고통에 일조하는 방식을 보자. 언어는 거리를 두

---

8. 존 M. 렉터, 『인간은 왜 잔인해지는가』, pp.91-92.

는 역할을 하며, 타인을 비롯해 주변 세계와 분리된 느낌을 강화하고 자기 충족과 지배력을 강화한다. 또한 언어, 특히 꼬리표 붙이기는 대상을 피상적으로 만들어 대상화를 촉진한다. 여기에 더해 경계 문제가 있다.

> "경계가 없으면 세상을 이해할 수 있는 역량이 심각하게 제한되고, 경계 없이는 정서적으로 안정되고 제대로 기능하는 건강한 성인으로 성장해나갈 수도 없다. 이러한 경계를 초월할 수 있는 역량이 없으면 우리는 자연히 스스로를 분리된 개별적인 주체로 간주하는 인식에 꼼짝없이 갇히게 된다." (존 M. 렉터, 『인간은 왜 잔인해지는가』, p.129.)

경계에 긍정적인 면과 부정적인 면이 다 있더라도 그로 인해 자기 중심성에 갇히지 않도록 해야 한다. 렉터가 말하는 경계 초월이 마냥 어려운 주문은 아니다. 경계를 의식하는 것만으로도 자신에게 갇히지 않고 중립을 지킬 수 있다.

자아의 경계는 어디쯤일까. 렉터는 가장 기본적인 경계는 피부에 있다고 한다. "피부 아래에 있는 모든 것이 '나'로 간주되고, 피부 바깥에 있는 모든 것은 '내가 아닌' 것으로 여겨진다."[9] 그렇다면 정신은 피부 아래에 있을까, 아니면 피부 바깥에 있을까. 가끔 자신이 아

---

9. 존 M. 렉터, 『인간은 왜 잔인해지는가』, p.135.

닌 것으로 밀려난 정신은 그림자가 되고 좁은 자아상이 된다. 자아 경계를 좁히고 좁혀 자아상에 부합하는 부분만 경계 안에 넣어 두고 정서적으로 빈곤한 인간으로 살아간다. 인간은 살아 있기만 해도 자기 몰두에 빠진다고 하지 않는가. 자신의 얇은 피부 바깥의 일에 무심하고 남들과 소통할 생각도 하지 않고 자신에게 빠져 산다. 거기에 먹고 사는 생존이 더해지면 이내 타인에게 손해를 입히면서 삶 자체가 족쇄가 되어 자기를 조직화하고 보호하면서 타인을 억압한다. 타인에 대한 불평, 분노, 욕설, 험담, 원한의 감정을 키우고, '나는 옳고 타인은 그르다'는 자기애만 남아 타인이 있다는 사실조차 잊어버린다.

자기 집착이나 애착이 단순히 인격 결함이나 심리적 비정상성은 아닐 것이다. 자기 소멸에 대한 두려움을 질병으로 몰아갈 필요까지는 없다. 하지만 그런 두려움을 옹호하는 수위가 지나치면 문제가 된다. 찰스 디킨스의 『크리스마스 캐럴』에서 스크루지의 삶을 생각해 보자. 그 자체로 지옥이었을 것이다. 사람들에 대한 불편, 불만, 혐오, 무관심으로 가득했던 그는 자신의 비극성을 어떻게 해결했을까. 과거를 돌아보고 미래를 보았기 때문이었을까. 그의 모든 반성은 지나친 자의식의 고립에서 떨어져 나오고 자기중심의 미로에서 헤매지 않으면서 탈출구를 찾은 데 있다. 기독교 성경은 이 탈출구를 타인과의 관계에서 찾았다. "우리가 이제는 거울로 보는 것같이 희미하나 그때에는 얼굴과 얼굴을 대하여" 보는 것이었다.[10] 타인의 '얼굴을 대하는' 상징으로 인간관계는 더욱 구체화되고 경계는 초월된다. 자의식이 자신을 장악하지 않고 자기 안에 타인이 들어올 수 있도록 경계의 끈을 느슨하게 풀어 놓는 것이다. 자기중심의 정도를 알아채기만 해도 자기중심적 반응의 강도 혹은 지속 기간을 줄일 수 있고 자의식에 갇힌 삶을 뛰어넘어 관계 맺음이라는 삶의 방식으로 나아갈 수 있다.

내 것은 없다

자기중심성에서 벗어나 타인을 사물화하거나 대상화하지 않으려면 경계 초월로 나아가야 한다. 이를 위해 만나는 사람, 의식주, 자연환경이 나의 세계를 어떻게 구성하고 있는가를 살펴야 한다. 이 모든 구성물을 내가 도구화해서 어느 정도 사용할 수 있긴 해도 그 자체를 내 것으로 만들 수는 없기 때문이다. 자연의 물과 공기를 생존 조건으로 만들 수 있지만 말 그대로 소유할 수는 없다. 사람도 마찬가지이다. 타인이 내가 될 수 없는데도 나는 너무 쉽게 그를 '어떤 것'으로 규정하고 내 것으로 만들려고 한다. 타인은 함부로 정의 내릴 수 있는 대상이 아니며 타인의 온전한 모습을 보는 데는 오랜 시간이 걸린다. 그러나 아무리 오래 본들 그는 절대 내가 될 수 없다. '어느 정도'의 수준에서 규정하고 소유할 수는 있어도 그의 실체는 절대 내 것이

---

10. 고린도전서, 13장 12절.

되지 않는다. 이런 점에서 타인을 포함한 세계는 소유의 대상이 아니며 오히려 나의 경계를 냉정하고 명확하게 사유하게 한다. 나 이외의 것을 소유하는 순간 나는 비윤리적이 된다. 나와 세계의 경계가 사라지고 자기중심으로 회귀하기 때문이다. 소유가 욕심이라서 비윤리적인 것이 아니라 관계의 정상성을 깨기 때문에 비윤리적인 것이다.

세계는 대상화될 수 없고 도구로 환원되지도 않는다. 우리는 얼굴도 이름도 없는 세계에 그저 에워싸여 있을 뿐이다. 비록 세계를 기술하고 해석할 수 있더라도 세계는 항상 가변적이고 불확정적이다. 우리가 사는 아파트를 예로 들어 보자. 아파트는 땅 위에 지어져 있고, 시멘트, 철골, 나무 등의 물질로 만들어져 있다. 아파트를 내 돈으로 사서 살고 있으므로 내 것이라고 할 수 있지만, 아파트 건물 자체로 돌아가 보면 아파트는 물질 요소의 집합일 뿐이다. 이사를 하더라도 아파트는 그대로 거기에 있을 것이고 내가 죽고 없어져도 그대로 있다. 지구에 사람들이 사라진다고 해도 아파트를 구성하고 있는 물질 요소는 그대로 있다. 내가 소유하고 있는 집은 매매 가치로 있을 때만 나에게 와서 내 것이 된다. 경제 가치는 내 것이지만 물질성은 그저 그렇게 나의 외부에 존재할 뿐이다. 이런 물질 요소는 분명히 내가 즐기고 누리는 대상이지만 아파트는 나와 다르며 '내 것'이될 수 없다. 아파트는 법적 계약으로 나의 소유이지 그 물질성은 나의 것이 아니다. 사람도 마찬가지이다. 어떤 상황이 타인을 잠시 소유 개념으로 인식시킬지는 모르지만, 타인은 그 자체로 있을 뿐이다. 소유가 왜 문제인가. 소유하는 순간 관계 형성에 장애가 발생하고 관계가 비윤리적으로 되기 때문이다.

나는 세계 속에 싸여 있고 잠겨 있다. 마치 공기를 호흡하거나 따뜻한 물속에 들어 있는 것과 같으며, 무엇이라고 규정하지도 못한 채 함께 살고 있다. 이들은 나의 소유가 아니면서 적절한 거리를 유지하면서 살아간다. 타인도 마찬가지이다. 타인은 내가 규정할 수 없고 내가 소유할 수 없다. 그는 나의 경계를 냉정하고 명확하게 만드는 지점에 있으며, 적절한 거리를 둔 그곳에 있다. 관계를 맺고 윤리를 시작할 수 있는 바로 그 지점에 있을 뿐이다. 나는 누군가와 또는 무엇과 같이 사는 존재이다.

내가 혼자 사는 것이 아니라는 것을 증명할 수 있는 통로는 여럿 있다. 세상과 관계할 수 있는 목록을 적어 가는 과정에서, 그리고 무엇 또는 누군가와 함께 살아가고 있다는 사실에서 강력한 현실감을 얻을 수 있다. 관계 목록은 자신의 현실감을 측정한 결과이다. 세계와 함께 있으면서 세계와의 경계를 허물려면 주변 환경의 모든 대상을 자신의 일부로 경험해야 하고 있는 그대로 받아들여야 한다. 하지만 이 모든 위로에도 우리는 자기중심의 벽을 쉽게 허물지 못한다.

2. 불안과 '나' 됨

자기중심적 사고는 남들에게 비난받을 여지가 있지만, 세상일에 관심과 호기심을 가지면서 자신을 지켜 나가려면 어쩔 수 없이 필요하기도 하다. 그런데 대부분 자기중심적 삶에서 만족하고 멈춰 버리는 데 문제가 있다. 자기를 '확인하고 검토하는 삶'에 게을러지는 것이다.

사람들은 자기중심성을 인간의 원초적 본능이라고 생각해 왔다. 자기중심성과 닮은 꼴로 이기심이 있다. 이기심은 자기중심성에서 유래했을 수 있지만 어느 정도 인위적이다. 자기중심성은 몸을 가진 인간으로 어쩌지 못하지만, 이기심은 개인이 가진 성격이나 외부의 물적 조건에 의해 부추겨질 수 있으며 사회 구조나 특정 이데올로기로 커질 수도 있다. 이런 이기심은 자기 하기에 따라 사회 변화에 맞추면서 줄여 나갈 수 있고, 다른 사람들과 다름이나 차이를 인식하고 부대끼는 과정에서 완화되기도 한다.

자신이 얼마나 이기적인가를 있는 그대로 마주하는 것만으로도 치유나 회복이 되고 자기 위로가 될 수 있다. 물론 이기적인 삶이 인간관계에서 온전하게 작용할 수 없다는 사실은 지극히 당연하다. 이를 무시하고 너무 쉽게 이타적으로 되려는 것처럼 위선이나 억압은 없다. 이기적인 상태로는 더 이상 정상적인 관계 맺기가 힘들고 불편할 수 있음을 아는 것이 필요하다. 우리의 이기심을 본격적으로 직면해 보자.

자폐증

불안은 자기중심적 삶의 태도와 관련이 깊다. 불안의 원인은 다양한 경로에서 오지만 대부분 타인이나 다른 사물 또는 사건과의 관계가 안정되지 못할 때 나타난다. 불안이 자연발생적으로 일어날 가능성이 전혀 없지는 않지만 그렇게 순수한 의미의 불안은 없다. 불안이 삶에 대한 각성이나 반성, 한편으로 혐오나 두려움이 생길 때 일어날 때도 있지만 이조차도 자기 밖의 영향이 크다. 즉 자기 모순적인 애착 장애나 사람들과의 불협화음이나 갈등 탓이다. 불안 심리가 고착되면 관계는 나빠지고 기름에 불을 끼얹듯 너무 쉽게 자신도 모르게 더욱 활성화된다. 불안은 지극히 개인의 일인 듯해도 항상 밖에서 안으로 들어와서 강화되고 조화롭지 못한 관계로 치닫는다. 이 조화롭지 못함이 '윤리적 장애'이다.

일어난 사건을 지속적으로 기억하고 과잉 반응하는 것은 초조함으로 나타나며, 지나친 걱정이나 강박, 공포는 불안의 모습이다. 자폐증을 예로 들어 보자. 자폐증 자체가 비윤리적인 것은 아니어도 자기중심적인 모습으로 읽힐 수는 있다. 뇌의 유전자 결함으로 알려진 자폐증의 경우 보통 3세 이전에 발병하여 발달에 악영향을 미친다. 사람들과 눈을 맞추기가 어렵다거나 주위 환경에 관심을 주지 않는 등 자기만의 반복 행동을 보이는 자폐 현상은 불안의 전형적인 징후이다. 자폐 아동의 모습은 무관심과 저항이다. 끊임없이 사람들과의 관계에 무관심하고 주의 집중이 되지 않아 산만하며 사람들에게 냉담하고 불만을 보이며 저항한다. 마치 관계 단절을 애써 지켜 내려는 듯한 모습을 보인다.

타인에 대한 무관심은 인간관계를 얼음처럼 냉정하게 만든다. 하지만 자기만의 세계에 탐닉하고 몰두하는 일을 두고 뭐라 할 수 있을까. 가끔 적정 수준으로 자기 세계에 빠지는 행위는 일의 성취로 이어지며, 관계 단절로 남들에게는 비난받을 수도 있지만 그 내부는 평화롭고 축복일 수 있다. 그런 점에서 자폐 현상도 천재적이고 창의적일 수 있다. 그러나 만약에 자폐 경향을 지닌 사람의 내면이 심각한 손상을 입어 회복하기 힘들 정도로 부서져 있고 찢어져 있다면 어떻게 할 것인가. 마음 한편에는 고통으로 가득 차 도움을 간절히 요청하고 있음에도 아무도 알아주지 않는다면 그처럼 지옥 같은 상황은 없을 것이다.

불안

또 다른 불안 현상이 있다. 즐거움의 주체여야 할 내가 한순간 정체되어 있을 때, 그리고 미지의 알 수 없는 미래라는 시간에 노출되어 걱정과 염려로 이어질 때이다. 우리는 앞으로 다가올 일에 대한 불안으로 시달린다. 내일에 대한 불안은 어린 시절의 막연함과 애매함에서 오는 불안과 달리 오히려 즐기고 누리는 과정에서 생겨나는 불안이다. 자신의 즐거움이 안정적으로 지속될 수 있을지에 대한 걱정은 현재 삶의 만족도가 커질수록 증가한다. 만족도를 계속 높일 자신감이 없기 때문이다.

어린 시절의 불안은 '막연하게 존재'하는 데서 생겨나고 상당한 수준에서 자기에게 원인이 있으며 자기만의 세계에 갇힌 탓이다. 규정할 수 없고 정체를 알 수 없어 '나 의식'의 수준도 미약하다. 하지만 이와 달리 미래에 대한 불안은 만족의 한계, 즉 어떤 즐거움으로도 자기 앞의 삶을 예측할 수 없고 따라서 확신도 없으며, 하루하루가 너무나 비슷하게 되풀이될 것 같고 그러다 어느 날 티끌이나 먼지처럼 사라지고 말 것 같은 절망에 가까운 불안이다. 소멸에 대한 두려움에 앞서 삶이 항상 미완성이나 미완결로 끝날 것 같은 염려에서 오는 불안이다. 이 두 가지 불안은 서로 뒤섞여 개인의 삶 곳곳을 헤집고 다니면서 자신을 더욱 움츠리게 한다.

불안을 달의 변화로 표현한다면 과거 어린 시절의 불안은 초승달에 해당한다. 초승달의 경우 아직 '나'에 대한 확신도 없고 실감도 없다. 이기적이긴 해도 이런 원초적인 이기심은 거의 본능에 가깝다. 이 경우 그는 자신을 잘 알고 있지 못하며 행위의 동기가 강하지도 않고 행위 자체에 대한 의식도 없다. 자기 행위의 모습이나 태도가 모호하고 불분명해서 어둠 속의 불면 상태와 닮았다. 미래의 불안은 반달로 비유될 수 있다. 이것은 자기의 정체성이 만들어져 타인과의 경계가 어느 정도 분명해지고 관계를 긍정적이든 부정적이든 강하게 의식하는 상태이다. 물론 이 상태를 온전한 의미에서 자아라고 할 수는 없다. 최소한의 정체성 내지는 주체성의 수준이며 온전한 보름달 자아로 가기 위한 수순에 지나지 않는다. 반달이 언젠가는 보름달로 차올라 해변의 바닷물을 만조로 꽉 차게 하듯이, 반달의 의식 수준은 밖에 있던 사람과 관계를 맺으려는 '만남 또는 관계의 축제' 이전의 단계이다.

살아가면서 의미 있는 선택지를 주었던 즐거움은 한순간에 지나지 않으며, 즐거움이 사라진 세계는 무서울 정도로 반복적이다. 변별성이 없는 하루하루가 계속되며 지루함과 지겨움이 일상이 된다. 즐거움을 통해 누리던 자유는 한계가 있어서 이내 걱정과 불안으로 바뀐다. 즐거움은 타인 또는 밖의 세계 요소를 해치지 않는다는 긍정성에 있지만, 이런 즐거움의 긍정성도 예측 불가능한 미래 때문에 쉽게 사라진다. 이를 해결하는 현실적 방법은 주어진 현실에 몰입하고 개입하여 나의 정체성을 강하게 느끼는 것이다. '여기'와 '지금'에 대한 강한 의식으로 불안과 걱정을 밖으로 끌어낸 뒤 구체적이고 현실적인 삶을 살아가는 것뿐이다. 몽상가의 삶이 아닌 지금 자기 앞에서 벌어지는 일에 반응하고 개입하며 현장감을 만끽하는 것이다. 이제 남은 일은 그 속에서 의미 있는 '나 되기'에 노력하면서 비록 반달처럼 반쪽 주체의 삶이라고 할지라도 현실적으로 살아가는 것이다.

여기와 지금

여기와 지금은 자기 직면의 과정이다. 직면하면 '그저 있음'의 수준에서 벗어나 주체적으로 홀로서기를 할 수 있다. 자기만의 구체적이고 개별적인 인간이 출현하는 것이다. 막연함의 상태, 그저 그렇고 그런 처지에서 벗어나 자신이 누구인가를 묻게 된다. '여기와 지금'은 주체 구성 요건의 장소로서 자신의 자리를 잡아 가는 상태이기도 하다. 그 자리를 출발점으로 삼아 세계를 향해 나아간다. 비록 그 자리가 일시적이고 제한적이고 상대적일지라도 경험을 통해 주체적으로 생각하고 현실감을 체득할 수 있다. 현실감은 자신의 시공간을 인정하는 것이며 주체적으로 타인을 의식하는 바탕이 된다.

'여기'와 '지금'의 현실성에 대해 좀 더 생각해 보자. 누구에게나 자기만의 '여기'가 있다. 여기는 나의 구체적인 이야기가 전개되고 다른 사람들과 끊임없이 일상적인 관계를 맺어 가는 곳이다. 여기는 작고 미세한 지점으로서 자기가 어디에 있는가에 대한 좌표를 제시한다. 잠이 좋은 예이다. 잠은 몸의 활동이 잠시 중지되는 상태로 잠자리에 누울 때 몸은 하나의 위치에 놓인다. 잠은 자기의 공간성이 특정 장소에 위치하는 가장 순수한 상태이다. 잠자리의 다양한 소품인 침대, 이불, 베개, 알람 시계, 전등, 음악, 그리고 적절한 어둠은 몸의 장소를 위한 배경이 된다. 잠에 빠져든 몸, 아침에 일어나 밤새 잠들었던 이불 자리의 모습, 느껴지는 몸의 둔하고 어색한 움직임에도 '여기' 개별적이고 특징적인 누군가가 일정 시간 자리를 차지했음을 보여 준다. 카프카의 『변신』에서 그레고르 잠자의 의식 상태가 그러했을 것이다. 딱딱한 등껍질을 바닥에 대고 배가 천장으로 뒤집힌 채 누워 가늘고 긴 다리를 허공에 허우적거리는 잠자에게 아침의 잠자리는 비록 불길한 아침이긴 했어도 그의 고유한 몸 하나가 놓였던 장소인 것만은 분명하다.

몸은 밤새 누워 있던 잠자리보다 더 구체적인 장소이다. 잠자리의 몸에 주의해 보자. 몸은 장소 그 자체라고 할 수 있으며 장소와 자신이 하나로 일치되는 지점이다. 몸은 의식의 바탕이자 근거이며 동시에 사물이나 물건 정도가 아닌 '주체로서의 몸'이라고 의식하기 전에 이미 개입되어 있었다. 몸을 뚜렷하게 인정하면 자기를 인정하고 자신을 장소로 드러내며 '여기'에 대한 의식화를 높일 수 있다. 몸에 장소성을 부여하지 못하면 자립, 주체, 혹은 정체라는 말을 적용할 수도 없다. 아침의 시작은 잠에서 깬 자기 몸을 확인한 뒤 잠자리를 빠져나와 거실, 부엌, 화장실 등 집 안을 돌아다니다가 집 밖으로 그리고 일터로 확대된다. 자립된 몸 또는 주체화된 몸이 사람들을 만나고 대화하고 웃으며 그에 따른 몸의 확산이 일어난다. 밀도를 유지하던 몸이 관계 맺기에 따라 조금씩 희석되면서 사회화된다. 몸이 지녔던 이른 아침의 장소성은 저녁이 되면서 조금씩 수그러들겠지만, 자신이 누구인가를 인식하는 관계 절차는 아무 탈 없이 진행된다.

'지금'이라는 시점도 '여기'만큼이나 나의 장소를 확보하며 나의 주체를 형성한다. '지금'은 과거나 미래와 관계없이 오직 현재의 나와 관계하는 순간이다. 지금을 의식하는 순간 '그저 있는 상태'에서 떨어져 삶의 의미에 개입하고 미래의 시점으로 이동할 준비를 한다. 그리고 이제 '여기서 자리 잡음'과 관련을 맺으면서 주체를 형성한다. '지금 여기'에서 나의 소유 의식이 강해지고 자신과 친숙해지고, '순간마다' 자신을 확인하며 스스로 서게 된다. 자기 존재를 유지할 자유가 마련되며 자율성이 작동한다.

지금 나는 과거에 일어났던 사건을 어떻게 할 수 없으며 그 사건의 털끝 하나도 건드릴 수 없다. 과거는 그렇게 있을 뿐이다. 한때 있었고 행해졌던 과거의 잔뿌리 그 어느 것 하나 건드릴 수 없다. 미래는 어떠한가. 그 또한 지금 어떻게 할 수 없다. 미래가 어디서 어떻게 시작되는지도 알 수 없다. 내가 자유로울 수 있고 마음이 가는 데로 움직일 수 있는 시간대는 '지금'이라는 아주 짧은 순간뿐이다. 지금의 나는 자유로울 수 있지만 어디까지나 미래 시점으로 이동이 가능한 이 순간에만 자유로울 뿐이다.

여기와 지금이라는 장소 의식이야말로 구체적으로 살아 있음을 뜻하며 자의식과 자율도 '지금 여기'라는 의식을 따른다. 비록 이상적인 정체성에 도달하지 못해도 이런 의식은 유효하며, 온전한 정체성까지는 아니더라도 자기가 누구인가를 '희미하게'나마 드러내 준다. 비록 내일의 다른 장소를 희망하거나 관계 맺기에 호기심의 정도를 내비치는 상태이더라도 '지금 여기'는 최소한의 자의식으로 타인과 관계를 맺는 데 필요한 정체성을 구성하는 조건이 된다.

관계 맺기가 어려운 이유는 '지금 여기'에 대한 의식의 무게가 지나치게 무겁기 때문이고, '나'라는 무게가 적극적인 관계 맺기를 못하게 자신을 끌어당기기 때문이다. 문제는 '지금 여기'라는 의식이 자의식을 고조시키지만 그렇다고 그것이 곧장 자기 몸을 떠나 윤리적으로 되지는 않는다는 데 있다. 윤리적으로 될 수 있는 최소 조건만 마련할 뿐이다.

이기심의 무게

'이기심의 무게'라는 것은 지금 여기의 자신을 짓누르는 물질성이 강한 상태이며, 그 중심이 자기에게 쏠려 있고 깊숙이 '빠져 있음'을 말한다. 자기중심의 무게에 비례해서 나의 자유는 커진다. 비록 그 자유를 공적으로 인정받지는 못하지만 제한된 강도로 무엇이든 마음대로 할 수는 있다. 그러나 이런 자유는 비계처럼 의미 없이 덤

으로 있는 듯 불안정하며 '나의 자유'라고 했던 것에 의심을 들게 한
다. 내가 그저 있음의 상태를 견디지 못하고 그 무게를 감당하지 못
하면서 세계 밖으로 빠져나간다. 그런 나는 이전과 다른 모습으로 밖
을 엿보지만 이 상태는 또 다른 불안의 징후이며 결핍과 불만족의 증
상이다. 하지만 적어도 이 상태는 타인에게 가는 통로가 될 수 있다.
자기로부터 빠져나와 타인에게 관심을 주면서 관계 맺기가 시작되
면서 '윤리의 길'이 열리는 것이다. 우리가 이 길 말고 다른 길을 짐
작조차 하겠는가. 자기중심의 무게를 홀로 짊어지고 그 무게 하나로
오롯이 무한 자유를 누리기에는 한계가 있다. 자기 밖의 타인이나 사
물에 관여하는 까닭도 자신 속에 들어 있기가 힘들기 때문이지 않겠
는가.

인간은 '세계 안의 존재'이다. 자신의 존재를 힘겹게 짊어지고 자
기 유지의 지속을 견디지 못하고 세계와 만날 수밖에 없는 존재이다.
자신에게 매여 홀로서기의 무게를 지탱해야 하는 괴로움에서 벗어나
려면 세계와 만날 수 있어야 한다. 세계는 의식주와 같은 먹을거리의
총체로서 이것저것을 즐기면서 자기를 견고히 하는 곳이기도 하지
만, 무엇보다도 자기중심적이고 이기적인 공간에 갇혀 '외로움의 무
게'에 갇힌 비극적 상황에서 벗어나게 해주는 곳이기 때문이다. 세계
와 떨어져 '나'라는 어둠 속에 안주할 수는 있지만 사실 혼자라는 무
게를 견디기는 너무 힘들다.

일본 헤이안 시대의 승려이며 와카 작가였던 사이교(西行,
1118~1190년)의 "산골 마을에 사람은 찾아올 리 없네. 외로움마저 없

었다면 얼마나 고통스러웠을까."라는 시처럼 외로움을 인간의 한 부분으로 받아들이고 그 안에서 아름다움을 찾을 수는 있다. 외로움의 미학을 만들고 고독을 부정성이 아닌 자발적 휴식으로 만들 수도 있다. 그러나 잠시라면 모를까 외로움이 끝없이 계속된다면 그런 미학을 오래 견디기는 어려울 것이다.

키에르케고르는 고독을 '죽음에 이르는 병'이라고 했다. 고독은 그만큼 매섭고 사람을 서서히 지치게 만들어 몸과 정신에 손상을 입힌다. 알츠하이머병을 앓는 사람은 뇌의 정상적인 신경세포가 없어지고 그 자리는 '빈방'처럼 비게 된다고 한다.[11] 그는 서서히 시공간의 인지능력을 잃고 가족조차 알아보지 못한다. 인간의 고독은 마치 알츠하이머병처럼 관계의 신경세포가 사라진 자리에 홀로 덩그러니 똬리를 틀고 있는 꼴이다.

서정윤은 그의 시 〈홀로서기〉에서 "기다림은 만남을 목적으로 하지 않아도 좋다."면서 "아무도 나의 가슴을 채워줄 수 없다."라는 사실에 절망했다. 사람에 대한 그리움을 원하면서도 그것을 기대할 수 없음에 대한 절망은 이기심의 무게 때문이다. 이기심은 정체성을 조금씩 만들어 간다는 측면에서는 좋지만, 이 상태가 계속되면 자기 지배와 자기 착취가 가속화될 수밖에 없다. 고독은 지배와 착취를 낳고 세상을 내 것으로 만들어야 한다는 강박관념에 사로잡히게 한다. 그러므로 눈을 돌려 세계를 들여다보고 호기심을 가지고 나를 둘러싸

---

11. 김종성, 『춤추는 뇌』, p.304.

고 있는 세계와 만나야 한다. 서정윤의 "이제는 그를 만나고 싶다."라는 말처럼 사람은 누군가를 만나야 한다. 타인을 만나려는 시도가 없다면 절대 고독에서 벗어날 수 없고 그런 고독은 계속될 수밖에 없다. 이기심이 고독을 만들고 자기중심이 홀로 있는 상태를 고착시키기 때문이다.

사람들은 언제 세상과 떨어져 살 수 없음을 알았을까. 아마도 삶의 의미가 외부와의 끊임없는 관계 속에 만들어진다는 것을 알았지만 그 관계가 소통 불가능의 상태로 전락해 절망했을 때, 그리하여 자신을 타인들과 관계를 맺고 살아가는 세계 안의 존재라는 사실을 재인식했을 때가 아니었을까. 자기중심은 자기 몸 탓으로도 어쩔 수 없지만 사람들은 그것으로도 불안해한다. 주변 사람들에게 관심을 가지면서 왜 이 사람은 나의 밖에 있고 저렇게 멀리 떨어져 있는가, 그 사람을 내게로 가까이 올 수 있게 하는 방법은 없는가, 또는 나에게 어떤 문제가 있어 멀어져 있는가에 대해 생각할 때일 것이다. 정체성은 자신이 지금까지 만난 사람들의 합일 수도 있어서 막연히 혼자 있는 상태에서 자기를 돌아보고 성찰하는 행위로는 한계가 있다. 이런 점에서 '나는 누구인가'라는 물음은 악의적이고 습관적이며 자기도취적이기까지 하다. 오직 남은 것 하나는 사람들과의 관계 속에서 자신을 점검하고 자기를 찾는 것이다. 증류수처럼 순수한 의미의 나는 존재할 수 없기 때문이다.

집

　거주 공간인 집의 특성은 집 안쪽을 내부로 해서 집 밖을 외부로 분리하는 데 있다. 그리하여 집 안의 사람은 자연스럽게 우리가 되고 집 밖의 사람은 타인이 된다. 안쪽의 물리적 환경은 그 속에 사는 사람들의 집단적 감성을 만들어 내면서 외부와 경계를 짓는다. 이런 감성은 건조물의 안쪽이라는 특성으로 사람들의 정신과 감각을 안정시키되 동시에 외부와의 분리를 극대화한다. 집의 안쪽은 내부가 가진 자기 회귀적 성향을 잘 드러낸다. 내부는 개인의 내면으로 비화하면서 그 속에서 과거지향적이고 자기반성적으로 자기를 키우고 자기중심성을 키운다.

　자기중심이나 이기심을 안정적으로 구조화하는 방법이 집이다. 사람들과의 관계에서 자칫 위험해질 수 있는 이기심은 집이라는 사방의 벽 안에서 아무 탈 없이 우리를 살아가게 한다. 집은 돌봄의 공간이면서 동시에 자주 몸을 칭칭 감싸는 두꺼운 갑옷이 되어 세상을 막아 내는 이기적인 공간이 된다. 욕구를 충족시키는 데 절대적인 도움을 주는 곳이다. 하지만 집 안의 이런 이기심에 익숙해지고 친숙해질수록 언젠가는 마주해야 할 집 밖의 관계적 삶은 조금씩 약해질 수밖에 없다. 이기심 보호 공간으로서 집이 마냥 좋을 수 없는 이유가 여기에 있다.

　집에 대한 욕망은 사람들에게 거의 본능적이다. 사람들은 외부의 위협에서 벗어나 안정과 편안을 위해 집을 짓는다. 힘든 일에서 벗어나 잠과 쉼을 취하듯이 집을 짓고 거기에 거주하면서 자신에게로 돌아오는 항상성을 반복한다. 매일 집으로 돌아오는 것은 거의 모든 동물에게 나타나는 행위이다. 새들이 해가 지고 나무로 돌아와 잠을 자거나 짝짓기하듯, 인간에게도 집은 자기 돌봄의 적극적 공간으로서 이기심을 안전하게 감추어 두는 현실 장치로 활용된다. 집짓기의 원시성을 생각해 보라. 마당의 흙을 긁어모아 숨을 곳을 찾던 어린 시절의 집짓기 놀이는 자기 숨김의 전형이기도 했다. 성인이 될수록 그 숨김의 놀이는 더 강력해져 집 속에서 자기를 안정적으로 감춘다. 집으로 회귀하는 것은 거의 무의식적이다. 돌아갈 집이 없는 만큼 불안한 게 없다.

이기심은 타인에게 노출되는 순간 관계의 실패로 끝난다. 이런 이기심을 편안하고 안전하게 둘 수 있는 곳이 바로 집이다. 짧은 외출이나 긴 여행에서 집으로 돌아오는 휴식의 속성은 외부와의 관계에서 온 긴장감을 풀어 놓는 데 있다. 집에서 펼쳐지는 자기만의 이기심은 아름답지 않지만 적어도 편안하다. 이기심은 오랫동안 입고 지낸 옷처럼 친숙하다. 잠과 휴식을 포함하여 집은 자기회귀라는 면에서 모두 닮은 데가 있다. 만약 타인들과 관계를 맺기가 어렵다면 이런 자기중심적 회귀에서 얻는 편안함의 강도는 더 크다. 집이 자기중심적이고 이기적인 자신을 감싸고 안아 주기 때문이다. 그 결과 집은 세상과의 분리 공간으로 고착된다. 집이 외부 공간과 구별되는 나만의 가림막이 되어 원하지 않는 외부의 간섭과 침입을 막아 주고, 나를 숨게 해주고 보호해 주며, 세계와의 분리를 합리화하는 역할을 도맡으며 자기 안정이라는 핑계를 반복한다.

이기적인 모습으로 자기 회귀가 반복되면 집은 이제 '세계 속'이라는 범주에 들지 못하고 세계에서 떨어져 나와서 드디어 집을 중심으로 세계가 펼쳐진다. 세계가 먼저 존재했음에도 사람들은 거꾸로 자신의 집을 중심으로 세계 지도를 그려 나간다. 지도 그리기가 항상 자신의 거주 지역에서 출발하듯이 세계 속에 내 집이 있지 않고 오히려 내 집이 중심이 되어 세계가 존재한다. 그리하여 집이 중심이 되어 집 안에서 집 밖의 세계를 내다보는 방식에 익숙해진다. 집으로부터 세계를 관찰하는 방식은 자기중심을 구조화하면서 이기심을 내면화하고 구체화하고 세계와의 관계를 더욱 악화시킨다.

집이 익숙한 친밀성의 공간으로서 세상의 번잡함을 피해 돌아가 쉴 수 있는 곳이라고 하자. 그렇다면 따뜻하고 안락한 이곳은 자신을 다시 발견하고 좀 더 깊은 자의식에 이를 수 있도록 도와줄 것이다. 쉰다는 것은 자기에게로 돌아옴이며 아무런 외부 간섭이 없는 정신적 피난처를 의미한다. 집은 환대와 희망의 공간이다. 아주 잠시라도 '집을 나간다'는 것은 순간 자기 보호를 의도적으로 포기한 상태이다. 이것이 오래되면 노숙이 되고 만다. 노숙인은 집을 오래 나간 사람이다. 집을 상실한 대가는 크다. 자존감 상실이나 자기 결정 능력의 감소를 가져오기 때문이다. 노숙인들이 집으로 돌아오는 것은 노숙이 끝났음을 알리면서 동시에 자기회복이 되었다는 신호이다.

집은 한 칸의 작은 방일 수 있고 물질적으로 안락한 공간이 아니어도 좋다. 편안함을 주는 '마음의 집'이면 된다. 나를 따뜻하게 맞이하고 환대한다면 그곳이 집이다. 집은 친밀성의 공간으로서 보살핌이 없는 집은 상상하기 어렵다. 밖의 위험 요소를 차단하고 막아내는 집, 강력한 소유 의식을 통해 밖의 세계로부터 나를 지키는 집, 세계로부터 빠져나와 자신을 맞아들이는 집. 그런 집이 없다는 사실 그 자체가 불안이기 때문이다. 하지만 '집 안'도 불안의 공간이기는 마찬가지이다. 집 안에서 마음 놓고 펼쳐지는 자기중심도 불안 요인으로 되살아날 수 있기 때문이다. 외부의 침입에 차단막을 친다고 해서 불안이 사라지지 않는다. 집 안의 나는 집 밖과 차단된 나이며 여전히 불안 그 자체이다. 불안의 길고 찬 떨림을 단열 처치로만 막아 낼 수는 없다. 하지만 그런 집안에 가족이 있다면 어떻게 될까.

가족이 있다

인류가 만들어 낸 가족제도는 자기 보호를 위한 생존이나 종족 보존을 위한 생명 활동, 또는 사회나 국가 이상의 것이다. '가족의 탄생'에는 사랑이 있다. 사랑은 인간이 누릴 수 있는 축복이다. 가족에서 자녀의 출생은 '또 하나의 나'가 만들어져 '나'이기도 하면서 내가 아닌 존재가 생겨나는 곳이다. 그리하여 가족은 모성과 부성, 희생의 정신이 길들어지고 상처와 연약함에 대한 관심을 통해 염려와 배려가 몸에 익숙해지는 곳이 된다. 인간이 인간을 어떻게 대해야 하는가라는 근본 질문에 응답해 주며 가족 밖의 사람들을 만나고 관계하는 원초적인 윤리가 탄생하는 장소이다.

불안 제거의 실마리를 가족에서 찾을 수 있을까. 가족은 완전한 남도 아니고 나 자신도 아닌 그런 존재이다. 가족은 소유와 지배욕이 정지되고 잠시나마 경쟁적 소유 의식을 멈추고 자신을 무방비 상태로 해제한다. 가족끼리는 자기를 희생하며 모성과 부성을 만들어 내고, 받기보다 주는 것을 더 자연스럽게 한다. 자녀들에게는 자신의 인간적 유한성을 계승하기도 한다. 가족적 이기심도 전혀 부도덕하게 느껴지지 않는다. '나 아닌 나'가 있는 곳이며 '타인이 된 나'가 있는 곳으로서 원초적 만남이 시작된다. 가족은 우리가 고립된 존재가 아니라는 사실을 실천적으로 보여 준다. 가족 탄생의 비밀이 여기에 있다. 거기에 더해 가족이 있어 우리는 위로받고 불안에서 멀어진다. 가족은 작은 공동체의 질서를 위해 필요한 정도를 넘어 우리의 실존적 불안 자체를 해소해 준다. 친숙함이 불안을 잊게 하는 것이다.

하지만 가족의 친숙함으로 얻는 대가는 만만치 않다. 관계의 번거로움과 희생이다. 가족의 힘들고 어려운 모습을 보면서 그들의 호소와 부름 때문에 곤란을 겪기도 한다. 자기애를 억제해야 하고 배려하고 관심을 가져야 한다. 부모는 자녀들을 자신보다 먼저 생각해야 하고 그들의 짐을 대신 짊어지며 그들의 잘못을 자기 것으로 받아들여야 한다. 친함에서 일어나는 온갖 고통을 '의미 있는' 고통으로 받아들이며 자녀들의 고통에 그들보다 자신이 더 많이 아파하고 그들의 고통에 무한 책임을 진다. '가족에 의해' 자신이 살아가는 것이 아니라 '가족을 위해' 자신이 살아간다 해도 될 정도이다. 보상이 전혀 없는 것은 아니다. 자신의 불안한 자유보다 아름다운 책임을 배우고, 자기 얼굴과 비슷하지만 남이기도 한 그들을 통해 고통을 감내하고 책임지는 존재로 거듭난다. '타인에 의해' 행복해지는 것이 아니라 '타인을 위한' 삶을 통해 행복해질 수 있다는 말을 가족에게서 배운다. 그러나 가족으로 생겨나는 이 '윤리의 무게'를 쉽게 짊어지고 나갈 자신이 있을까. 가족이 개인의 불안을 어느 정도 잠재우는 것은 분명하지만 이 '지독한' 자기중심성을 벗어나게 하지는 못한다. 역설적으로 가족의 사랑이 가족 각자의 이기심을 적절히 감싸 주고 보호하는 속에서 어쩌면 윤리를 시작조차 하지 못하고 있는지도 모른다.

노동의 자기중심성

집은 밖의 위험을 막아 주고 외부 위협으로부터 자신을 보호하며 '집 안'의 친밀성과 따뜻함을 경험하게 한다. 한편으로는 밖의 세계를 쉴 새 없이 안으로 가져 들여오려는 공간이기도 하다. 일 또는 노동이 그런 역할을 강화한다. 먼저 일과 노동이라는 말에 약간의 구분이 필요하다. 일은 노동을 포함한 삶의 운용 표현이며 동시에 삶의 숙명성을 나타내기도 한다. 마치 따개비가 바위에 붙어 있듯이 한순간도 우리를 벗어나지 않고 몸과 하나가 되어 움직인다. 그리하여 일하는 모습은 그 자체로 숭고할 수 있고 아름답기도 하지만 인간의 생존 모습을 여실히 보여 준다. '일하는 인간'의 실존적인 의미가 들어있기 때문이다. 반면에 노동은 정확히 말해 화폐로 교환될 수 있는 것이다. 직업이라는 노동에 일의 힘듦이나 성실, 또는 선함이 있더라도 그것은 어디까지나 먹고 살기 위한 화폐 교환에 있다. 어쨌든 집이 자기중심성이나 이기심을 지켜 내기 위한 방어 차원의 자기 보호였다면 노동은 그에 비해 상당히 공격적이다.

생존 양식의 노동을 보자. 노동은 이기심에 기반한 경제 행위의 총합이다. 폭력적 '휘두름'이 이기심의 외부적 몸짓이라면, 노동은 휘두름의 반경이 훨씬 크고 넓고 계산적이며 많은 경우 사회적 합의와 계약을 통해 인정받기도 한다. 폭력은 그 특이성으로 비난받지만, 노동은 공적인 일반성 때문에 비난을 덜 받는다. 노동은 누구나 하는 것이고 또 해야 하는 것이며 먹고 사는 일과 맞물려 있어 거의 관습적인 생존 양식이기 때문이다. 지극히 개인적이어서 칭찬받을 일도 아니며 같은 경쟁 상태에 놓인 사람들에게 노동은 지극히 공격적이기조차 하다.

자연물을 채집하고 수집하는 것, 동물을 수렵하고 키우며 농작물을 심고 거두는 것, 그리고 현대 사회에 들어서 이루어진 기술 산업, 심지어 인터넷 정보검색 등은 외부의 것을 나의 것으로 만들어 내는 행위이다. 사람들 사이의 경제 행위에는 '서로를 먹고 살' 정도로 적극적이고 경쟁적인 소유 의식이 극대화된다. 먹고 먹히는 행위의 상징적 합을 자본주의 사회에서는 노동이라고 부르며, 그런 노동을 통해 자기 밖의 세계와 사람들을 '사물'처럼 개입하면서 재화를 만든다. 그렇다면 노동하는 쪽이나 노동을 당하는 쪽이 모두 착취적일 수밖에 없으며, 이런 착취는 자기 밖의 세계에 투입되어 소유 의식을 무제한으로 허용한다. 집을 이기심의 기지로 삼아 '세계에서 노동하면서' 생존과 소유를 가속하는 구조이다. 그 결과 자연물이나 타인은 자신에게 와서 훼손되고 손상을 입으며 물질화되고 도구화된다. 나의 생존을 위해 타인을 포함한 세계 전체가 소유와 사용 개념으로 전환되는 것이다.

집이 소극적이고 수동적인 의미에서 이기심을 보호하는 장치라고 한다면, 노동은 적극적이고 공격적으로 나의 이기심을 충족시키는 행위이자 소유와 사용의 행위로 세계 밖으로 펼쳐 내는 과정이다. 거주와 노동의 서로 다른 지향성이 이기심을 보호하고 유지한다. 이런 지향성을 선하거나 아름답다고 하겠는가. 세상을 끊임없이 착취하고 거기서 얻어 낸 소유물을 집 안으로 가져가는 행위를 두고 윤리적이라고 하지는 않는다. 소유는 항상 말썽을 일으키고 누군가의 불만을 자아내고 비난받는다. 경제 행위를 윤리적 행위로 치환할 수는 없다.

이 지점에서 풀어낼 수 있는 윤리적 상상력은, 집을 이타적인 공간으로 만들고 노동을 공적 영역으로 변화시키며 집과 노동의 폐쇄성을 윤리적 개방 공간으로 만드는 것이다. 실제 동서양의 전통 윤리에는 집을 이타적이고 공적인 공간으로 전환하려고 노력한 흔적이 있다. 플라톤은 그의 이상 국가에서 사적 소유물인 가정을 공적 공간으로 해체하려고 했고, 공자는 효를 통해 가정을 사회적 교육 공간으로 만들고자 했다. 집을 사적 소유 공간이 아닌 관계적이며 공적 공간으로 전환해 가족 중심으로 생기는 이기심을 줄이려고 한 것이다. 이런 노력은 플라톤에게는 시민사회의 질서 공간이 되었고 공자에게는 대동(大同)적 사회로 이상화되었다. 집이 더 이상 자기중심적이고 이기적 폐쇄 공간이 되지 않기 위한 윤리 장치를 마련하려고 한 것이었다. 이런 방식을 현대 사회에도 그대로 가져올 수 있을까. 노동이 사유화되어 자기중심적이고 이기적이 된 것을 막을 수 있을까.

윤리의 길은 '경계의 의식화'를 통해 주변 세계로 나가려는 태도이며, 그런 경계의 의식화는 자기의 안과 밖의 긴장 상태를 명확하게 인식하는 것을 의미한다. 그에 비해 자기중심에는 주어진 삶을 생존 양식으로 끌어가고자 하는 잡식성이 도사리고 있고, 사람을 포함한 외부의 모든 것에 대해 의도적인 무관심과 무한대의 공격성을 끝없이 허용한다. 이를 두고 우리는 생존이라는 명분으로 밖의 것을 마구잡이로 자기 안으로 끌어들인다. 밖이 있다고 해도 그 밖을 제대로 대접하지 않고 자기 것으로 만든다. 자기 안으로 흡입하는 행위는 공격성을 띤다. 이런 흡입 행위는 밖과의 경계 상실을 의미하며 그에 따른 경계 상실은 윤리적으로 될 가능성을 막아 버린다. 그 과정에서 사람은 사라지고 자기 밖의 모든 타인이 실종된다. 비록 자신과 타인의 경계를 근본적으로 없앨 수는 없지만, 인간에 대한 최소한의 경계 의식조차 사라지는 것이다.

노동을 통한 생존 자체가 스트레스이며 이것은 끊임없이 불안을 만들어 낸다. 아마 생존의 전 과정이 불안일 것이다. 식물도 그러하다. 식물은 번식을 위해 씨앗을 다양한 방식으로 퍼뜨린다. 씨앗은 바람을 타고 멀리 날아가야 하고 땅바닥으로 낮게 떨어져야 하고, 겨우살이의 경우는 한겨울 내내 나뭇가지 끝에 매달여야 한다. 번식의 총체적 모습이 불안이지 않은가. 자신의 경계에서 벗어나려는 온갖 종류의 몸부림이 불안의 형태를 띤다. 번식이나 생존이 이기적이듯 개인의 주체 정립도 자신의 생존 능력 외에는 비윤리적이라는 점에서 여전히 불안이다. 주체성을 가진다는 것만으로는 세계와 타인을 만나지 못하기 때문이다.

거주와 노동은 이기심을 구조화한다. 집이 자신의 이기심을 보호하고 노동이 그 이기심을 다진다면 이 또한 윤리적이지 못하다. 이기심을 조정하고 완화하려면 강력한 사회복지 형태의 정치가 필요하고 사회적 합의나 윤리적 요청이 개입되어야 하는데, 그 순간 강요나 억지가 들어갈 수밖에 없다. 마키아벨리의 군주, 홉스의 리바이어던, 루소의 사회계약적 국가 등 거시적이고 아날로그적인 정치 담론이 복합적으로 개입되어야 한다. 솔직히 말해 보자. 인간의 이기심 없애기에 출현했던 거의 모든 정치적 관여는 모두 실패하지 않았던가. 노동이 이기적이라고 해서 노동 자체를 없앨 수 있는 사회 체제를 만들 수는 없다. 이기심 억제의 길을 끊임없이 모색했던 원시 사회주의를 비롯한 마르크스 이후의 사회주의 정치도 거주나 노동의 사유화를 막을 수 없었다. 그렇다면 어디에서 해결의 물꼬를 찾아내야 할까.

우리가 노동 없이 생존할 별다른 방법이 없다면 노동에 대한 최소한의 존중이 있어야 하고 노동을 바라보는 관점을 바꿀 필요는 있다. 먹는 행위는 삶 자체를 지배하고 있어 이 속에서 노동이 윤리적일 수 있는 근거를 찾아내야 한다. 노동도 일이라면 일마다 마치 몸에 근육이 끼듯 윤리적인 무언가가 있으며, 그 일의 과정에는 윤리적이라고 부를 수 있는 어떤 행위가 따라 나올 가능성이 있다. 쉽게 보이지 않을 뿐이지 노동에도 윤리가 수반될 수 있다. 딱히 윤리적 행위라고 부를 수 없더라도 부지런히 땀 흘리는 모습 자체에 희미하게나마 윤리적인 무언가가 있다. 하지만 지금까지는 노동을 윤리로 받쳐 줄 형이상학은 없다. 노동을 자기중심성에서 벗어나게 해줄 사회를 상상할 수 있겠는가.

나는 고독이 좋은가

집의 안정감과 먹고 살기 위한 노동이 자기중심성에 기인한다는 것, 그리고 아무리 아름답게 포장해도 그 안에 이기심이 들어앉아 있다는 것을 부정할 수 없다. 자기중심을 보여 주는 또 다른 경우는 우리 자신으로부터 나온다. 고독이 그러하다. 고독은 처음부터 부정적이었고 사람들은 고독해지지 않으려고 타인과의 관계를 유지해 왔다. 외롭지 않기 위한 이기적 몸부림이랄까. 고독이 지닌 불안감을 떨쳐 내려고 끊임없이 사람들을 만나 왔다. 고독이 좋은 것일 수 없다는 사실을 본능적으로 알았을 것이다.

지금 우리 현실을 보자. 세상은 점점 혼자 지내는 사람들로 가득 차 있다. 역설적인 현상이지만 정보통신 기술의 발달로 사람들은 복잡한 사회관계망으로 진입해 버렸고, 이런 관계 팽창으로 피로감이 증가한다. 인간관계가 피로의 상징이 되어 버렸으며 그런 인간관계가 싫어 '자발적 고독'을 즐기는 상태에 이르렀다. 혼밥, 혼술처럼 수동적 고립이 아닌 자발적인 고독을 찾게 된 것이다. 물론 고독이 혼자만의 쉼과 자기회복의 시간을 마련하고 자신을 다지는 시간이 된다면 좋다. 타인들과의 관계가 피로 자체이고 남들과 같이 살아가는 게 결코 쉬운 일이 아니기 때문이다. 관계는 지나치게 타인에게 의존하고 집착하게 만들며 그 속에서 자신을 찾느라 정작 자기를 잃어버릴 수 있다. 관계 팽창으로 피로감이나 저항이 일어난다는 점에서 세상과의 적절한 단절은 필요하다. 그러나 관계의 소멸로 일시적인 마음의 평온이 찾아올 수는 있을지 몰라도 그것이 지속되면 강박이 된다. 자기 안으로 더 깊이 돌아온다고 해서 고독의 부정성이 해소되지도 않는다.

고독을 즐기는 문화 현상을 정상적으로 볼 수는 없다. 문화의 속성은 긍정성을 전제한다. 혼자 있음을 부추기는 문화가 일반화될 수는 없을 것이며, 그런 문화에서 고독은 자격 미달이다. 독일 작가 프리드리히 실러는 『인간의 미적 교육에 관한 서한』에서, "자기중심적 사고는 가장 정교하게 발전된 사회생활, 바로 그 품에 체계적 둥지를 튼다."라고 했다. 실러의 말을 인용하면서 영국의 문화비평가인 테리 이글턴(Terry Eagleton)은 "경쟁과 물욕이 강화된 산업 질서는 개인들 사이의 전통적 끈을 끊고 각자를 자신의 고독한 공간에 고립시켰다. 그 결과 사회의 기본 구조 자체가 위험에 처하게 되었다."라고 지적한다.[12] 고독의 문화 현상은 삶의 건전성을 악화시킨다. 사람이 사람을 만나지 않으려는 현상에 희망과 기대를 걸 수는 없을 것이다.

고독은 개인적으로나 사회적으로 불안 그 자체이다. 관계로부터 숨고자 하는 욕구는 비극으로 끝날 수밖에 없다. 생존 본능에도 맞지 않으며 자기 파괴로 쉽게 이어진다. 고독이 잠시 마음을 편하게 하고 달콤한 안정감을 줄지는 몰라도 오래 머물 곳은 되지 못한다. 삶의

---

12. 테리 이글턴, 『문화란 무엇인가』, p.149.

'지속 가능성'은 사람들과의 관계에 있기 때문이다. 하지만 인간관계를 잘 맺기가 쉽지 않다. 어렵고 피곤하다. 사람들 속에서는 온갖 오해, 질투, 갈등이 난무한다. 이런 이유로 자기 안쪽으로 쉽게 돌아서 관계를 혼자의 생활에 부속되고 추가된, 그렇고 그런 정도의 것으로 생각한다. 문제는 우리가 좋은 인간관계에 아쉬움과 미련을 버리지 못하는 데 있을 것이다.

집단에서 떨어져 나온 동물은 공격당하기 쉽다. 인간은 동물과 달리 집단에서 빠져나와도 생존에 아무런 지장이 없을까. 하지만 인간도 어쩔 수 없다. 가끔 고독을 찬미하고 고독에 의미를 부여할 수는 있겠지만 사람들에게는 언제든지 집단으로 돌아가야 한다는 암묵적인 약속 또는 믿음이 있다. 상상해 보자. 아무도 없는 무인도에서 고독을 사랑할 수 있겠는가. 고독이 불필요한 곳, 사회적 유대가 없는 곳에서 고독은 무의미하다. 그런 고독은 방황이고 초점 없음이다.

혼자 있고 싶다는 것은 사람들에게 떨어져 있고 싶다는 뜻이다. 누군가와 같이 있어야 할 이유도 찾지 못하고, 어딘가에 소속되는 것의 번거로움이나 폐해를 경험했다면 혼자 있는 것이 문제가 되지 않는다. 연락만 하면 언제든지 자신을 구해 줄 배가 오는 무인도라면 살 만할 수도 있고, 사람들부터 잠시 '떨어진' 상태에서 혼자인 것은 전혀 문제가 되지 않는다. 외로움을 즐길 수 있다면 더 이상 외로움이 아니며 자신이 의도하고 선택한 외로움이라면 편할 수도 있다. 필요에 따라 '혼자'는 언제든지 '함께'로 바뀔 수 있으며 '혼자와 함께' 사이를 자유롭게 오갈 수 있다. 이때 혼자는 자기중심이 아니며 오히려 자신의 위치를 뜻대로 설정하는 자기 조절 또는 자기 통제에 지나지 않는다.

잠시 떨어진 상태의 고독을 지나치게 미화할 필요는 없다. 이것은 인간이 '고독의 문명'을 이루어 냈다는 헛된 자부심의 표현이다. 고독이 치명적일 수 있는 때는 자신이 원하지 않았음에도 혼자 있게 될 때이다. 그것은 고통이 되어 누구도 이런 상황에 놓이고 싶어 하지 않는다. 관계의 대척점에 놓인 혼자의 상태를 지나치게 절대화하고 관념적으로 고착시키지는 말자. 그때는 말 그대로 '홀로 있음'이 자기중심으로 들어선다. 혼자만의 삶에 대한 합리화나 정당화가 우세해지면서 자기 이외에 어떤 누구도 필요 없다고 생각하면 그만한 비극도 없다. 지나친 타자화, 사물화, 도구화가 만들어져 윤리에 장애가 생기는 것도 바로 이 지점이다. 관계를 의식하는 혼자의 상태는 자기 조절이 가능하고 정신적으로도 건강한 상태를 유지하지만, 생각지도 못하고 밀려난 혼자의 상태는 우울이 되고 병이 된다. 관계 손상은 자기에서 끝나지 않고 타인에게까지 피해를 줄 수밖에 없다.

'그저 있지' 않게

관계 의식이 부재한 고독은 불면처럼 '그저 있는'(il y a) 멍한 상태이다. 몸을 '입고' 있다는 느낌이 없다. 의식은 점점 둔해지고 흐릿해진다. 몸의 움직임이나 활동이 섬세해지고 뚜렷해져야 관계 의식도 회복되는데 그렇지 못하다. 구체적인 현실에서 책임이 나오는 데 '그저 있는' 상태로는 어떤 책임도 질 수 없다. "익명적인 있음 속에서 자리를 잡아야" 공허하고 허전한 관념적인 존재 상태에서 벗어날 수 있는데 그렇지 못하다. 고독은 혼자만의 세계에 갇힌 '홀로 있음' 의 상태이다. 구체적인 무엇이 없는 그저 있음의 상태! 이것은 마치 어둠, 잠, 불면처럼 없는 것은 아니나 그렇다고 아직 무엇으로 있지 않은 상태이며, 구체적인 무엇으로 실재하지 않기에 어떤 것과도 통하지 않은 상태이다. 그리하여 "존재의 익명적 흐름은 주체, 인격, 또는 사물 등 모두를 침략시키고 침몰시킨다."라고 하지 않는가.[13] 관계를 외면하지 말아야 구체적인 자기가 된다. 자기 몸을 '입고' 거기에 더해 외부와의 관계도 '입어야' 자기만의 '하나의 자리'를 가진다. 스스로 자리가 되어야 남들과 다른 온전한 자기 모습을 유지할 수 있는 것이다.

고독으로 홀로 남으면 현실의 어떤 일도 알려고 하지 않는다. 결핍과 한계로 인한 불안만 남는다. 사실 우리가 조금이라도 세상일을 엿본다면 어쩔 수 없이 타인에게 말을 걸 수밖에 없다. 타인과 분리된 자기에서 더 이상 머물지 못하는 이유도 관계 단절을 견딜 수 없기 때문이다. 그리하여 타인에게로 나아가려고 하고 얼굴을 마주하려고 하고 자기를 넘어서려고 한다. 홀로 있음이 겉으로는 개별화의 모습이긴 해도 안정적이지 못하다. 관계 맺기가 없으면 벗어날 수 없는 비극, 그것은 부족한 부분을 메꾸는 행위로 전개된다. 부족한 것은 무엇일까. 누군가에게 의존하고 도움을 받는 것이다.

---

13. 박남희, 『레비나스, 그는 누구인가』, pp.42-45, 재인용.

막연히 그저 그렇게 있는 존재 상태로는 어떤 책임 의식도 생기지 않는다. 구체적인 개인이 되어야 책임이 따라 나온다. 당위가 된 책임이 아니라 홀로서기의 인간이 되어야 관계 맺기가 된다. 그러므로 윤리는 인간의 조건에서 따라 나올 뿐이다. 지금까지의 고통 일반에 대한 윤리적 관여는 관습화된 관념이며 추상에 지나지 않으며 선해 보일지는 몰라도 사실적이지 않다. 누군가를 사랑해야 한다는 의무감의 정체 모를 불순함에 대해 의심해 보지 않았는가. 그런 의무감은 마치 헌 옷처럼 지겹고 불필요한 장식품에 지나지 않는다. '고통 일반'에 관여하는 일은 위선적이고 번거롭기까지 하다. 반대로 우리는 고통 일반이 아닌 누군가의 고통, 또는 고통받는 누군가에 대해 진정으로 개입할 때 이 모든 번거로움, 위선, 장식, 지겨움에서 벗어날 수 있다. 이것이 가능하려면 홀로서기의 인간으로 변화하는 방법뿐이다. 자신감을 가지고 타인에게로 넘어가고 타인의 일에 개입하는 것이다. 그리하여 윤리적으로 될 가능성을 높여 나가는 것이다.

박남희는 "무엇이 결핍해서가 아니라 내가 된다는 사실이 고독"이라고 말한다.[14] 나 이외의 것과 분리되어 있다는 사실, 그리하여 홀로서기를 할 수밖에 없다는 사실이 나를 고독하게 한다. 나의 한계가 정해지고 누구와도 다른 나이기에 고독한 것이다. 레비나스도 "고독은 그 자체로서 저주받은 것이 아니라 결정적인 고독의 존재론적 의

---

14. 박남희, 『레비나스, 그는 누구인가』, p.123.

미 때문에 저주받은 것이다."라고 말하지 않았던가.[15] 고독한 까닭에 자신을 넘어 타인에게로 가려고 하고 나 아닌 너에게로 가려는 것이다. 그러므로 고독은 고독 그 자체로 저주받았다기보다는 "고독한 존재자가 타자에게로 나아가지 않음이 문제이다."[16] 인간은 그 자체로 고독한 존재이지만 고독하지 않을 해결책은 타인에게로 나아가는 것이다. 그런데 무엇이 나아감의 욕망을 가로막고 있으며 무엇이 타인에게 향하지 못하게 할까. 원인은 순전히 외부적인 요인 때문이다. 타인에게 실망 또는 절망했거나, 거절 또는 무시당했을 때 우리는 타인에게로 건너가기를 포기한다. 내가 미소를 지을 때 그도 같이 미소를 짓는다면 타인에게로 건너가지 못할 게 없지만, 우리는 살아가면서 끊임없이 서로를 부정한다. 모르는 그와 내가 한 번의 미소로라도 사귐이 만들어졌다면 우리는 실망하지 않았을 것이다. 다른 사람에게로 나아가는 일이 나의 고독을 없애기 위한 실존의 문제인데도, 또한 그렇게 나아갈 사람이 주위에 있는데도 갈 수 없다는 것. 우리는 적어도 한두 번은 낯선 사람에게 친밀함을 드러낸 적이 있었겠지만 쉽게 마음의 상처를 입고 더 이상 그런 일을 포기했는지도 모른다. 누구도 처음부터 다른 사람을 만나는 일을 포기하지는 않았을 것이다. 타인의 부재에 목마름을 느꼈겠지만 우리 모두 살아가면서 조금씩 만남을 포기하는 일에 익숙해져 버렸기 때문인지 모른다.

---

15. 박남희, 『레비나스, 그는 누구인가』, p.124, 재인용.
16. 박남희, 『레비나스, 그는 누구인가』, p.126.

3. 이기심의 관계학

애덤 스미스만큼 이기심 수준을 명확하게 이야기한 사람도 없다. 그는 "만약 사람이 내일 자기 새끼손가락을 잃어야 한다는 것을 안다면 잠들지 못할 것이다. 그러나 1억 명이나 되는 인류가 죽는다고 해도 그들이 자신이 한 번이라도 만나 본 적이 없는 사람들이라면 아주 편안히 코까지 골며 잘 것이다."라고 했다.[17] 법 질서나 예의가 지켜질 때는 모든 것이 평온하지만, 위험의 정도가 심해지면 긍정적 사회성은 한꺼번에 무너져 혼란이 온다. 서로 못 본 체하며 각자가 처한 위기 상황에서 탈출하려고 한다.

이기심의 심리에는 조급증이 있다. 너무 성급하게 자신의 이기심을 감추거나 없애려고 하는 탓에 정신적으로 건강한 상태를 유지하지 못한다. 남들에게 이기적이라는 소리를 듣지나 않을까 조심하고 눈치를 보며 마음이 불편해진다. 하지만 거의 모두 자신의 이기심을 옹호하거나 버려두지 않고 이기적인 것과 이타적인 것 사이에 적당히 머문다. 이기적이라는 비난을 피하려는 것도 사회적 삶의 생존 방식 중 하나이기 때문이다.

이기적으로 살지 말자고 다짐한 사람이 있다고 가정해 보자. 하지만 상대는 철저히 자기 이익을 챙기면서 이기심을 드러낸다. 상황이나 감정에 흔들리지 않고 어떤 마음의 동요도 없이 이마에 살짝 주

---

17. 콰메 앤터니 애피아, 『세계시민주의』, p.270, 재인용.

름을 지으며 눈빛을 흐리면서 조금도 손해 보지 않으려고 한다. 물론 잠시 '나의 이기심'이 아닌 '그의 이기심'이라면서 다행스럽게 여길 수 있다. 이런 사람과 관계 맺기를 계속할 것인가라는 걱정은 잠시 접어 두고 여유 있게 상대의 이기심을 관찰할 수도 있겠지만, 자기 이기심이 아니라고 해서 그렇게 안심할 수 없다. 그런 모습에 자신도 언제 이기심을 드러낼지 모르기 때문이다.

이기심은 자기 안에 깊이 잠복해 있어 평소에는 자신이 이기적인 줄을 모른다. 그러다가 사람을 만나면서, 관계를 맺으면서, 사람들과 어울리면서 이기심이 활성화되는 계기가 온다. 이기심은 누군가를 두고 이기적이라고 하거나 누군가에게 이기적이라는 소리를 듣는 식이므로 항상 관계적 현상으로 나타난다. 이런 현상을 추적하면서 이기심이 인간관계에서 해소될 가능성을 찾아보자.

모르는 사람, 아는 사람

세상은 내가 모르는 사람들로 가득 차 있다. 그런데 그가 내게 말을 건다든지 눈웃음을 지으면 사물에 지나지 않았던 그가 갑자기 살아 있는 느낌으로 다가온다. 길거리를 걷다 보면 수많은 낯선 사람과 모르는 사람을 본다. 우리는 그들의 얼굴을 보면서 가끔 가벼운 인사를 건네기도 한다. 하지만 여기서 끝이다. 관계는 소극적이거나 방어적이고 자신을 드러낼 이유도 마땅치 않다. 관계 의식이 필요 없으므로 긍정적이든 부정적이든 이기심을 드러낼 이유가 없다. 낯선 거리에서는 그저 적절히 친절하고 예의를 지키면 평온함이 유지된다. 그 속에서 가벼운 웃음이나 대화는 일상의 가벼운 풍경에 지나지 않으며 제대로 된 관계 맺기도 아니다. 그렇다면 우리가 잘 아는 사람에게 하는 행동을 모르는 사람에게 할 수 있을까. 윤리는 모르는 사람에게 적용되어야 윤리다울 수 있는데 '알고 모르는' 한 가지 이유로 너무 많은 것이 달라진다.

사람과의 물리적 거리가 가까우면 '근접 효과'가 일어나 가까이 있는 것만으로도 친해질 수 있다. 자주 접촉하기만 해도 서로 친숙해지고 호감이 늘어나면서 가까워진다. 하지만 가족, 친지, 친구를 제외한 모르는 사람에게 이런 효과를 기대하기는 쉽지 않다. 낯선 사람에게도 친절하게 대하리라는 마음가짐도 일시적이거나 우연적이어서 일관되게 지속하기 어렵다. 현실에서는 몇몇 경우를 제외하고는 모두 낯선 사람이다. 아는 사람과 모르는 사람을 대하는 방식의 격차가 너무 심해 모르는 사람에게는 심할 정도로 냉정하게 대한다. 실제로 아는 사람 몇몇을 두고 친절을 말하는 것은 의미가 없다. 아는 사람에게 베푸는 친절은 자기중심의 확장에 가까우므로 굳이 친절이라고 하지 않는다. 모르는 사람에게 도움을 줘야 제대로 도왔다고 할 수 있을 것이다.

모르는 사람들 속에 있다가 아는 사람을 만나면 관계의 전폭적인 반전이 일어난다. 모르는 사람에게는 자신의 이기심을 굳이 내보일 필요가 없었지만, 아는 순간 이기심도 작동한다. 냉정히 말해 모르는 사람은 타인의 범주에조차 들지 않는다. 모르는 사람을 타인에 넣어둔 적이나 스쳐 지나간 사람을 기억한 적이 얼마나 있겠는가. 우리가 타인이라고 부르는 대상도 어떻게 보면 일상에서 최소한의 기억과 만남을 유지하는 사람일 것이다. 모르는 사람이나 스쳐 지나간 사람은 타인의 범주에서도 배제되었을 것이고, 그들에게는 이기심조차 작동하지 않는다. 관계가 없는데 이기심이 생길 까닭이 없다.

이기심은 관계가 성립되어서야 몸을 웅크리고 자기 것을 뺏기지 않으려는 자세를 취한다. 이기심은 비가 온 뒤 젖은 땅속에서 기어 나오는 지렁이 같고 무더운 날씨를 견디지 못해 썩은 나무 둥치를 비집고 나오는 날벌레 같다. 이기심은 관계가 본격화되는 시점, 그것도 사물화 상태를 벗어나 인격이 감지되고 친숙함이 성립되는 '아는 사람'들로부터 시작한다. 이미 알고 있어 관계가 익숙한 사람들로부터 이기심이 만들어지는 것이지 관계 부재의 상태에서 이기심은 없는 것이나 마찬가지이다. 이기심뿐만 아니라 다른 어떤 특이 성격도 낯선 사람에게는 잘 적용되지 않는다. 이기심은 적절하게 아는 사이에서 시작하여 관계가 심화하고 영역도 커진다. 그 진폭은 넓고 깊어 부모와 자녀의 관계에서도 노출되곤 한다. 만약 자녀들이 부모에게 이기심을 발견하면 어떻게 될까. 당황스럽고 놀랍고 두려워 그 상황을 마음 깊이 꾹꾹 눌러 버릴 것이다.

아는 사람들에게서 이기심을 발견하거나 그들로부터 자신의 이기심이 본격화된다는 사실, 그리고 친할수록 이기심이 노출될까 걱정해야 한다는 사실이 슬프다. 아는 상태가 이기심을 더 많이 부추긴다는 게 관계 윤리가 지닌 모순이기도 하다. 윤리는 언젠가는 모르는 사람에게 적용되어야 빛을 발하겠지만, 그보다 먼저 아는 사람들로부터 작동하는 이기심을 어떻게 처치할 것인가를 고민해야 한다. 친숙함에도 거리를 둬야 하는 일이 생길 수밖에 없다.

혼자 길 걷기

길을 걷는 내 얼굴에 표정이 사라지고 마주치는 사람들에게도 별 표정이 없다. 마치 어떤 감정도 전달되지 않기를 바라는 듯하고 자신의 표정을 읽히지 않으려고 서로 작정한 듯하다. 아예 상대의 얼굴을 볼 생각조차 없이 혼자 미끄러지듯 스쳐 지나간다. 그에 따라 무관심의 수준도 올라간다. 왜 우리는 서로 얼굴 보기에 인색할까. 왜 얼굴에 감정 표현 담기를 꺼릴까.

얼굴을 보려고 하지 않는 이유는 익명으로 남고 싶기 때문일 수 있다. 남들이 나의 얼굴을 모른다는 것에는 분명 이점이 있다. 마치 복면이나 마스크를 낀 효과가 있어 '마음 놓고 편하게' 행동할 수 있다. 남들이 나를 몰라보면 나는 그들을 보되 그들은 나를 볼 수 없다는 이점이 있다. 길에서 마주치는 사람들이 모두 아는 사람이라고 가정해 보자. 모르긴 몰라도 밖을 나가기가 꺼려질 것이다. 남들이 나를 모르면 편하고 자유로우며 아는 데서 오는 피로감을 줄일 수 있다. 사람들이 내 얼굴을 본들 보는 것이 아니며 스쳐 지나는 순간 나를 잊어버리기 때문이다. 아무도 관심을 주지 않는다면 자신을 드러낼 이유도 없다.

숨어서 세상을 보듯이 타인의 삶을 구경만 한다. 익명성이 남긴 파생 상품이라고 할 만하다. 타인의 삶을 텔레비전이나 유튜브를 통해 보는 것도 철저히 구경하는 행위이다. 누군가가 길을 물으며 도움을 청하면 기꺼이 나설 기회라도 있지만, 구경만 하고 있으면 그런 기회조차 오지 않는다. 왜 우리는 타인을 구경하는 데 더 익숙해지고 그들은 나를 볼 수 없는 방식을 선호할까. 익명성의 과잉이 분명하다. 자기는 감추되 타인은 지나치게 노출되도록 한다. 자기중심적 질병은 남의 눈치를 보지 않기 위해서이거나 주고받는 인간관계에 싫증이 났거나 아니면 상처받아 주눅이 들었기 때문인지 모른다. 만남 자체가 성가시고 부담스러워졌기 때문일 수도 있다. 김찬호는 이를 두고 "일상의 궁핍함이 중독을 일으킨다."라고 했다.[18] 일상의 궁핍함이란 나도 너를 보고 너도 나를 본다는 식의 지극히 정상적인 관계 맺기가 부족하거나 결핍되어 있음을 말한다. 관계 부족의 결과로 타인을 구경만 하게 된 것인지, 아니면 타인의 삶을 구경만 하려는 잘못된 태도로 관계 부족이 온 것인지는 우선순위를 알 수 없지만 이런 사회 현상이 병인 것만은 분명하다. 사회생활의 기본은 "얼굴의 노출을 전제"로 해야 하는데 그렇지 못하다.[19]

윤리가 진정으로 필요한 곳은 내가 모르는 사람을 스쳐 지날 때이다. 가족이나 친구끼리 윤리가 없어야 한다는 뜻이 아니다. 아는 사람들끼리는 실제로 윤리 말고도 살아갈 수 있는 다른 요소가 많다. 가족은 윤리가 없어도 같이 살아갈 수 있지만, 모르는 사람들끼리는

---

18. 김찬호, 『대면, 비대면, 외면』, p.94.
19. 김찬호, 『대면, 비대면, 외면』, p.38.

윤리 없이는 절대 사귐이 불가능하다. 이런 윤리의 시작이 얼굴을 보고 대화하는 것인데도 현실은 그렇지 못하다. 모르는 사람들끼리의 스침이 불편하더라도 얼굴을 볼 줄 알아야 하는데, 우리는 길을 걸으며 여전히 아무도 자신을 알아보지 않게 혼자서 길 걷는 일에 익숙해져 있다.

관계 맺기의 실패

이기심이 왜 나쁘냐고 물을 수 있다. 인간의 이기심이란 것이 태생적이거나 아니면 적어도 인간관계를 맺는 순간부터 시작되는 것이라면 그런 이기심을 통제하려는 노력이 무슨 의미가 있겠느냐고 반문할 수 있다. 이에 대한 답은 이기심이 항상 '약간의 고통'으로 이끌기 때문이다. 물론 고통이 나타나는 현상은 개인에 따라 다르고 경로도 다양하다. 만약 고통이 관계의 잘못으로 발생했다면 '자기를 버리는 것'으로 대체할 수는 있다. 하지만 자기를 버린다는 것이 쉬운 일도 아니고, 만약 고통이 타인에게서 온다면 자기를 버린다고 해서 해결되지도 않는다. 외부에서 실체로 다가오는 고통을 마음 하나로 다스리기는 쉽지 않다.

어려움의 정도가 어떠하든 관계의 문제는 관계로 해결하는 것이 가장 바람직하며, 관계로 생긴 고통이나 실패는 관계를 회복하는 방법으로 해결해야 한다. 관계로 생긴 일은 관계를 떠나 피한다고 해서 해결되지 않는다. 그러므로 '관계적 자아'라는 획기적인 의지가 없이는 사람들과의 관계로 생긴 문제를 해결할 수 없다. 고통에 대한 무한 방어는 정신 위생에도 좋지 않다. 이기심으로 생겨난 고통은 관계 윤리를 통해야 해결 가능성이 있다.

가수 조성모가 불러 히트한 노래 〈가시나무〉에는 이기심의 결과가 슬프게 그려진다. 이 노래에서 화자의 슬픔은 자신이 가시나무라는 데 있다. 가시나무는 온몸이 가시로 덮여 있다. 나무의 밑동에서부터 가지 끝까지 빈틈없이 가시로 가득 차 있어 새가 날아와 앉을 자리가 없다. 나무가 가시로 덮여 있어 새가 올 리 없는데도 가시나무는 새가 날아오기만을 기다린다. 날아왔던 새들도 편히 앉아 있지 못하고 이내 떠나간다. 가시나무의 가시는 지나친 자의식이며 자기중심적인 자신이고 새는 나의 타인이 된 사람과 같다. 타인과의 관계를 기대하지만 아쉽게도 자의식의 가시 때문에 관계 맺기에 실패한다. 가시나무는 새와의 만남을 희망해 본들 쉼과 휴식이 없는 상황에서 어둠 속에 갇히고 슬픔을 느끼며 관계 맺기에 실패해 고통스럽다.

몸의 가시는 새들의 '쉴 자리를 빼앗고' 또 그 새들을 '가시에 찔려' 멀리 날아가게 한다. 가시로 비유되는 이기심이야말로 남들과의 소통을 막고 타인이 내게로 들어올 수 있는 여지를 주지 않으며 마음의 상처를 낸다. 이 노래의 처음과 중간, 그리고 마지막까지 반복되는 "내 속에 내가 너무도 많아 당신의 쉴 곳이 없네."라는 구절을 보면 도대체 자신이 뭐기에 사람들과의 관계를 이렇게도 엉망으로 만들어 버렸는지 후회스러울 것이다. 자의식이란 본래 자기 성숙이나 자아 정체성을 만드는 중요한 지표가 되어야 하는데도 그렇지 못하다. 그 잘난 자의식 때문에 노래 속의 나는 어떤 누구와도 마음 편한 인간관계를 맺을 수 없는 것이다.

　자의식은 인격적 삶을 습득하기 위한 자기화 과정이어야 하는데 우리는 누군가에게 쉽게 종속되고 억압되어 자기를 지켜 내지 못한다. 초기 자의식에는 자기 보존의 욕구가 일어나고 삼킬 듯한 소유 의식도 생긴다. 문제는 이런 실존적 몸부림이 사회성의 세례를 받지 못한 채 생긴 그대로 세상을 뚫고 나올 때이다. 조성모의 〈가시나무〉 노래처럼 자의식이 가시가 되어 남과 나 모두를 괴롭히는 이기심이 되는 것이다. 노래 가사 그대로 우리 몸이 가시인 채로 남아 남들에게 피해를 주고 궁극적으로 자기 사랑마저 잃는다면 의미가 없다. 그의 노래가 슬픈 이유도 이런 까닭일 것이다.

　우울의 경우를 보자. 우울은 사람들과 떨어져 혼자 있음의 부정적 현상이지만, 곁에 누군가가 있기만 해도 회복의 가능성은 높아진다. 우울이 심한 사람을 적막한 산속이나 시골 마을에 두면 어떻게 되겠는가. 우울은 누군가가 옆에 있다는 사실, 또는 누군가가 방금 자기 앞을 스쳐 지나갔다는 사실 하나만으로도 위안이 된다. 공포 영화를 두 사람이 같이 보면 무섭지 않듯이 우울도 사람과 함께라면 약해질 수 있다. 누군가와 같이 있는 것만큼 좋은 게 없다. 관계로 생긴 고통은 관계로 해결될 수 있음을 알면서도 왜 우리는 관계에 소극적일까. 관계가 팽창되는 데서 오는 피로감을 줄이고 관계로 오는 '억지 격의 만남'을 피해 '혼자 되기'의 짜릿함을 즐기고 싶어서일까. 그러나 혼자가 되어 자신을 더 사랑할 수 있고 평온할 듯해도 앞서 언급한 가시나무처럼 될 확률이 여전히 높다.

인간관계를 정리하고 싶은 욕구가 생기는 것은 처음 맺은 관계가 기대 수준에 미치지 못하기 때문일 것이다. 정리한 만큼 속이 후련하고 마음의 평정을 찾을 수는 있다. 실제로 대부분의 인간관계는 먹고 살아가기 위해 어쩔 수 없이 맺은 것이다 보니 쉽게 오염이 될 수도 있고, 서로가 이기적 자아의 연장선에서 출발한 탓에 관계의 정상성도 담보할 수 없다. 문제는 관계를 포기하고 자기 안으로 돌아온다고 해서 더 나아질 게 없다는 것이다. 자기 속에 새빨갛게 살아 있는 이기심의 불덩어리만큼 고통을 주는 게 없다. 이 불덩어리를 혼자서 식힐 자신이 있는가. 싫든 좋든 이기심도 관계로 풀고 녹여야지 자기로 돌아온다고 해결될 일은 아니다. 자기에게 갇힐수록 관계는 실패하고 더 나빠질 뿐이다.

'주체' 이야기

우리 삶을 지탱한다고 생각해 온 '주체'라는 말에도 이미 이기심이나 자기중심성이 들어 있다. 주체라는 말이 어떻게 사용되어 왔는지를 보면 관계 맺기에 왜 장애가 일어날 수밖에 없는지를 알 수 있다. 먼저 주체라는 말의 일상적 의미를 보자. 타인의 도움 없이 혼자서 무언가를 할 수 있는 것, 능동적이고 의지를 갖추고 행동할 수 있으며 주관이 뚜렷하여 스스로 선택할 수 있는 것, 또는 의사결정에 자기 판단을 두고 살아가는 것 등이다. 하지만 윤리적인 관점에서 보면 주체적이라고 해서 이타적으로 된다는 보장은 없다. 이기적이면서도 얼마든지 주체적일 수 있기 때문이다. 다시 말해 주체성 자체가 윤리를 담보하지는 않는다.

주체 또는 자아 문제를 강화하면서 철학을 전개해 온 시기는 그렇게 오래되지 않았다. 서양 고대의 이오니아와 아테네를 중심으로 한 그리스 문화권의 주 관심사는 어디까지나 집단에 대한 의식화였지 개인의 의식화는 아니었다. 중세도 그런 면에서는 마찬가지였지만 이탈리아 피렌체를 중심으로 하는 르네상스 시대가 되면서 본격적인 의미에서 개인이 등장하기 시작한다. 특히 철학에서는 일찌감치 프랑스 철학자 르네 데카르트가 개인을 등장시키면서 "나는 생각한다. 그러므로 존재한다(cogito ergo sum)."라는 근대 개인의 정신적 구호를 내놓는다. 하지만 현대에 들어오면 주체 우선의 사유인 자기중심적 성향의 철학이 물러나고 타인과의 관계가 중요해진다. 특히 유럽 사회에서는 1, 2차 세계대전을 겪으면서 거시적 또는 미시적 차원 양쪽에서 개인 중심의 주체를 보는 시각에 변화가 생겨났다. 전쟁은 사람들에게 자기중심적 사회를 돌아보게 했고, 자기중심적 주체 의식에서 탈피하고 관계를 고려하는 타인 지향적 자아의 중요성을 새롭게 인식하게 했다.

서양 사상사를 자아 인식의 변천 과정으로 본다면, 주체의 해체가 일어나는 이유, 그리고 개인적 자아에서 관계적 자아 또는 사회적 자아로 변화되는 현상에 주목할 필요가 있다. 우리는 보통 마음이나 정신이 실재하는 것으로 생각한다. 그러나 마음은 어디 있고 정신은 무엇이냐는 질문에 답을 찾다 보면, 마음과 정신이 내 몸 안에 실제로 있다는 근거를 찾기가 쉽지 않다. 가슴을 가리키면서 마음이라고 해야 하는가, 아니면 뇌를 가리키면서 정신이라고 해야 하는가. 행동주의자들은 그런 추상적이고 관념적인 마음과 정신은 존재하지 않고 오직 있는 것이라고는 우리의 뇌 활동이며, 뇌 활동으로 가시적으로 볼 수 있는 우리의 행동뿐이라고 할 것이다. 전통적으로 받아들여 온 '사유 = 존재'라는 등식은 과학기술 사회로 진입하면서 차츰 입지가 좁아지고 있다.

사유를 무의식 또는 집단 무의식으로 볼 수 있을지 모른다. '문법 유전자' 개념을 제시한 스티븐 핑크는 그의 책 『언어본능(The Language Instinct)』에서 인간의 언어 능력을 진화의 산물로 본다. 그러나 이것도 만족스럽지 않다. 예를 들어 보자. 민족의식이 어딘가에서부터 시작되어 뇌의 전두엽에 안착했다고 하면 어딘가 좀 이상하지 않은가. 민족의식이 뇌의 활동일 수는 없다. 그 위치가 모호하듯이 주체의 실체를 찾기도 어렵다. 다른 예를 보자. '배려'는 어디에 있는가. 배려 의식도 인간 문명 진화의 산물일까. 미국 철학자 대니얼 데닛(Daniel. C. Dennett)도 『자유는 진화한다(Freedom Evolves)』에서 자유를 진화의 산물로 본다. 하지만 적어도 자유가 뇌 활동일 수는 없다. 배려의 유전자를 추적할 수도 없고 그 인과성을 찾았다고 해도 실질적인 배려를 기대할 수 없다. 오히려 배려의 출처는 개인의 유전자가 아니라 사람과의 관계 결과로 봐야 한다. 윤리 행위는 인간관계로부터 작동하는 것이지 뇌 활동에 있거나 진화 과정으로 보는 것은 적절치 않다.

주체와 유사한 개념으로 '자아'를 생각해 보자. 상식적으로 아무도 자신의 존재를 의심하지 않지만 조금만 깊이 생각해 보면 이 질문에 답하기가 쉽지 않다. 현대에 들어오면 철학자들은 자아를 사람들 사이 어딘가에 두려는 일종의 '관계 자아의 전환'을 시도한다. 사람들 사이에 자아를 배치하려는 관계 자아를 가정하면서 자기 안이 아닌 사람들 사이의 관계에 초점을 맞춘다. 자아를 자기 속에 가두면서 생기는 모호함을 없애기 위해서이다.

개인적 자아에서 벗어나려는 이야기는 많다. 먼저 원효 스님에 얽힌 해골바가지 이야기를 해보자. 그가 당으로 유학 가는 도중에 동굴에서 겪었던 사건은, 밤에 맛있게 마셨던 물이 아침에 보니 해골바가지 안의 구더기가 들끓는 빗물이었음을 알게 된 데서 시작한다. 어둠 속에서 갈증이 나서 달콤하게 마셨던 물이 아침에 보니 썩은 빗물이었음은 대상 자체보다는 대상을 보는 관점이 더 중요하다는 사실을 의미한다. 지난밤 물을 달게 마신 사람은 누구이며 아침에 토할 정도로 더러운 물을 본 사람은 누구인가. 이것을 계기로 원효가 당 유학을 포기했다고 전해지는 이 일화는, 모든 문제가 마음 먹기에 달렸으며 우리에게는 자아라고 할 만한 게 없다는 깨달음을 남겼다. 지나친 자아 강화에 대한 반증일 것이다.

그리스의 노예 철학자인 에픽테토스(Epictetos, 55년경~135년경)도 자아 있음의 안정적이고 상식적인 생각에 의문을 던진 경우이다. 그는 일 자체와 그 일에 대한 믿음은 같은 것이 아니라고 말한다.

"사람들을 심란하게 하는 것은 그 일들 자체가 아니라, 그 일들에 관한 (그들의) 믿음이다. 이를테면 죽음은 전혀 두려운 것이 아니다. 왜냐하면 소크라테스에게도 역시 그렇게 여겨졌을 것이기 때문이고, 그러나 죽음에 관한 믿음, 즉 두렵다는 것, 바로 이것이 두려운 것이기 때문이다. 그렇기 때문에 우리가 방해를 받거나 심란하거나 슬픔을 당할 때에도 결코 다른 사람을 탓하지 말고, 우리 자신, 즉 우리 자신의 믿음을 탓해야 한다." (에픽테토스, 『엥케이리디온』, 5장.)

인간은 벌어진 사건보다는 사건에 대해 갖는 관점 때문에 고통을 받는다. "인간은 그가 내린 선택의 산물이다."라는 말이 있듯이 선택은 객관성을 보여 주는 행위라기보다는 자신의 주관적 관점에서 취하는 행위이다. 선택은 분명히 자신의 행위이지만 그렇다고 해서 사실과 일대일 대응 관계를 보장하지 않는다. 선택 행위는 인간의 자아가 마치 연꽃이 물 위에 부유하듯이 안정적이지 않고 바뀌는 것이다.

원효의 해골바가지 이야기와 에픽테토스의 선택의 예에서 보다시피, 자아 있음이나 주체 있음의 지나친 자기중심적 의식화는 정체불명의 자신을 마치 자기로 인식하게 한다. 자아라고 할 수 없는 것을 모두 자기 것으로 만들어 '그것이 곧 나다.'라는 식으로 주장하기 때문이다. 지나친 자의식은 물리적 또는 비물리적 대상, 심지어는 타인까지도 자기 것으로 만든다. 사랑도 가만히 따져보면 누군가와의 관계 속에서 일어났다가 사라지기를 반복하는 것임에도 굳이 자기 것으로 가져온다. 가슴 두근거리는 사랑의 감정을 가졌다고 해서 너무 쉽게 사랑을 자기 것으로 생각한다. 그러나 사랑은 항상 누군가의 관계 속에서 일어나듯 혼자 독점할 수 없으며, 개인적인 것으로 가져와 자기 속에서 찾느라 시간을 허비할 이유가 없다. 그런 사랑을 주고받아야 할 사람을 찾아 나서는 게 더 낫다. 사랑의 느낌은 자기 것인 듯해도 그 실체는 늘 관계적이기 때문이다.

주체 너머

데카르트는 "오늘 우리는 네가 존재한다는 사실에 동의한다."라고 했고, 레비나스는 그 말을 이어받아 "자아, 그것은 인간적인 것 안에서 일어나는 존재자의 존재 위기 그 자체이다."라고 했다.[20] 두 사람 모두 자아가 지닌 결핍의 문제를 지적했다. 특히 레비나스는 우리가 가진 자기우선적인 사유로는 정상적인 존재론을 만들 수 없음을 지적한다. 내 것으로 생각했지만 내 것 아닌 것이 너무도 많다. 내가 지금 소유하고 있다고 해서 그것이 곧 내 것이 아님은 물론이며, 그것이 곧 나의 주체를 형성하는 것도 아니다. 니체의 "나는 나다."라는 말은 내 것 아닌 것을 다 털어 내고도 남는 것이 있다면 그것이 진정한 내 것이라고 말하기 위해서였다. 자신을 객관적으로 볼 수 있는 최소한의 '희미한 자아'로도 타인과 관계 맺는 자격 요건이 된다. 내 것이 아님에도 내 것이라고 해버리면 주체의 절대화가 심화하고, 이 과정에서 현실적으로는 타인이 있음에도 없는 상태가 되어 타인을

---

20. 에마뉘엘 레비나스, 『타자성과 초월』, p.52.

만날 가능성이 근본적으로 사라진다.

데카르트는 그의 『방법서설』에서 "자신이 생각한다."라는 사실은 누구도 의심하지 않을 것이며 이것이 철학의 제일 원리가 되어야 한다고 했다.[21] 그런데 "나는 생각한다."라는 말은 그의 생각만큼 견고하거나 확실하지 않다. 그는 한때 파리를 떠나 깊은 겨울 숲속 작은 오두막에서 화목 난로를 옆에 두고 밤늦게까지 철학적 명상에 빠진 적이 있었다. 젊은 시절 그를 흉내 내느라고 나 자신도 『방법서설』을 옆에 끼고 산으로 들어간 적이 있었다. 그러나 혼자 있는 생활은 나를 생각하는 존재로 만들기보다는 사람들을 더 그리워하고 그들과 더 '같이 생각할 것'을 원하도록 만들었다. 자신을 강하게 의식하는 까닭은 외로웠기 때문이지 무슨 거창한 형이상학적 요청 때문이 아니었고, 외딴 산골에 혼자 지낸다고 해서 자신에게로 더 빠져드는 것도 아니었다. 오히려 주변의 꽃이나 나무에 더 자주 말을 걸었고 산속에 어둠이 내리면 사람들이 더 보고 싶었다. 나 자신만을 생각하고 주체를 강하게 의식한다고 해서 자신이 더 잘 이해되는 것도 아니고, 나만을 생각한다는 것 자체가 불가능한 일이었다.

자연을 보자. 자연에는 처음부터 의도나 목적과 같은 주체적 특성이 없다. 비가 오고 눈이 오거나 해가 지고 달이 뜨는 하늘에 무슨 의지나 목적이 있겠는가. 자연은 그저 그렇게 의인화되어 왔을 뿐이다. 가뭄에 내리는 비를 하늘의 보살핌이라고 여기는 것은 의인화된 수

---

21. Descartes, *The Philosophical Writings of Descartes*, p.127.

사만큼이나 자연을 학대하는 것일 수 있다. 우리는 자주 불교 연기(緣起)의 인과율에서 빠져나오려고 몸부림치지만 이런 몸부림 자체가 인간 중심적이라는 사실을 놓친다. 이 사실을 잘 알면서도 '절대적 관념'이 있으리라고 생각하며 그 생각 때문에 주체가 실제 있는 것처럼 착각한다. 생각과 존재를 한 묶음으로 만들어 '진리의 길'을 자기 내부에서 찾으려고 하고, 밖의 다른 주체를 허락하지 않아 타인을 배제하고 그를 뒷순위로 두고 만다. 타인을 애써 무시하고 끊임없이 자기로 돌아오려고 하고 타인을 잊어버린 채 자기 속에 빠져버린다.

니체도 주체는 주어진 것이 아니고 만들어져 첨가된 것이라고 했으며, 그렇게 살도록 '되어' 가고 있다고 했다. 그는 이렇게 만들어진 주체를 허구라고 하면서 인간 행위의 배후에는 어떤 형이상학적인 존재도 없고 행위를 이끄는 배후에 무언가가 있으리라는 생각도 상상일 뿐이라고 했다. 그에게는 행위가 전부였다. 인간이 갖고 있다고 믿어 온 정신, 이성, 사고, 의식, 영혼, 의지, 진리라는 것도 모두 '쓸모없는 허구'이다. 니체가 우리는 "우리 자신이 되어야 한다, 즉 나 자신이 되어야 한다."라고 했듯이 영원하고 불변하는 주체는 추방하고, 대신에 사멸하고 다수로서 존재하며 동시에 충동과 정념의 사회 구조를 반영하는 주체로 돌아오기를 권한다. 그리하여 주체가 관념적이 되지 않도록 몸으로 인식과 욕망의 역할을 하게 하고, 몸으로 관계 조건이 활성화할 때 정신의 허구를 몰아낼 수 있다고 한다. 관계의 "결과 곧 그것이 나"가 되는 것이다.[22] 니체의 주체 없애기는 관계 맺기의 실효성에 있다. 지나친 자기 의식으로 관계라는 실체를 놓치지 않기 위해서이다. 비록 그가 관계의 적극적인 의의를 강조하지 않았지만 적어도 그에게는 자아라는 추상적인 관념을 제거한 공로가 있다.

사르트르도 주체를 강조했지만 데카르트와 니체와는 방향이 약간 다르다. 그는 사유의 출발점을 실제로 개인의 주체성에 두면서 데카르트의 코기토 이론에 동조하는 듯하다. 하지만 이런 주장은 논란의 시작으로 유물론자에게는 대상이나 객관에 대한 이해 부족으로, 그리고 역사주의자에게는 사실의 무시나 소홀로 지적받는다. 하지만 앙리 레비 같은 연구자는 그의 주체성을 '희미한 최소한의 주체성'으로 조정했다. 이 지점에서 애매한 부분이 있지만 사르트르가 대체로 주체성을 지지한 것은 사실이다. 실제로 사르트르가 살던 프랑스에서는 데카르트식의 주체성을 주장하면 부르주아지로 비난받았고, 데카르트식 유아론에서 벗어나야 한다는 것이 철학적 테제로 유행하기도 했다. 사르트르가 실존주의를 인간을 대상화하지 않는 유일한 이론으로 봤듯이 그는 인간을 사물화하는 것에 반대하고 주체를 인정한다. 다만 그의 주체 이론에는 데카르트와는 달리 타인이 있다. 그가 "인간의 운명은 인간 자신에게" 있으며 "인간 자신의 행동 속에서만 희망이 있다."라고 한 것을 보면 그의 코기토는 개인의 한계를 벗

---

22. 강영안, 『주체는 죽었는가』, pp.46-47.

어나 사람들 속에 함께 있음을 말해 준다.[23]

사르트르는 "코기토 속에서 사람은 자기 자신만 발견하는 것이 아니라 타인들 또한 발견하기 때문이다."라고 말한다. 우리 자신이 확실하게 존재하는 것과 마찬가지로 타인 또한 확실하게 존재한다. 타인을 거쳐 타인과 함께하는 주체이다. 그러므로 그의 주체성이 데카르트적 주체성에서 출발했다고는 하지만 거기에서 끝나지 않음을 알 수 있다. 사람들은 모두 각자의 제한된 조건을 살아가되 서로 소통할 수 있는 보편성도 지니고 있다. 그것은 주체라는 정체되고 고요한 개별 조건을 넘어서 타인에게로 넘어가 개입하고 관여하는 보편적 주체이며, 서로 경계를 넘어서고 경계를 허물어 갈 수 있는 '약한 정도의' 상호 주체이다. 우리는 이런 수준의 보편성으로도 자아에 갇힌 '낡은 주체'의 한계를 극복할 수 있다. 타인을 만날 "최소한의 조건이라는 인간적 보편성이 존재"하는 것이다.[24]

사르트르의 앙가주망 정신은 서로 경계를 넘어서는 데 있다. 그가 "인간은 자유로운 앙가주망을 통해 어떤 한 인간형을 실현함으로써 자기 자신을 실현"한다고 했듯이 우리는 항상 타인과 함께 자신을 만들어 간다.[25] 자신의 도덕을 선택하면서 타인에게로 넘어간다. 그의 말처럼 "인간은 계속해서 인간 자신의 밖에 있다. 자기 자신 밖으로 스스로를 잃어버림으로써 인간은 실존"하며 "인간은 그가 곧 이

---

23. 장 폴 사르트르, 『실존주의는 휴머니즘이다』, pp.63-65.
24. 장 폴 사르트르, 『실존주의는 휴머니즘이다』, p.66.
25. 장 폴 사르트르, 『실존주의는 휴머니즘이다』, p.69.

넘어섬이다."[26] 인간 자신의 밖에서 자신을 잃을 수 있어야 타인에게
로 넘어갈 수 있다. 자기를 넘어서지 못하면 진정한 주체가 아니기
때문이다.

서로주체성

주체성은 자기의 현재 모습에 충실하여 다른 무엇이 되기를 원하
지 않음이며 자신에게 주어진 것을 수용하고 사랑하는 것이다. 자기
다움은 과거의 기억도 아니고 몸의 경계를 벗어난 추상이나 관념도
아니다. 그저 확신으로 가득 찬 자기뿐이다. 그러나 우리는 자주 세
상에서 벗어나려고 하되 그렇게 벗어나 도달하는 곳이 어디인지도
모르며 자신을 부정하기조차 한다. 자기 있음에 대한 확신과 부정이
시차를 두고 끊임없이 일어나지만, 이 두 가지를 동시에 할 수는 없
다. 자기 확신도 성공시키지 못하면서 제대로 된 자기 부정도 못한
다. 이는 불안의 전형이지만 적어도 '건강한 불안'임이 틀림없다. 건
강한 불안이란 자신이 혼자라는 사실에 대한 불안이며 나아가서 혼
자로는 만족할 수 없다는 사실을 인지하면서 생기는 불안이다.

하지만 이런 '건강한 불안'도 불안이기는 마찬가지이다. 여기서
벗어날 수는 없을까. '주관적이고 관념적인 나'를 출발점으로 놓기
보다는 타인과의 관계를 통해 형성되는 관계적 자아로 인식하는 것
은 어떨까. '주체의 죽음'이라는 말처럼 절대적 명증을 띤 주체, 자신

---

26. 장 폴 사르트르, 『실존주의는 휴머니즘이다』, p.86.

에게 현존하는 주체, 절대 신화의 주체, 현실을 완전히 독점하고 지배하는 주체는 없다. 주체의 죽음은 말 그대로 개인의 죽음이 아니라 개인의식에 모든 것을 맡겨 버린 실수를 정상적으로 되돌리는 데 있다. 자기 주체 하나에 모든 것을 기대고 의지할 수는 없다. 주체가 없다는 뜻은 무조건적인 실체적 믿음이 없다는 뜻이지, 우연히 몸 하나로 남아 타인들과 관계하는 작고 소박한 나, 진정으로 타인을 만나기 위한 조건으로서의 주체가 없다는 뜻은 아니다.

니체가 주체에 대한 잘못된 시각을 많이 바꾸기는 했어도 그의 주장에는 여전히 자기중심적인 한계가 있다. 그는 주체 의식을 타인을 향해 적극적으로 끌고 가지도 않고 세계와의 관계 맺기에도 관심이 없었다. 미국의 철학자이자 심리학자인 아브라함 매슬로가 말하는 자기실현의 이상을 보면 니체의 한계를 금방 볼 수 있다. 매슬로에 따르면 인간은 무조건 자신을 방어하거나 보호하기보다는 끊임없이 다른 사람들과 관계를 맺으려고 하는 존재이다. 인간은 덜 이기적이어야 함께 즐길 수 있으며 혼자 있어도 외로워하지도 않고, 관계에 단련되면서 자신감과 마음의 여유를 갖고 자신의 고독도 견고히 한다. 타인이 부재한 자기실현은 없기 때문이다. 그가 타인을 대할 때 "겸손함은 자기 학대가 아니다."라고 하는 것이나 "자기실현은 이기적이어야 하는 동시에 이타적이어야 한다."라고 한 것은 자기중심적 사고에서 벗어나 인간관계의 균형 감각을 잘 표현한 말이라고 할 수 있다.[27]

27. 아브라함 H. 매슬로, 『존재의 심리학』, pp.250-261.

자유도 타인을 배제하고 내면화하여 자기 것으로 만들면 '잘못된 자유'가 된다. 타인이 없는 자기만의 절대적 자유라는 게 가능할까. 타인으로 인해 자신의 주체화에 손상이 일어나고 장애가 발생하는 것을 받아들일 수 없다면 진정한 의미의 자유가 아닐 것이다. 이런 주체적 자유로는 타인을 만날 윤리적 계기를 마련하지 못한다. 김상봉은 주체의 절대화를 '홀로주체성'이라고 정의하면서 대신 타인을 만날 수 있는 '서로주체성' 개념을 제시했다. 그는 사람들과의 만남을 윤리학의 출발로 보면서 "모두가 모두와 온전히 만날 때 그것을 가리켜 우리는 절대적 서로주체성"을 실현할 수 있는 것으로 본다.[28] 서로주체성의 근거는 타인을 사물처럼 대하지 않고 마치 자신에게 말을 걸어오는 인격으로 대하는 데 있다. 우리 스스로 자신을 인격적 주체로 인정하듯이 말을 걸어오는 타인도 나에게 와서 인격적 주체가 된다. 타인은 또 하나의 나처럼 나와 그의 서로 다른 두 인격체가 함께하는 것이다. 우리의 생활 사건에서 발생하는 모든 경우의 수의 합으로서 타인이 없는 삶을 생각할 수 없다. 주체성도 타인과 나의 사이 어디쯤 있어야 할 것이다.

우리가 사는 곳은 혼자의 세계가 아닌 타인들이 들고나는 과정에서 긴장감이 유지되는 곳이며 타인과 관계 맺으며 살아가는 곳이다. 인간의 있음은 그저 그 자리에 있지 않고 '세계 안에' 있음으로 인해 '함께' 있음이다. 물론 이것이 혼자라는 사실에 대한 불안을 완전

---

28. 김상봉, 『서로주체성의 이념』, p.303.

히 잠재울 수는 없다. 가끔 타인이 익명으로 다가올 때가 있고 그로 인해 '함께 함'의 일상이 무너지고 불안해지기도 한다. 하지만 하이데거는 이에 대해 "불안이 피어오르도록 그대로 놔두라."라고 하면서 불안을 "그 자체로 마주 대할 수 있는 용기, 즉 불안에 대한 용기를 가져라."라고 했다.[29] 그리하여 세상에 '내던져진' 존재가 아닌 세상을 '떠맡을 수 있는' 존재로 바꿔 나가기를 바란다. 내던져진 상태가 운명적으로 결정된 것이라면 떠맡는 상태는 자신을 극복하고 이겨 나가는 상태이다. 물론 혼자 떠맡음에도 불안이 있지만 그 불안은 극복할 수 있는 불안이다.

떠맡을 수 있음은 무엇을 의미할까. 그저 따라가는 존재가 아니라는 뜻이다. 선택하고 결정하면서 자신을 걱정하고 염려한다. 걱정과 염려는 자기 자신에게로 눈을 돌리게 하는 긍정적인 불안이다. 불안은 포근하고 안정된 세계가 무너져 내리고 의존했던 세계가 의미를 잃어버리는 상황이지만, 적어도 떠맡음에서 오는 불안, 선택과 결정의 불안, 걱정과 염려의 불안을 잠재울 방법은 없을까. 그에 대한 대답은 고정된 채 한곳을 지향할 수 있는 실체를 현실에 두는 것이다. 본질 상실에 대한 불안도 잠재울 수 있도록 타인을 옆에 두는 것이다. 타인만이 나를 어떤 모습으로 지정할 수 있고, 적절한 요건만 갖춘다면 적어도 그들은 나를 스쳐 지나가게 내버려두지 않고 내게로 와서 관계 맺음으로 말을 걸 것이기 때문이다.

---

29. 이기상, 『존재와 시간』, pp.264-265.

개인 자아에서 관계 자아로

사람과 사람 사이에서 일어나는 일을 모두 하나로 묶어 관계 현상이라고 하자. 이 현상을 온전하게 하려면 먼저 자의식의 지나친 몰입에서 빠져나와야 한다. 주체 해체의 진정한 의미는 바로 자의식 또는 자기중심에 대한 해체이며, 해체의 윤리는 자의식에 매몰되지 않고 타인과의 관계로 자신을 이해하려는 태도이다. 실제로 주체가 해체된다고 해서 말 그대로 주체가 사라지지 않는다. 오히려 자기중심에서 빠져나와 사회화되고 관계적으로 거듭날 길이 열린다. 레비나스는 "나는 항상 동일하게 유지되는 존재가 아니라, 그 자신에게 다가오는 모든 것들을 통하여 자신을 식별하고 정체성을 발견하는 것이다."라고 했다.[30] 물론 외부의 관계에 의한 정체성 발견이 새로운 주장은 아니다. 사회학에서는 일찌감치 인간의 정체성을 사회적 집합물 또는 관계적 자아로 규정해 왔기 때문이다. 사람들은 평생을 두고 누군가와의 만남과 교류를 통해 자아를 형성하며 변화되어 나간다. 어제와 나와 오늘의 내가 다를 수밖에 없으며 어제의 생각이나 가치관이 현재와 다른 것도 발달 측면에서는 너무나 자연스러운 일이다. 삶의 수많은 변화 원인은 자기 외적인 타자와의 접촉과 만남 때문이다. 선과 악도 순전히 개인적인 것이라고 장담할 수 없는 이유가 여기에 있다.

물론 이런 관계적인 자아의 정체성 형성에도 일관되게 흐르는 자

---

30. 이명곤, 『레비나스와의 1시간』, p.76, 재인용.

의식 같은 게 있다. 나는 누군가에게 영향을 받았고 그로 인해 생각이 바뀌었다는 식과는 다른 자기만의 고유한, 분별되고 분리된 자의식이다. 이 지점에서 이명곤은 타인과의 관계 '이전에' 주어진 자기를 상정하는데, 그것은 레비나스가 말하는 '나'의 성격에 힘입은 논증이다. 레비나스가 "'나'라는 단어는 모든 것 그리고 모두에게 응답하면서 '내가 여기 있다'는 것을 의미한다."라는 주장을 두고 이명곤은 '나다움'과 '자기다움'을 사람들과의 관계 또는 접촉에 앞선 순수한 자기를 상정한다. 이런 나다움과 자기다움은 관계 이전의 것이되 다른 사람들과의 관계를 거치면서 정체성으로 자리 잡는다. 그는 레비나스의 말을 빌려 이것을 주체성으로 정의한다. 이렇게 되면 관계 이전의 주체성은 "특별한 목적이 없이 그냥 자신이 좋아하기 때문에 혹은 내가 단순히 원하기 때문에", 그리고 "그것이 즐거움이나 기쁨을 주기 때문에" 만들어지는 것이다. "누구도 나를 대신할 수 없기 때문에" 나다운 것이고 자기다운 것이다. 관계 이전의 주체성은 "나의 의지와 무관하게 애초에 나에게 주어진 육체적, 감성적 기질로부터 발생하는" 것이다.[31]

　이런 방식의 주체성은 사르트르가 그의 『실존주의는 휴머니즘이다』에서 말한 '본성'과는 다소 다른 결을 지닌다. 사르트르는 본성이라는 말을 통해 형이상학적 또는 종교적 자기의 선천성을 배제한 주체성인 인간 '조건'의 정체성을 제시했다. 인간에게는 본성이라고 불

---

31. 이명곤, 『레비나스와의 1시간』, pp.79-80.

릴 만한 것이 없는 대신 조건이 있는데, 그 조건은 한 개인 앞에 놓인 역사적이고 사회적이고 문화적인 것의 합이다. 그러나 레비나스는 생물적이고 감정적인 자기를 향유 곧 쥬상스(jouissance)라는 말로 대신하고 그것을 인간의 본성으로 받아들인다. 그에게 향유는 즐김과 누림이며 그 시작은 손이라는 신체 기관이다.

손은 철저하게 나를 위해 봉사한다. 나의 의식주를 담보하기 위한 신체의 대표 상징으로서 무언가를 소유하고 지배하며, 물건을 거머쥐도록 자기 몸 안쪽으로 향해 있고 세상을 나에게로 가져오도록 진화되었다. 손은 자기애의 상징으로서 세계를 나에게로 끌어오는 자기중심의 시작이고 밖의 사물이나 사건에 닿으면 모든 것을 자신 안으로 수렴한다. 사람들은 손을 밖으로 뻗어 자기 것으로 만드는 과정에 집착하며, 이 속에서 자신의 쾌락을 얻는다. 이런 과정은 동물이나 식물에도 마찬가지이지만, 인간이 동식물과 다른 점은 생존 이상으로 상당한 수준에서 의식화된 '끌어모음'을 한다는 데 있다. 악수하는 행위, 반가움의 손짓도 끌어모음의 사례이다. 다시 말해 인간은 자신의 무의식적이고 본능적인 삶의 방식을 관찰할 수 있고, 그것이 지닌 '의미 없음'을 반성할 수 있는 존재이기 때문이다. 이명곤은 아마 레비나스의 향유를 통해 그만큼의 선천성을 인정한 것이고, 관계 이전의 정체성으로 받아들이려고 한 것이 아닌가 한다.

인간에게는 주체성과 정체성이 있으며, 또한 관계 이전의 순수한 자기다움인 향유로서의 주체성이 먼저 있고, '관계 이후'에 정체성이 따라 나오는 방식으로 인간이 설명된다는 것이 구차하고 번거로울 수 있다. 하지만 과연 그럴까. 결론적으로 말하자면 자기의 정체성을 자각하는 '희미한' 수준의 자기는 있다고 하더라도 그 희미한 자기마저 관계를 통해 이루어지는 것으로 봐야 할 것이다. 굳이 말한다면 자아는 사르트르가 말한 개인의 삶의 조건이나 배경에 의해 만들어지는 것이지 두 개의 자기인 주체성과 정체성이 있거나 주체성은 정체성보다 앞선다고 할 필요는 없어 보인다. 이명곤도 이를 의식해서인지 주체성과 정체성을 이분법적으로 강하게 구분하지 않고 주체성을 "나의 정체성에 포함시켜" 정체성의 요소로 규정한다.[32]

사르트르가 인간의 '조건'에 대해 상세하게 말하지는 않았지만, 그것은 생물학적 조건도 포함되는 것으로 봐야 한다. 그렇다면 더구나 내 것이라고 할 만한 게 없다. 나의 몸도 부모로부터 받은 것이고 내 몸의 DNA 구조나 체질, 기질도 부모를 통해 이루어졌지만 이런 생물적 조건을 별다른 생각 없이 자기 것으로 받아들인다. 자기 몸의 이상에 대해서 부모에게 크게 따지지도 않으며 유전적으로 물려받은 것임에도 자기 신체 일부로 자연스럽게 받아들이고 이해한다. 아니 그저 자기 것이다. 그러나 속내를 들여다보면 그것은 자기 것이 아니며 자기가 그렇게 만들지 않았다. 자기 것이라 할 만한 게 없는데도 정체성이 구축되어 가는 과정에서 덤으로 지니게 된 '희미한 자의식'으로 자기와 관계를 맺는다.

---

32. 이명곤, 『레비나스와의 1시간』, p.81.

자신의 정체성과 주체성이 무엇인지 명확하게 말할 수 있을까. 자아는 명확한 도식화가 불가능하다. 전통적 형이상학의 강렬한 신념 체계였던 자아의 존재가 해체 순서를 밟는 것은 당연하고, 자아 안으로 아무리 깊이 들어간들 혼란스럽기만 하지 기대했던 대답은 얻어내지 못할 것이다. 사람들은 관계적으로 사유할 뿐이다. 관계가 없다면 개인도 없다. 개인 자아가 아닌 관계 자아로 인간을 설명하는 것이 더 설득력이 있다. 뇌 과학, 생명공학, 로봇 기술이 더욱 발전하여 뇌가 네트워크 방식으로 구성된다면 개인 자아는 더욱 설 자리가 없어질 것이다.

문화상대주의와 민주주의 의식이 발달하면서 인간 이해의 방식도 달라졌다. 인간을 개인적인 자아가 아닌 사회적인 자아로 설명하는 것은 다원주의적 사회를 설명하는 데도 효율적이다. 유럽에서는 이런 사회적 자아를 설명하는 철학 담론이 풍부한데, 그중 하이데거를 비롯하여 아도르노의 '관계 자아'가 대표적인 예이다. 그들은 인간을 소외되고 개별화된 것으로 보지 않으며 존재의 성격도 인간과 인간 사이의 적정 지점에 두고 있다. 존재 양식의 변화가 일어난 것이다. 특히 인간을 개인과 개인의 관계에 두는 이유는 몸에 대한 새로운 발견 때문이기도 하다. 몸을 인식의 출발점으로 삼는다. 몸과 관련된 철학 방식의 새로움이나 실존적 논의가 인간을 정의하는 방식을 근본적으로 바꾸지 못하지만, 우리는 의식이 몸을 지배하고 있다는 느낌을 강하게 받는다. 이것이 인간 지성의 미개함인지 아니면 철학적 오류인지는 더 많은 시간이 흘러가 봐야 알 것이다.

자아를 관계 자아로 보거나, 사회적 특성으로 규정하는 것이 자칫 오류나 성급함일 수는 있다. 하지만 우리는 적어도 지금 이 시대의 사회적 자아 담론에 충실해야 한다. 주의할 것은 '사회적 자아'라는 말이 개인 자아와 일대일 대립적 모습으로 나타날 수 있으므로 '공동체적 자아' 또는 '관계적 자아'로 변용하는 것이 더 적절해 보인다. 자아를 공동체적이거나 관계적 자아로 이해하면 두 가지 이점이 있다. 하나는 자기로부터 소외되는 일 없이 자기를 자기 안에 가두지 않고 자유로울 수 있다. 다른 하나는 타자를 차별이 아닌 차이로 관계 설정을 할 수 있다. 그런 점에서 개인적 자아를 폐쇄적이라고 한다면 사회적 자아는 넓은 의미에서 관계적 자아이다.

자기를 중심으로 자아 문제를 해결하려는 기존의 모든 시도는 말 그대로 자기충족적이었고, 자아를 개인의식의 발생론적 차원으로만 취급한 것이다. 자신을 자신에게 가두면 나 이외에 다른 사람을 의식하기가 점점 어려워지고 타인은 그저 나와 같이 있을 것 같은 착각을 하게 된다. '나는 누구인가'라는 물음에 그 어떤 외부 상황도 염려하지 않는다. 반면에 타인을 의식하는 사회적 자아는 자신의 주위 상황을 적극적으로 가져와서 묻는 자아로서 주체의 물음을 관계적인 관점에서 풀어 가고, 나는 누구인가라는 물음도 항상 주변의 상황이나 조건과의 관계를 통해 구성할 수 있다. 타인을 의식하는 데 익숙해질수록 개인적 자아 너머의 관계적이고 공동체적인 윤리적 자아로 확장될 가능성이 커진다.

몸의 겹 구조

우리는 몸이 이기심의 장소라는 사실, 그리고 몸이 자기애를 강화하고 윤리적으로 될 수 있는 길을 가로막고 있다는 사실을 잊고 산다. 하지만 몸의 자기애에서 벗어나면 운명적으로 느껴지던 자신의 이기심을 해결할 실마리를 찾을 수 있다. 몸의 관계 양식인 '몸의 겹 구조'에서 얻어 낼 희망의 문구는 '닫힌 몸에서 열린 몸으로'가 될 것이다.

친근했던 주위 세계를 낯설게 하는 일차적인 요인은 자기 몸을 지나치게 의식한 것이다. 몸의 공간이 절대화되고 소유화되면서 자기 아닌 것에 대한 부정적 의식이 증가하고, 타자와의 긴장감이 증대되면서 자기 긍정성은 비대할 정도로 자라난다. 마치 자의식을 만들지 못하면 다른 사람에게 쉽게 종속되고 억압되어 자기를 지켜 내지 못할 것 같은 위기의식이 일어난다. 이런 의식은 사회성의 세례를 받지 못하면 점점 더 심해진다. 몸은 자의식의 첫 번째 원인이며 개인의 실존을 정당화하고 이기심을 이데올로기화하는 바탕이 된다. 당연히 이런 방식의 몸으로 사람들과 관계를 맺으며 살아가는 데는 한계가 있다. 같이 살려면 내 몸이 좀 더 유연해져야 한다. 겸손의 몸짓이나 미안함의 몸짓이 나와야 하고, 사적이고 개인적인 몸을 감추고 사회적이고 공적인 몸을 드러내야 한다. 홑 구조가 아닌 관계를 의식하는 겹 구조의 몸으로 변화하면서 몸은 허물을 벗듯 사회화된 모습으로 바뀌어 가야 한다. 그래야만 '사소하고 너무나 사소했던' 몸이 윤리적 몸으로 바뀔 수 있다.

윤리적 몸은 사회성을 띠며 타인과의 관계를 의식하고, 개인의 욕망을 넘어 자기를 낮추거나 높이거나 하면서 사람들과 어울리게 한다. 이런 윤리적 몸짓은 장식이나 의식(儀式)을 넘어 삶의 장면마다 적절함을 준다. 몸을 위치시키는 지점을 사람들 사이 어디쯤 절묘하게 놓아두면서 자신 안에 가두지 않고 느슨하게 열어 두는 '도덕적 기교'를 만들어 내기도 한다. 더 이상 생리적이고 혈연적인 것이 아닌 사회 언어적인 몸으로 바뀐다. 그리하여 사회를 자아와 동일시하면서 '몸의 사회화'를 만든다. 타인과 함께하는 사회적 자아가 되는 것이다.

몸은 일종의 '경계'에 놓여 있다. 효(孝)를 예로 들어 보자. 효의 담론에서 우리가 흔히 당황할 수 있는 지점은 내 몸이 내 것이 아니라 부모의 일부분이라는 데 있다. 부모들은 습관적으로 자기 자녀를 자기 것으로 간주한다. 내 몸이 내 것이 아닐 수도 있는 상황이 일어난다. 자기의 몸과 몸 밖의 경계에 혼란이 발생하면서 겹 구조의 상태가 되는 것이다. 몸이 한때는 부모의 소유물이었다는 사실은 몸의 신화이기도 하고 가족사회학의 시작이기도 하다.

사람과의 '거리'는 접근성이나 관심의 정도를 말해 준다. 타인에게 관심을 가질 때 사람들은 그들이 자신에게 얼마나 멀리 또는 가까이 있는지를 알고 싶어 한다. 거리는 몸의 관계 척도를 보여 준다. 예를 들면 '나 여기'에서 '너 거기' 또는 '그 저기'의 거리이다. 그것은 몸의 변용과도 같다. 내 몸이 먼저이고 너의 몸 또는 그의 몸이 다음이 되는 식이다. 감정의 변용처럼 좋은 사람, 싫은 사람, 미운 사람으로 멀어지는 식이다. 거리두기는 관계를 표현하는 방식이다. 하지만 거리두기가 말 그대로의 거리두기라면 비윤리적이지만, '곁에 있으면서' 거리를 두는 것이라면 또는 사이좋게 지내기 위해 '사이'를 두는 것이라면 얼마든지 윤리적일 수 있다.[33] 이런 점에서 가족은 이기심이 용서되는 공간이면서 윤리적일 수 있다. 가족 안에서도 경계의 건강성을 담보할 수 있는 거리가 필요하다는 것이 효의 핵심이다. '윤리적 거리두기'가 가능하기 때문이다.

이 거리의 성격은 굉장히 역설적이긴 해도 부모를 '타인처럼' 여길 때 만들어진다. 만약 부모의 몸과 나의 몸이 혈연적 조건에 지나지 않는다면 거리두기가 일어날 수 없다. 거리두기에는 일정 정도의 '낯섦'이 존재하기 때문이다. 이런 낯섦은 어렵고 힘들다. 한 몸처럼 여겨지는 부모에게 제대로 효도하려면 부모와 분리되어야 하며 부모를 타인처럼 여길 수 있는 낯설게 하기의 '관계적 전환'이 필요하다. 내 몸이 부모 몸의 일부였던 자연적 조건에서 지금의 내 몸을 인식하려면 의도적이고 조작적인 인식 과정이 필요하다. 만약 이런 전환이 없다면 부모에게 효도한다는 말은 현실적으로 불가능하다. 자기 몸을 공경하기가 어렵듯이 부모를 공경하는 것 또한 어려울 수밖에 없다. 내 몸과 거의 일체이다시피 한 부모, 정신적으로나 육체적으로 친밀성으로 가득한 '또 하나의 내 몸'에 적절한 거리두기가 이루어지지 않는다면 효는 불가능하다.

---

33. 김찬호, 『대면, 비대면, 외면』, p.229.

거의 한 몸처럼 느끼던 홑 구조의 몸에서 서로 다른 두 개의 겹 구조의 몸으로 떨어질 수밖에 없는 존재로 재인식되는 과정은 일종의 놀라움이다. 성숙의 놀라움, 자기 발달의 놀라움, 그리고 자연적인 효 차원에서 당위의 차원으로 전개되는 놀라움이다. 나의 몸이 부모의 몸으로 변화할 때 효는 가족의 자연성 또는 가족 이기주의에 머물지 않고 사회 윤리적 단계로 전환될 수 있다. 이런 몸의 겹 구조에 대한 의식에서 윤리가 시작되는 것이다. 부모와 자식 관계의 겹 구조는 레비나스가 아버지와 아들의 관계를 설명하는 데서도 잘 드러난다.

"아버지가 된다는 것은 아들 안에서 아버지가 다시 한번 등장하는 것일 뿐 아니라 아들과 하나가 되는 것이다. 그러면서도 아들에 대해 아버지는 바깥이다. 아버지 됨은 단수가 아닌 복수로 존재하는 사건이다." (박남희, 『레비나스, 그는 누구인가』, p.113, 재인용.)

아버지와 아들은 하나이지만 동시에 아버지는 아들 외부에 있다. 이제 이런 관계를 사회화해 보면 그 관계를 가족이 아닌 모르는 사람에게도 적용할 수 있다. 그 관계의 층위만 다를 뿐 타인은 나와 분명히 다른 존재이되, 나는 타인과의 관계에서 그와 분리된 단수의 존재가 아니라 함께 살아갈 수밖에 없는 복수의 존재가 된다. 공동체의 의미도 이렇게 타인과의 복수적인 사건의 집합체일 것이다.

우리 몸은 겹 구조를 가지면서 윤리가 된다. 물론 하나가 된다고 해서 말 그대로 둘이 하나가 되지는 않는다. 그것은 새로운 형태의 하나로서 남을 받아들이고 환대하고 사랑하면서 새롭게 태어나는 하나이다. '사귐'의 관계로서 남의 일을 자기 일로 여기며 "내 안에 그를 받아들이고, 나 또한 그에게 향하는 그런 관계"로 발전할 가능성을 남겨 두는 것이다.[34] 이기심이나 자기중심성을 그대로 방치하지 말고 그것이 지닌 지독한 자기밀착성에서 벗어나야 한다. 정체불명의 무의식적 이기심은 몸의 겹 구조를 이해하고, 닫힌 몸에서 열린 몸으로 나아가면서 해소될 수 있다. 이제 '나와 너'라는 주제를 통해 나에서 너로 건너갈 수 있는 관계 요청의 논의로 들어가 보자.

---

34. 박남희, 『레비나스, 그는 누구인가』, pp.118-119.

2장

나와 너

ETHICS

ETHICS

사람들은 '이기심 제거'에 매달린 채 이기심의 불편한 진실은 외면하고 있는 듯하다. 이기심에 눈을 가리면 윤리는 위선이 되고 억압이 된다. 자신이 이기적이라는 사실을 잘 알고 살펴볼 줄 알아야 타인의 존재도 절실해지며, 타인에 대한 의식이 강해질수록 자기중심에 따른 총체적 불안에서 벗어나기도 쉽다.

타인은 이기심을 줄여 나갈 희망이 된다. 우리는 서로 못 본 채 얼마든지 스쳐 지나칠 수 있는데도 관심을 줄 때가 많다. 서로 닮은 얼굴 하나 때문인지도 모르지만 정말 신기하게도 우리는 서로의 다름과 낯섦을 걷어 내고 상대에게 말을 걸기도 한다. 그리하여 '나와 다른 너'가 만남을 통해 '우리-사이'로 쉽게 전개된다. 2장에서는 낯설고 모르는 사람들을 어떻게 만날 수 있는지, 나의 외부에 있던 타인이 어떻게 내 안에서 같이 살아갈 수 있는지, 그리고 어떻게 인간이라는 이름 하나로 서로를 '견뎌 내며' 살아가는지 살펴보자.

1. 나와 다른 너

타인의 탄생이 희망일 수 있지만 현실은 그렇지 못하다. 우리는 타인을 너무 모른다. 애써 모르는 척하는 게 아닐까 생각할 정도로 타인을 알려고 하지 않는다. 물론 자신만 그런 게 아니라 타인도 나에게 관심이 없다. 우리는 모두 서로 못 본 척하고 살아가며 어떨 때는 이렇게 척하는 것조차 잊고 사는지도 모른다. 서로를 자기 주위를 꾸미는 장식에 지나지 않는다고 생각한다. 더 큰 불행은 남들이 자신을 어떻게 생각하는지도 아예 잊어버리고 마는 것이다. 그 수준은 '타인 없음'에 가깝다.

인간관계에 좀 더 충실하면 이 모든 부정성에서 헤어날 수 있을 것 같다. 자신이 사는 곳 또는 자신의 존재만 사실이고 타인의 삶은 모호한 환상이라는 식으로 처리하지 않는다면 타인도 현실이 될 수 있다. 타인은 신화도 신비도 아니다. 그들 삶에 좀 더 집중하고 관심을 가지면 그들도 내 안으로 들어와 현실이 될 수 있다. 타인을 추상으로만 몰아가지 않는다면 이기심이나 자기중심에서 한발 떨어져 살아가는 길이 열릴 수 있다.

사람이 너무 많다

도시인들은 사람이 너무 많다는 생각을 쉽게 하고 그런 식으로 익숙하게 살아간다. '너무 많다'는 말은 희소성이 없고 가치가 없다는 뜻이고 결과적으로 주의를 기울이지 않고 무시해도 된다는 의미이다. 그나마 몇몇 사람들은 남을 해치지 않는 수준에서 적절한 무관심으로 사람들을 대하자고 한다.

시골에 가면 사람을 거의 볼 수 없다. 한적한 시골길을 걷다가 사람을 만나면 그렇게 반가울 수 없다. 복잡한 수도권의 도시에서는 상상조차 할 수 없는 일이다. 도시에서는 아무 생각 없이 본 사람이 시골에서는 관심의 대상이 된다. 도시에서는 서로에게 눈길을 주지 않고 못 본 척하는 것이 미덕이 되고 또 그래야만 도시적 세련됨으로 인식된다. 눈길을 주는 것만으로도 예의에 어긋날 정도가 된 까닭은 아마 사람이 너무 많기 때문이다. 하지만 시골길을 걷다가 사람을 만나면 인사도 건네고 날씨 이야기도 한다. 문제는 이 정도의 아는 체도 도시에서는 거의 불가능하다는 데 있다. 모르는 사람과 대화한다는 생각 자체가 위험이고 사생활 침해가 된다.

한때 급진적 환경단체인 EF!(Earth First!)를 이끌었던 데이브 포어먼(Dave Foreman)은 아프리카 어린이들의 기아 상태를 내버려두자고 말해서 심하게 비판받은 적이 있다. 인간이 줄어들수록 지구환경은 좋아진다는 논리를 내세웠기 때문이다. 그의 환경 중심적 사고를 확대하면 혼자 살기로 마음먹은 사람이나 결혼했어도 아이를 갖지 않으려는 사람에게 애써 출산을 강요하지 않을 것이다. 인구가 증가하는 것만큼 환경오염이 심해지면 굳이 전통적 가족 복원에 매달리지도 않을 것이고, 아이들을 기아 상태로 내버려두는 잔인함에 익숙해질지도 모른다. 포어먼의 이런 생각을 따른다면 지구에 사람이 없을수록 환경은 더 좋아지고 죽어가는 아이들도 내버려둘 수 있다. 어쨌든 지구환경을 강조하다가 상식적으로 이해할 수 없는 결론이 난 것만은 틀림없다.

포어먼의 생각이 잘못된 것은 분명하고 그의 환경 중심적 사고에

동의하고 싶지도 않지만, 묘하게도 사람이 귀해지면 서로에게 관심이 커진다는 사실은 인정해야 한다. 인구가 밀집된 도시에서 서로가 무관심의 대상이 되는 것은 어쩔 수 없다. 하지만 언제까지 이 괴물 같은 무관심을 그대로 두고 있어야 할까. 윤리의 시작은 무관심을 관심으로 바꾸는 데 있으며 관심이야말로 윤리의 첫 단추를 꿰는 일이기 때문이다. 논란이 있어도 관심을 적극적으로 수행하도록 '착한 사마리아인의 법'(Good Samaritan Law)이라도 제기해야 할 것 같다. 이 법은 위험에 빠진 사람을 구조하지 않은 사람을 처벌하는 법으로서 구조거부죄 또는 불구조죄라고도 한다. 위험에 빠진 노인, 환자, 영아 등을 구조하지 않으면 처벌받게 하면서 도움을 줄 수 있는 이타주의를 실현하게 하자는 취지이다. 하지만 이 법은 도덕적 의무를 법으로 강제하고, 법이 도덕의 영역에 들어와 개인의 자율성을 침해하는 문제가 있다. 무관심이 오죽 문제가 되었으면 이런 법까지 만들려고 했을까.

타인에 대한 무관심이 어떤 비극적 결과를 낳는가는 그 무관심이 자기에게로 되돌아올 때를 떠올려 보면 안다. 누구도 나의 삶에 개입하지 않고 관여하지도 않으며, 또 나의 고통에 관심을 두지 않는다면 그 결과가 무엇이겠는가. 서로가 무관심으로 살아가면 생명의 존중이나 고귀함을 생각이나 할까. 자신 옆에 타인이 있다는 사실이 반갑지 않고 거추장스럽고 불편하며 타인이 자신을 해칠지도 모른다고 생각하는 것만큼 비극은 없다. 이런 태도를 가지면 자기가 속한 사회 집단을 해치고 그 여파가 다시 자신에게 돌아올 것이다. 관심이 있어야 타인을 발견할 확률도 높다. 어떤 사람들은 타인의 존재로 자신의 생존이 위협받는다고 생각하지만, 이는 '타인의 발견'으로 생기는 삶의 장점을 놓치는 결과를 낳는다. 사람들은 잠시 한순간 서로에게 피곤해질 수는 있지만 그렇다고 서로 섞여 사는 삶을 영원히 피하지는 못한다. 지속적이고 정상적인 삶이 만들어지지 않기 때문이다. 자기중심적인 생각이 타인에 대한 긍정적 발견을 어렵게 한다.

격자무늬 아파트 건축물의 공간 안에서 살아가는 도시적 삶에서 타인과 긍정적 관계를 맺을 기회는 더 적어졌다. 아침저녁, 도시의 러시아워 혼잡 속에서 타인은 상투적인 풍경이 되어 어떤 생명력도 주지 못한다. 타인은 무의미한 사물이나 사건처럼 스쳐 지나가고 서로 손을 흔들며 인사하고 웃고 대화할 일도 없다. 하루에도 수십 번 마주치는 '너무 많은' 이들은 그저 모르는 사람일 뿐이다. 호기심도 없어 서로에 대한 피상성이 극에 달한다.

외면과 대면

얼굴 보기의 부정이 외면이다. 외면은 "얼굴을 돌리는 것"이며 "상대방을 무시하거나 거부하는" 몸짓이다. 김찬호는 외면을 "사람을 소홀히 여기는 것만이 아니라 무언가를 회피하거나 받아들이지 않는 태도"로 정의한다.[35] 관심을 표현하는 데는 눈길을 주거나 상대의 얼굴을 잠시 보는 것으로 충분하다. 그러나 그렇게 하지 못하는

---

35. 김찬호, 『대면, 비대면, 외면』, p.9.

까닭은 일차적으로는 자신과의 다름을 조절하지 못하거나 아니면 자기방어 심리 때문일 수 있다. 하지만 아마 상대에 대한 오만과 무시나 싫음과 두려움이 더 클 것이다.

오만과 무시는 외면이 부정적으로 활성화된 경우로서 둘 다 존중과는 반대되는 말이다. 존중은 관계가 안정적이고 안전하다는 뜻이고, 오만과 무시는 이 관계가 깨어진 상태이다. 누군가의 오만한 태도로 무시당한 경험이 있다면 마음의 상처는 오래가고 애써 지켜 온 자존심도 한순간에 날아간다. 자존심은 관계에 매달린 약한 고리라서 무시당하는 순간 급격하게 무너진다. 자존심을 지켜 내기가 쉽지 않은 이유도 자존심의 많은 부분이 타인과의 관계에서 만들어졌기 때문이다. 외면이 무서운 이유이기도 하다.

작고 사소한 오만과 무시는 수시로 일어나 자존심에 상처를 준다. 자존심을 지켜 내려면 조금씩이라도 서로에 대해 주의하고 예의만 갖추면 되는데도 일상에서는 쉽지 않다. 무슨 대단한 인격이나 도덕심을 요구하는 것이 아닌데도 잘 지켜지지 않는다. 그래서 얼굴 보기가 필요하다. 얼굴을 보면 상대가 어떤 사람이며 어떤 생각을 하는지 조금은 알 수 있고 표정과 말투에 대한 주의로도 적정한 관심을 줄 수 있다. '얼굴'에서 최소한의 윤리가 시작될 수 있기 때문이다.

얼굴 보기는 직접 대면에 있다. 대면 행위는 얼굴의 낯빛을 보거나 서로의 체취를 느끼고 대화를 나누는 것을 모두 포함한다. 레비나스는 "대면 속에는 윤리적 관계와 언어의 이성적 특성이 놓여 있다. 어떤 두려움도 어떤 전율도 관계의 올곧음을 변화시킬 수 없다."라고 했다.[36] 대화가 따라 나오고 인간의 조건이 안정되면서 관계를 좀 더 부드럽게 만드는 것이다. 얼굴을 마주함은 총체적으로 서로를 만난다는 뜻이다. 이것은 관념도 아니고 추상도 아닌 구체적인 만남의 현장이다. 대면에서 발생할지도 모르는 낯섦과 어색함을 걱정할 필요는 없다. 그것은 너무나 사소해서 윤리적으로 되는 과정에 어떤 방해도 되지 않는다.

나를 넘어

먹고 사는 일과 사람들과의 관계가 삶의 두 날개일 것이다. 그중 관계 요소인 타인의 정체를 들여다 보자. 타인은 나와 다른 존재라는 식의 분리 대상을 넘어 절실한 삶의 조건이다. 타인이 없으면 나 또한 무의미하다. 하지만 타인이 나의 실존이 되려면 나의 관심으로 이전되어야 한다. 만약 타인이 무관심으로 남으면 삶의 한쪽 날개인 관계는 없어진다.

제대로 된 관계는 법, 제도, 관습 등의 강요와 억압의 상투성에서 벗어나 있으며, 개인의 정신 건강뿐만 아니라 인간의 자기 완성과 자기 성숙으로 이끈다. 구약성경의 잠언 27장 17절의 "쇠는 쇠로 다듬어지고 사람은 이웃의 얼굴로 다듬어진다."라는 말처럼 타인과의 관계가 인간을 윤리적으로 만든다.

사람들은 대부분 다른 사람에게 관심을 기울이지 않는다. 오직 자

---

36. 에마뉘엘 레비나스, 『전체성과 무한』, p.300.

기쁜이다. 자신이 죽으면 세상이 다 무너질 것 같은 기분으로 산다. 나는 절대 남이 될 수 없고 남을 이해한다는 것도 결국 자신을 위한 것이다. 정을 주거나 사랑을 하면서 마음의 상처는 입지 않겠다는 자세는 처음부터 잘못되었는지 모른다. 상처는 흔히 가장 가까운 사람한테서 온다고 하지 않던가. 세상의 수많은 상처에 겁먹으면 우리는 더 움츠러들어 자신에게서 나오려고 하지 않는다.

나는 사람 만나는 것을 무척이나 좋아했다. '좋아한다'라는 말로는 성에 차지 않을 정도로 만남에서 온갖 삶의 긴장감을 만끽했다. 호기심은 기본이고, 나보다 얼마나 지식이 많을지 인생의 깊이나 멋은 얼마나 가지고 있을지 예술성이나 감성은 또 어떨지, 급기야는 나와 마음이 통해 좋은 친구가 될 수 있을지를 생각하며 끊임없이 타인을 나와 동일시하는 데 열중했다. 그렇게 해서 만난 지금의 사람들이 내 옆에 있다. 적어도 나에게 만남은 타인을 향한 관심의 역사이기도 하다. 그러했던 내가 심각할 정도로 고독에 빠져 버렸다. 절대 허무에 들어간 것이다. 손 하나 뻗으면 닿을 것 같던 사람들이 너무 멀리 있다는 느낌을 지울 수 없었다. 고독은 자신에게서 끝나지 않고 타인의 고통에 덤덤해지는 결과를 낳는다. 또 전염성이 강해 자기 일로 머물지 않고 타인을 배려하고 염려할 여유를 갖지 못하게 한다. 본의 아니게 타인에게 마음의 상처를 주며 그들을 죽은 꽃처럼 의미 없이 대한다.

나의 요즘 관심은 온통 남에게 가 있다. 습관적으로 묻던 '나는 누구인가'라는 물음을 더 이상 하지 않는다. 대신 어제 내가 만난 그 사람은 누구였을까, 왜 나는 그 사람의 그런 얼굴을 보게 되었을까라고 묻는다. 전에는 만남을 스치듯 했다. 진지했다는 느낌조차도 지금 생각해 보면 나를 위한 것이었지 그 사람을 위한 것이 아니었다. 그가 무엇 때문에 슬픈 표정을 짓는지, 왜 힘들어하는지 알려고 하지 않았다. 오직 나를 위해 사람을 만났을 뿐이다. 사람들과 있으면서도 철저히 나를 위해 있었다. 사람들을 만나고 헤어지면서 돌아오는 길이 늘 외로울 수밖에 없었던 원인을 스스로 제공해 버린 것이다.

자신에게 쓸쓸히 물어본다. 진정 좋아하고 사랑했던 사람이 있었는가. 그 사람이 아직도 지금 옆에 있는가. 얼마간 시간이 지나면 지금 옆에 있는 사람들도 그렇게 떠나가고 기억 속에서 사라지며 그들 또한 나를 잊어버릴 것이다. 이게 모두 타인들이 나를 위해 존재한다는 잘못된 생각 때문이다. 만남은 나를 위해 있지 않다. 외롭지 않기 위해서 그리고 나만큼이나 고독할지도 모르는 사람을 위해서라도 만남은 오히려 그를 위한 것이 되어야 한다. 고독에 갇히는 이유는 타인을 만나려는 의도 자체가 없기 때문이다. 만남에 회의가 들 때마다 스스로 물어본다. 나는 진정 그 사람을 위해 있는가 하고 말이다.

타인의 발견

상식적인 수준에서 보면 타인은 항상 내 곁에 있다. 테리 이글턴은 그것을 일종의 '사회적 무의식'으로 본다.[37] 우리가 손을 갖고 있

---

37. 테리 이클턴, 『문화란 무엇인가』, pp.73-74.

다는 사실을 잊어버리듯 눈앞에 너무 가까이 있어 알아차리기 힘들다. 타인을 알려면 시간을 두고 오래 봐야 하며 몸의 위치도 조절하면서 적정 거리를 둬야 한다. 첫인상을 보자. 첫인상에 자주 오류가 생기는 것은 사람을 제한된 공간에서 너무 짧은 시간에 쉽게 정의한 탓이다. 사람의 인상은 시공간이 바뀌면 따라 변한다. 고정된 인상은 없다. 싫었던 사람이 시간이 지나면서 괜찮은 사람이 되는 경험은 누구나 하고 그 반대도 마찬가지이다. 사람의 배경에 따라 인상이 변하기도 하고 나의 감정이나 관습에 따라 이해가 달라진다. '첫인상'이라는 말은 그래서 항상 모자라고 부족하다.

사람은 애매하고 모호하다. 한눈으로 단정할 수 없을 정도로 다중적이고 복합적이다. 사람에게는 생각지도 못했던 다른 모습이 숨어 있다. 시간과 장소에 따라 시시각각으로 변한다. 우리는 절대로 한 사람을 객관적으로 볼 수 없다. 이 모든 이해의 어려움을 무릅쓰고 사람을 발견하는 정확도를 높이려면 상대에게 집중하고 조심하는 것 외에 무엇이 있겠는가. 집중과 조심은 경외심에 가까워 그 자체로 자기를 넘어 타인에게 다가갈 수 있게 한다. 친절, 너그러움, 자비, 호기심, 또는 호의도 그러하다.[38] 타인 발견의 이 모든 경향성이 윤리가 되어 인간 이해의 어려움을 극복하도록 돕는다.

실존주의 철학자들이 말했듯 우리는 세상 밖으로 내던져진 존재로 인생 자체가 하나의 '우연한 사건'일지 모른다. 이 속에서 끊임없

---

38. 샤우나 샤피로, 『마음챙김』, p.190.

이 실체적 자신으로 돌아오려고 하고 '홀로서기'를 하며 자신을 의미 있는 존재로 만들기 위해 애쓴다. 삶의 덧없음, 그리고 언젠가 자신의 생명이 끝나고 죽음을 맞이할 것이라는 생각, 자신의 생명이 영원하지 않으리라는 불안 때문에 주어진 삶에 대단한 의미가 있는 듯 산다. 물론 세상에 나온 것이 우연인 만큼 자기 마음대로 사는 데 개의치 않으며, 어떤 의무나 책임을 갖고 태어나지 않은 탓에 무한 자유를 느낄 수도 있다. 그러나 이렇게 '방치된' 자유는 인생의 무의미만 키울 뿐이다. 이 무의미함에서 빠져나오고 해방되려는 모든 몸짓이 인생 궤적을 만든다.

사람들은 자기 인생의 무게만큼이나 자기중심적이다. 한번 왔다가 다시는 돌아오지 않을 인생이라는 사실을 알기에 '자기 사랑'에 열심이다. 하지만 이런 식의 물음을 계속하면 '나'는 어느새 실종되어 어둠 속으로 사라지고 말 것이다. 하이데거가 말했듯 그저 그런 익명의 인간인 '보통 사람'(das Man)이 되어 '누구도 아닌 사람'(Niemand, nobody)이 될 것이고 '살아 있음'도 시시하고 사소한 사건이 되고 말 것이다.

타인의 발견으로 삶의 무의미를 극복한 빅터 프랭클의 사례가 있다.

"인간 존재란 자신이 아니라 어떤 사람, 어떤 대상을 항상 지목하고 지향한다. 자신이 채워야 할 의미, 혹은 조우해야 할 사람, 보살피거나 사랑해야 할 이유를 지향한다." (빅터 프랭클, 『죽음의 수용소에서』, p.52.)

　　프랭클이 아우슈비츠 수용소에서 살아 돌아올 수 있었던 것은 가족이나 친구 등 타인 때문이었다. 그에게 타인은 수용소 바깥의 세상이었지만 바로 거기에서 희망을 발견하고 삶의 의미를 찾은 것이었다. 그는 "자신 안의 행복에 집착할수록 더 많은 행복을 놓치게" 된다고 했다.[39] 삶이 의미가 있으려면 자신 밖의 무엇을 위해서, 또는 '누구를 위하여'라는 지향점을 갖는 자기 밖의 외부를 향한 관심이 중요하다. 정체성 찾기나 자아 실현이라는 말이 얼핏 듣기는 좋을지 몰라도 말 그대로 '자기 혼자'만의 생각이다. 타인을 발견하지 못하고 타인에 대한 지향성이나 의식이 부족하고 거기에 더해 사랑이 부족하다면 삶의 무의미에서 벗어나기가 쉽지 않다. 프랭클은 또한 "진정한 삶의 의미는 인간의 내면이나 그의 정신에서 찾을 것이 아니라 이 세상에서 찾아야 한다."라고 말한다.[40] 누군가에 대한 책임도 항상 어딘가로 향해 있다. 어딘가의 밖인 타자에게 향해 있다.

　　타인은 어떻게 발견될까. 사람들은 자신이 이 세상에 태어나 살아가고 있다는 사실에 가끔은 신비해하고 놀라워한다. 그런데 이보다 더 큰 놀라움은 자기 주위에 자신과 다르면서도 똑같은 얼굴로 존재하는 타인이 있다는 사실을 발견할 때이다. 나와 다른 얼굴을 한 사

---

39. 빅터 프랭클, 『죽음의 수용소에서』, p.52.
40. 빅터 프랭클, 『죽음의 수용소에서』, p.183.

람들이 주위에 있다는 사실만큼 신비한 일이 있을까. 타인의 존재는 흔한 일상이 되었기에 그들이 존재한다는 사실에 무감해져 있다. 하지만 여전히 우리는 자신만이 세상을 살아가고 다른 사람은 마치 자기를 위해 있는 것처럼 생각한다. 모두 이렇게 생각하며 자기가 세계의 전부인 듯이 살아간다.

타인의 발견은 철저한 '낯섦'인 절대 타자의 발견에 있다. 그들은 같은 얼굴을 하면서도 나와는 완전히 다른 사람이다. 가만히 생각해보자. 그들은 한때 나에게 익숙함이었지만 '완전한 낯섦'이기도 했다. 그러나 이 낯섦이 마냥 단절만은 아니고 오히려 내 삶의 무의미와 유한성에 해결의 실마리를 제공한다. 버려두고 무관심했던 타인이라는 존재, 나에게로 이전될 수 없고 소통할 수 없는 타인이라는 존재, 기괴하고 두렵기조차 한 절대 다름의 존재, 이런 낯섦의 존재로부터 '혼자'라는 나의 불안이 해소될 수 있다. 다른 나로 넘어갈 힘을 주기 때문이다. 거기에는 나와 같은 불안을 지닌 존재가 있고, 약하고 연약한 상처투성이의 모습을 한 내가 있고 가끔은 나의 관심과 보살핌이 필요한 모습이 있다. 삶의 불안을 그들도 가지고 있음을 비밀스럽게 알 수 있고, 그들의 존재 이유가 마치 나의 약함을 서로 나누어 가지라는 소리로 다가오기도 한다.

불안은 공유될 수 있다. 그러나 공유되는 불안이 더 이상 불안이 아닐 수 있는 까닭은 타인들의 상처가 마치 나의 상처처럼 느껴지기 때문이다. 그리하여 삶의 불안이 나 스스로만 해결해서 될 일이 아니라는 것, 나 혼자만의 존재론으로 감당할 수 없다는 것, 오히려 사람들과 공감하고 인정하며 해결할 수 있다는 것을 깨닫는다. 타인의 발견으로 나의 불안이 사라질 수 있다. 타인의 낯섦은 죽음에 비례할 정도로 생경할지 몰라도 마주할 용기만 있으면 된다. 낯섦과 친해지기가 쉽지는 않겠지만 타인을 오래 기억할 수 있을 만큼의 관심만 있어도 된다. 타인의 발견이 말 그대로 쉽지는 않지만 그 도전만큼 값어치 있는 일도 없을 것이다.

타인은 나와 어떻게 다른가

자기중심적 사고가 인간관계의 절실함을 가로막는다는 사실을 알면서도 거기에서 벗어나기는 쉽지 않다. 좋지 않다고 해서 쉬이 없앨 수도 없다. 많은 윤리적 담론이 이 문제에 관여해 왔기에 이에 따라 다름 또는 차이를 발견하는 '윤리적 실천'을 생각해 보자. 우리는 타인도 자신과 똑같다고 여기며 같은 인간으로서 차이점보다 공통점이 더 많다고 여긴다. 공통된 게 있어야 동질감도 느끼고 상대를 더 많이 배려할 수 있다. 만약 차이가 심하면 불필요한 힘이 쓰이고 정신적으로도 쉽게 피로해진다고 생각한다. 하지만 오히려 차이를 인정하는 것이 편견으로 발생하는 피로감을 줄일 수 있다. 타인은 실제로 나에게는 절대적인 외계의 세상이며 서로 다른 머나먼 별세계에서 온 듯 자신과는 완전히 다른 존재이다. 그러므로 타인이 자신과 얼마나 다른 존재인가를 알면 함부로 타인을 내 식으로 몰아가는 실수는 하지 않을 것이다. 타인과의 공통점이 아닌 차이점을 찾는 것이 좀 더 안정적이다.

타인이 나와 다르다는 사실을 어떻게 알까. 타인이 나와 다르다는 느낌은 개인에 따라 다를 수 있으며 타인을 그런 방식으로 대해야 한다는 의무감으로 더 심해질 수 있다. '나쁜 타인'이 있어 혐오나 두려움을 가진다거나 갈등이 일어나면 다름의 강도가 높아질 수 있고, 서로의 '불쾌한 종류의 차이'로 인해서도 타인이 자신과 다르다는 사실을 알 수 있다.[41] 이 모든 것은 타인과의 소통이나 이해의 한계 때문에 누구나 겪어 본 것이다. 생각이 다르고, 성격이 다르고, 가치관이 다르고, 또는 말버릇이 다르듯 타인과의 다름의 종류는 무한하다. 이제 다름의 의미를 알았다면 그것을 긍정적으로 받아들여야 다름의 가치가 온전히 살아날 수 있다.

레비나스는 "타인을 소유하고 장악하고 인식할 수 있다면 그는 더 이상 타자가 아니다."라고 했다.[42] 소유하는 순간 타인을 함부로 대하고 비윤리적으로 된다는 뜻이다. 이런 점에서 역설적으로 타인이 나와 같은 인간으로 서로 똑같다는 생각은 오히려 위험할 수 있다. 인간관계의 현상도 다름이지 동일성이 아니다. 이런 동일성에는 관념에 가까운 '같은 인간'이라는 억지 격의 잘못된 현실 인식이 있다. 타인은 절대 내가 될 수 없다. 나는 타인에게 '둘러싸여' 있지도 않고 '포섭되어' 있지도 않다. 타인은 "절대로 다가갈 수 없는 궁극적인 타자, 그리고 내가 아닌 너인 타인으로서의 타자"로 있는 것이

---

41. 테리 이글턴, 『문화란 무엇인가』, p.57.
42. 박남희, 『레비나스, 그는 누구인가』, p.71, 재인용.

다.[43] 다름이 타인을 구성하는 첫 번째 요소이기 때문이다.

남이 나와 다르다는 사실에서 얻어 낼 수 있는 인간적 가치는 타인을 자신과 동일시하는 태도에서 벗어나 그의 낯섦에 유의하는 것이다. 그리고 인간이 갖는 외경, 신비, 외재성, 무한성을 받아들이고 그를 함부로 대해서는 안 된다는 사실을 아는 것이다. 남과 다르다는 말은 사람들 사이의 불균등이나 불평등 또는 불공정을 의미하지 않는다. 레비나스는 이 다름을 사람들의 미시적 관계의 하나인 '비대칭성'이라는 개념으로 설명하고자 했다. 성급하게 평등이라는 말로 인간관계를 덮어씌우지 않고 대신 서로를 함부로 침해할 수 없는 윤리 장치로 설정했다. 나와 다른 타인을 나보다 높은 차원에 두면서 다름의 윤리를 재현하고자 했던 것이다.

다름의 윤리가 요청되면 타인을 나를 위한 존재가 아닌 존재 그 자체로 받아들이며 신비감마저 느낄 수 있다. 자기 존재만큼이나 또 하나의 사람이 옆에 있다는 사실은 외경이기도 하다. 내 옆, 또는 저 너머 사람이 있다는 사실을 확인하면서 자기 존재의 장소성을 밖으로 끊임없이 확장하는 의미가 있다. 나와 다른 사람이 있다는 사실은 호기심을 넘어 타인을 의식화하는 계기가 되고 호의나 친절로 윤리적 전환을 가져올 수 있다.

인간 존재에 대한 의미 부여는 자신이 이러저러한 방식으로 살아가고 있다는 사실에 경이감을 느끼게 한다. 삶의 경이감을 마주하지

---

43. 박남희, 『레비나스, 그는 누구인가』, p.76, 재인용.

못한다면 삶의 의미와 목적은 추상적이고 공허할 수밖에 없다. 이런 공허감을 메꾸기 위해서라도 새롭게 자기 삶의 신비와 경이에 빠져들 수 있어야 한다. 크고 작은 목표와 계획을 세우고 거기에 맞는 성취를 이루어 내면서 삶의 의미를 찾아야 한다. 이런저런 모습으로 이 세상을 살아가고 있다는 사실에 놀라면서 자기 존재의 단순하고 소박한 사실에 경이로움을 느끼기도 해야 한다. 타인 존재에 대해 억지격의 신비를 강요할 수 없지만 자기 존재와 함께 그의 존재도 실존적인 경험의 결과물임을 받아들여야 한다.

반복되는 일상에서 감탄과 감격, 감동을 얻어 내는 일만큼 중요한 것은 없다. 달력을 보고 시계를 보면서 하루하루를 확인하고 다이어리를 보면서 해야 할 의무감에 총체적으로 매달려 있음은 생활에 젖어 있다는 뜻이다. 그러나 삶의 의미는 일상의 친숙함에서 벗어날수록 깊어진다. 한마디로 말해 삶의 놀라움이다. 인간관계도 마찬가지이다. 타인과의 관계에서 놀라움은 친숙하고 습관화된 일상에서 벗어나 새삼 우리가 서로 다른 존재라는 사실을 알게 한다.

차이

다름은 차이를 인식하는 것으로서 차별과 다르다. 차별에 대해 잠시 알아본 뒤 다름의 속성인 차이를 생각해 보자. 차별은 자기중심성이나 자기방어가 노골적으로 드러나는 현상이며, 자기 외부를 지나치게 의식하는 상태로서 타인을 단순화하고 남이라는 고정관념의 강도가 불필요할 정도로 강하다. 이 경우에는 타인에게 관심을 주거나 책임 의식을 가지기 어렵다. 이는 개인의 자기중심성이나 이기심 때문만이 아니라 자기 밖 외부에 대한 의식화 수준이 악성화된 까닭이다. 그리하여 "외부적 특성을 깊게 살피지 않고 피상적인 평가"를 하게 된다. 그때 외부가 개인이 아닌 집단일 경우에는 "공감 능력이 더 떨어지고 단순화하고 비인간화"하는 경향이 심해지며 '적대감과 같은 과잉 제재'가 발생한다.[44] 차별이 공격적일 수밖에 없는 이유이다. 폭력도 차별의 현상을 닮았는데 폭력은 타인을 배제한 채 다른 사람들보다 자신의 존재와 존재 유지를 최고의 가치로 삼기 때문에 일어난다. 폭력은 타인을 '거부하는' 행위이다. 거부하는 행위는 관계 맺기에 장애를 가져오며 '악적 무한'(the vicious infinity)에서 헤어나지 못하게 한다. 차별은 차이와 달리 타인과의 다름을 받아들이지 않으려는 태도 때문에 발생한다.

차이는 타인을 발견하고자 하는 긍정적인 진정성이 조금이라도 있다면 너무나 자연스러운 현상이다. 타인에 대한 배려도 차이에 대한 인지 과정을 전제로 한다. 거부가 아닌 적극적인 수용으로서 배려는 오히려 타인에 대한 가치 발견으로 이어질 수 있다. 차이로 발생하는 인간 존재에 대한 놀라움은 차별과는 달리 타인의 고유함을 아는 데서부터 시작한다. 그의 고유함을 모르면 나와의 차이를 알 수 없다. 타인도 나만큼 또는 나 이상으로 자신을 고유한 존재라고 생각할 것이며 자신의 윤리적 민감성이나 감수성을 높일 것이다. 우리 삶

---

44. 이민규, 『차이, 차별, 처벌』, 2장

의 수많은 편견이나 오해는 차이의 고유함을 충분히 이해하지 못해서 생긴다.

혼자서 살 수 없는데도 살 수 있다고 생각하는 데서 불안해지고 병이 생긴다. 물론 타인을 모른다고 해서 불안하거나 초조할 필요는 없다. 타인을 인정하지 않는다고 해서 당장 무슨 일이 발생하지도 않는다. 오히려 타인의 있음을 알면서도 혼자 있음에 지나치게 집착하느라 병이 생긴다. 그럴 바에는 아예 그 '모름의 상태'를 인정하는 게 좋다. 어디까지나 타인은 내 안에서 용해될 수 있는 자가 아니라 '낯선 이'로 남아 있는 자이기 때문이다. 타인은 나를 넘어서 있고 내 밖에 있으며 나의 모든 이해 바깥에 있다. 그는 나의 한계 밖의 존재이다. 영원히 이해할 수 없다는 차원에서 그는 한계 밖이며, 내가 모르는 수많은 다른 제삼자와 무한 결속을 맺고 있다는 것 때문에 한계 밖이기도 하다. 사실 우리가 차이를 아무리 이야기해도 실제 그 차이에 무엇이 있는지는 알 수 없다. 신비와 외경 외에 무슨 다른 말을 할 수 있을까.

타인의 윤리학으로

타인의 이야기를 계속할 수만 있어도 타인은 더 이상 낯선 타자로 남지 않는다. 타인의 서사를 통해 나의 존재가 설명되고 이해되는 폭이 커지며 타자를 나의 일부로 만들 수 있다. 하지만 타인의 윤리는 항상 이중적이다. 타인이 내게 와서 극복되고 회복될수록 존중과 관심이 커지기도 하지만, 동시에 타인은 언제든지 나를 대상화하고 사

물화하거나 나를 무시하고 경멸하고 멀리하며 나에게 가까이 오지
않으려고 하고 위해를 가하기도 한다. 이렇게 타인과 맺는 긍정적이
고 부정적인 복합성 속에서 우리는 살아간다. 신기하게도 우리는 그
런 타인을 매일 만나면서도 큰 걱정을 하지 않는다. 타인과 함께하는
삶만큼이나 모순이나 역설이 있을까. 낯선 사람과 대화를 나누고 미
소를 짓는 일이 절대 자연스러울 수 없는데도 우리는 그렇게 한다.
마치 잘 아는 사람인 듯 살아간다.

타인은 나에게 무엇일까. 타인은 내게 항상 몸만 보인다. 반면에
내게서 내 몸은 보이지 않고 생각만 있다. 나는 생각으로 있고 타인
은 몸으로 있다. 그도 생각할 것이라고 짐작만 하지 나는 항상 그의
몸만 본다. 생각과 반비례하는 그의 몸, 이것이 타인을 대하는 존재
론이다. 그의 내부로 들어가기가 어려워서 그의 몸만이 내 눈앞을 가
득 채우기 때문이다. 이것이 나의 정신과 그의 신체라는 이분화를 고
착시키고 이 구조가 타인의 대상화를 증가시킨다. 관념론은 아마 이
모순된 구조에서 탄생했으리라. '내가 누군가를 알 수 있다면' 또는
'내가 나 아닌 다른 사람이 된다면'이라는 말은 타인의 정신으로 들
어가는 소망의 표현일 것이다. 여기에 섬세함과 성실이 더해지기만
해도 좋은데 그것도 쉽지 않다. '섬세함과 성실'이 어느 정도여야 내
가 그에게로 들어갈 수 있을까. 얼굴을 보는 것만으로도 의심 없이
그를 만날 수 있을까.

타인은 그림자 성향을 지닌다. 나의 부정적이거나 결핍된 부분이
발견되는 곳이다. 사실 우리는 자기를 들여다보기가 쉽지 않고 자기

잘못을 파악하기도 쉽지 않다. 나의 잘못은 타인이 찾아줄 때가 많다. 그가 나의 잘못을 말해 주지 않는다면 어떻게 나를 알 수 있겠는가. 가정해 보자. 내가 무인도에 혼자 산다면 나의 잘못이나 별난 성격을 알 방법이 없고 혹 느끼더라도 이내 잊어버리고 말 것이다. 그런 면에서 타인은 나의 자아 실현의 길이기도 하다. 타인을 통해 자기 잘못을 찾는다는 식의 오래된 도덕을 말하고자 하는 것이 아니라 타인이 나와 통합되어야 나를 제대로 볼 수 있다는 뜻이다. 타인은 나의 그림자이기 때문이다. 더 이상 낯선 사람을 부정적으로 대하지 않으려면 타인을 만나되 그를 나의 소유로 삼지 않아야 한다. 자기 것으로 삼는 순간 갈등이 일어나고 지배와 종속의 관계로 이어져 마침내 한쪽의 자유는 배제되고 만다. 사랑도 소유가 되면 불행이 된다.

너와 나 사이에 섬이 있다

지나치게 겸손해서 사람을 만날 때마다 몸 둘 바를 모르고 죄지은 듯 말을 더듬고 얼굴이 붉어지는 사람이 있다. 반대로 일마다 쉽게 말을 붙이고 거침없이 세상을 살아가는 사람도 있다. 동물에 비유하면 앞의 사람은 사슴 또는 토끼 같은 초식 동물이고 뒤의 사람은 늑대 또는 호랑이 같은 육식 동물쯤 된다. 풀을 먹고 사는 동물치고 아무리 성질이 별나도 육식 동물을 공격하는 경우는 잘 없다. 그러나 고기를 먹어야 살 수 있는 육식 동물은 죽는 날까지 힘들게 다른 동물을 공격하면서 살아갈 수밖에 없다. 사람들 사이에서도 그런 초식 또는 육식 동물이 지닌 운명 같은 게 있다. 육식의 피곤함! 비록 운명까지는 아니라고 해도 살아오면서 적어도 그렇게 굳어져 있는 비극적 습성은 어쩔 수 없다.

사람에게는 처음에 초식성이었다고 해도 마음만 먹으면 육식성으로 옮아갈 수 있는 능력이 있으며, 그런 육식 동물 부류에 들게 하는 사회적 장치도 마련되어 있다. 예를 들어 권력과 돈으로 남을 부리고 세상일에 마음 놓고 간섭하는 것은 육식주의적 사회 장치이다. 그러나 초식에서 육식으로 변화하는 것에 부정적인 반응을 일으키는 사람이 의외로 많다. 그들은 이익을 챙기고 훔치고 가로채는 데 익숙한 육식성의 사람들과 함께 살아가기가 쉽지 않다. 평화와 화합 같은 말이 억지처럼 들리는 이유도 따져 보면 사람 사이에 초식 또는 육식의 생리가 거의 운명적으로 교차하고 있기 때문이다. 누구는 무섭게 돈을 벌려고 하는데 다른 누구는 그저 청빈하게 살자고 하면서 돈 버는 일을 비난한다. 부지런하고 바쁘게 움직여 잠시도 자신을 가만히 놔두지 못하는 사람에 비해 어떤 사람은 구름에 달 가듯 느리고 게으르게 살려고 한다. 답답하고 굼뜬 짓을 조금도 용서할 수 없는데도 그저 덕스럽게 살자고 한다.

우리 사는 모습이 이렇게 다르면 사람이라는 이름으로 서로 도와가며 살자는 말도 참으로 허망하게 들릴 수밖에 없다. 그러나 다행인지 불행인지 사람은 동물과 달리 자신을 속일 수 있고 거짓말을 할 수도 있다. 마음에 없는 행동조차도 결과가 좋다면 미덕으로 삼아 주는 그런 세상을 살아갈 수 있으니까 같이 모여 사는 것도 가능하다. 자만심으로 가득한 사람이 어눌한 말솜씨로 심성을 곱게 보일 수 있고, 분위기를 맞추는 재주가 없어 자신보다 나은 사람 만나는 일이 두려울 때도 한순간 용기를 낼 수 있는 그런 두 마음이 우리에게는 있다. 그래서 이 세상의 처세로 균형을 잡아 나가기 때문에 서로 탈 없이 살아가는지 모른다.

현실 세계에서 누가 초식 또는 육식 동물의 성향을 지녔는지를 알아내기는 쉽지 않다. 어쨌든 인간이 동물 세계와는 다르게 이만큼의 사회라도 유지할 수 있는 것은 서로 초식과 육식의 성격을 적절히 바꾸어 드러낼 수 있는 능력을 갖추고 있기 때문일 것이다. 자신보다 못한 사람을 불쌍히 여기고 강한 사람에게 짐짓 큰 소리로 대드는 태도는 분명 거짓에 지나지 않는다. 그래도 이런 거짓이 사람 사이를 메워 주는 힘, 어떤 다른 동물도 흉내 낼 수 없는 '함께 살 수 있게 하는 힘'이 된다.

사람들 사이의 관계를 메워 주는 힘, 또는 함께 살아갈 수 있게 하는 힘이 실재한다고 확신하지는 못해도 관계의 희망과 소원을 내버려둘 수는 없다. 사람들은 이 관계의 힘을 어떻게 적절히 처리할까. "사람들 사이에 섬이 있다. 그 섬에 가고 싶다."라는 정현종의 이 짧은 시는 서로에게 직접 갈 수 없다는 사실, 그리고 서로를 만나기 위한 유일한 방법은 사람들 사이에 놓인 섬밖에 없음을 말해 준다. "그 섬에 가고 싶다."라는 말은 혼자 남을 수 없는 한계 상황을 뜻한다. 우리는 타인에게로 건너가지 않고는 견딜 수 없는 존재이기는 하지만 그에게로 완전하게 건너갈 수도 없다. 그는 내가 될 수 없고 나는 그가 될 수 없기 때문이다. 내가 그를 만날 수 있는 유일한 곳은 둘 사이에 놓인 적절함의 공간, 서로를 조금씩 내주며 내가 남이 되지 않고 나를 유지하면서도 그를 '엿볼 수 있는' 사이 공간뿐이다.

사람들 사이의 섬은 인간관계의 경험에서 발생한 체념과 절망 그리고 상호 인정의 장소이며 고독과 외로움을 대체할 수 있는 욕망의 장소이다. 그렇다고 섬에 가면 서로의 관계가 완전해질 수 있을까. 불행하게도 그 섬은 마음 편히 안주할 수 있는 이상적인 곳이 아니다. 한 사람이 다른 사람의 삶으로 들어가는 일은 불가능하기 때문이다. 온전한 관계를 맺을 수 있는 곳은 영원히 없을지도 모른다. 그러나 그 섬이 최선의 장소는 아니더라도 차선의 방책은 될 수 있다. 최소한의 긍정적 관계를 형성할 수 있기 때문이다. 오히려 성급하게 하나가 되려는 시도만큼 위험한 일은 없다. 운명적이고 비극적이라고 할지라도 사람들 사이에 이렇게 관계 맺음의 사이 공간이 있다는 것은 다행이다.

사람들 사이에 놓인 섬으로 어떻게 건너갈 수 있을까. 사람들과 맺는 관계 역량이 필요할 것이다. 타인에게로 넘어가 누군가를 만나고자 하는 나의 인간다움이 그에게로 갈 수 있는 계기를 마련한다. 현실적으로 나는 그가 될 수 없고 그는 내가 될 수 없지만, 정현종이 말한 그 섬에서는 최소한 서로 하나가 될 수 있다. 이때의 '하나'는 서로에게 깊이 들어가서 하나가 된 상태가 아니라 서로가 잠시 밖으로 나온 상태에서 하나이다. 나를 완전히 타인에게 빼앗기지도 않고 동시에 타인이 없는 비정상적인 나만도 아닌 상태, 나와 타인이 적절한 거리를 유지하면서 만들어지는 상태이다. '최소한의 관계'로 서로를 만날 수 있는 곳이다.

2. 만남의 윤리

"이 세상에 존재하는 일 그 자체, 즉 우리가 세상에 이렇게 저렇게 존재하는 바로 그 일이 윤리적인 일이다."[45] 그렇다. 살아 있다는 사실, 어떤 삶의 존재 방식이든 가치가 있으며 먹고 사는 일로 인해 벌어지는 삶의 다채로운 색깔과 취향은 모두 존중받을 만하다. 생존과 실존의 형태, 인간이 태어나서 삶을 마감할 때까지 마주하는 온갖 삶의 방식은 경이롭기까지 하다. 그 속에서 윤리가 표현되고 실현된다. 우리 삶에 옳지 못한 악한 속성이 있더라도 그것은 어디까지나 부차적이다. 삶의 외경스러운 모습은 항상 선악의 표준을 뛰어넘기 때문이다. 인간의 악한 속성이 삶의 뒷면에 웅크리고 있어 혐오스러울 때도 있지만, 다채로운 존재 방식은 늘 우리 삶의 전경에 나와서 인생의 풍부함을 더해 준다.

열심히 살아가는 온갖 삶에 더해 서로 다른 삶의 모습은 윤리를 더욱 윤리답게 한다. 만약 인간이 모두 닮은 꼴을 하고 있다면 윤리가 필요 없을 것이다. 그것은 마치 자기가 자기를 위해 자리를 비켜 주는 것과 같고 스스로 도와주는 방식이 되어 모양새가 우스워진다.

---

45. 박남희, 『레비나스, 그는 누구인가』, p.57.

서로 다른 모습으로 우리는 윤리적 존재로 만난다. 윤리적 당위나 규범이 아닌 오직 내가 그와 다르고 그와 내가 다르다는 사실로 윤리적으로 사는 것이다. 당위나 규범은 그다음이고 오직 '다름의 관계 윤리'로 사는 것이다.

사람은 항상 누군가와의 만남을 통해 새로워진다. 어떤 작고 사소한 변화라도 외부적인 자극이나 영향이 없다면 새로워질 일이 없다. 늘 자기 외부의 사건이나 일로 바뀌어 간다. 오늘 나는 누구를 만나 무엇을 했는가. 이 사소한 물음이 쌓여 관계가 지속된다. 긍정적이든 부정적이든 모든 변화의 원인 제공은 항상 '밖'에서 온다. "타자의 이질성이 (…) 나를 살게 하는" 것이다.[46] 만남은 외부로 향해 있으며 자기를 벗어나고 자기를 넘어서는 데 있다. 우리가 어떻게 자신으로부터 나와서 낯선 사람들과 관계를 맺으며 살아갈 수 있는지를 보자.

'그저 있음'에서 타자 경험으로

우리의 평소 삶은 물질성에 몰두해 있다. 끊임없이 세계를 자기 것으로 가져와 이기심을 충족시키고자 한다. 자신의 '있음 자체' 또는 '삶 자체'를 어떤 수고도 없이 너무나 쉽게 자기 것으로 만든다. 자신의 '그저 있음' 자체만으로도 세상에 피해를 준다고 하지 않는가. 자기도 모르게 자신의 이익을 위해 세계를 이용한다. 그러므로 '그저 있음'은 결코 중립적이지 않으며 '죄 없음'도 아니다. 나의 그저 있

---

46. 박남희, 『레비나스, 그는 누구인가』, p.61.

음은 세계 편에서 보면 손해이다. 그것은 나에게 이익을 주는 식으로 내 쪽으로 기울어져 있어 도덕적 유기가 되고 태만이 된다. 많은 경우 우리는 이 사실을 모르고 지나치면서 '자기 밖'에 대해 어떤 미안함이나 죄책감도 느끼지 않는다.

세계를 타인으로 대치해 보자. 타인은 나의 안일하고 무관심한 태도에 마음의 상처를 입거나 물질적 피해를 볼 수밖에 없다. 나의 '그저 있음'으로 그는 너무 쉽게 내가 되고 만다. 다른 사람에게 잘못도 저지르지 않고 피해를 주는 행동도 하지 않았다고 말하려면 나 스스로 상당한 수준에서 타인을 의식하지 않으면 안 된다. "나는 그냥 가만히 있었다."라고 해서 해결될 일이 아니다. 자신의 '그저 있음' 자체가 자기중심성을 지니기 때문이다. 나도 모르게 기울기가 심하게 내 쪽으로 치우쳐 있으면 결과적으로 타인을 향한 관심 또는 노력이 이루어지지 않아 '타인 경험의 부재'가 일어난다. 타인 경험의 부족은 나의 밖으로 나가기 위한 가능성을 없애고 윤리적으로 될 가능성 자체를 막아 버린다. 가만히 있다고 해서 또는 남에게 아무런 해를 끼치지 않는다고 해서 윤리적으로 되지 않는다. 그런 면에서 윤리는 '자기 밖'을 경험하도록 몰아내는 속성을 갖는다. 타인과의 관계에서 비대칭이 될 정도로 타인을 높이고 그를 위해 희생할 이유도 여기에 있다.

그저 있음의 상태에서 벗어나려면 자신을 '넘어서' 밖으로 향하는 경험을 해야 한다. '넘어서는 경험' 또는 타인에게로 '넘나드는 경험'은 나에게서 떨어져 나와서 나의 밖으로 향하는 것을 의미한다. 이런 경험이 꼭 형이상학적이거나 종교적 초월일 필요는 없다. 그것은 지극히 현실적이며 실천적이다. 여기서 현실은 넘어서는 형태가 눈에 가시적으로 보여야 한다는 것이고, 실천은 가시적 효과를 실행할 수 있어야 한다는 뜻이다. 현실적이고 실천적이 되어야 자신의 한계인 자기중심에서 벗어날 수 있다. 타자를 경험하고 만나야 자기중심 또는 자기 전체에서 탈출할 수 있다. 그러므로 타자와의 다름을 충분히 인식해야 한다. 다름을 인식한다는 것은 자기를 '넘어' 타인을 경험하는 순간을 알리는 신호가 된다. 이 순간 윤리적 기술이 시작된다.

타인 우위의 비대칭성

다름에 대해 좀 더 진지하고 예민해져야 한다. 다름의 인식에 더해 또 하나의 윤리적 기술이 바로 타인을 우위에 놓는 비대칭이다. 다름은 절대 같지 않기 때문에 어느 쪽이든 기울 수밖에 없는데, 대체로 자기중심 때문에 타인이 아닌 내 쪽으로 기울어지기 쉽다. 무게 중심을 항상 나에게로 가져오기 때문이다. 관계는 그대로 두면 평등한 상태를 이루지 못하고 항상 자기 쪽으로 기울어지고 '나'라는 중심성이 타인과의 관계를 공평하지 못하게 만든다. 그러므로 평등 관계를 이루려면 타인에게 더 많은 무게 중심을 둬야 한다.

'타인을 우위에 두는 관계'를 좀 더 살펴보자. 생각과 행동의 무게 중심은 자연스럽게 자신에게 놓이므로 윤리적 개입은 타인을 나보다 우위에 놓고 그를 높이는 방향에서 시작해야 한다. 타인을 우위에 둔다는 말이 자칫 오해를 살 수 있다. 나와 상대를 비교해서 의도적으로 나보다 높은 위치로 올리는 일을 왜 해야 하는지 그리고 늘 그렇게 해야 하는지 혼란이 올 수 있다. 어떤 특별한 경우가 아니라면 상대를 나보다 높일 이유가 없고, 상대가 그럴 만한 사람이 못 된다면 더더욱 그러하다. 그러나 평소 우리가 쓰는 존중이나 배려라는 말에 이미 상대를 우위에 둔다는 뜻이 있다는 사실을 곰곰이 생각할 필요가 있다.

실제로 상대를 우위에 두는 일에 어떤 대단한 조건이 필요하지 않다. 그것은 '그저 있음'의 상태에서 떨어져 나오고 자기로부터 빠져나와서 타자 경험으로 나아가고 윤리적인 계기를 마련하기 위해서이다. 자기 주위에 타인이 있다는 사실을 발견하면서 타인의 인격 전체에 지속적인 관심을 두기 위해서이다. 관심이 타인을 버려두지 않는 데 있듯이 상대와 적절한 관계 맺음을 하기 위해서이다. 상황에 따라 얼마든지 내 것을 덜어 나누어 줄 수 있으며 배려와 희생도 할 수 있다. 내 것을 덜어 남에게 주는 일은 기적과 같다. 사람들은 어떻게 자기의 것을 남에게 줄 수 있을까. 그런 일이 어떻게 시작되었을까. 아마 그 미세한 열림의 시작은 타인을 향한 관심이었을 것이다. 주위에 타인이 있다는 사실을 강하게 의식하면서 이런 기적도 생겨났을 것이다.

타인을 우위에 두는 비대칭 관계는 무언가를 재어 가며 억지 격으로 상대를 높이고자 함이 아니다. 실제 우리의 일상은 타인의 의미가 새롭게 다가오는 경험으로 가득 차 있다. 덤덤하게 대해 왔던 주변 사람이 어느 날 의미 있는 존재로 다가오기도 하고, 친숙하게 지내왔던 가족이나 친구도 새삼 의미 있는 모습으로 변한다. 이런 경험은 너무나 자연스러워서 의식적으로 내가 그를 높여 봐야지 하는 식의 존중심이나 제도화된 존경의 양식이 없어도 가능하다. 그런 경험은 타인에 대한 높임을 만들어 내고 그들을 함부로 대해서는 안 되겠다는 성찰로 이어진다. 타인이 나만큼이나 가치 있고 의미가 있고, 어쩌면 더 이상의 무언가가 있을지도 모른다는 조심스러움이 생기면서 높임의 수준이 올라간다.

타인을 경험하려는 의지, 타인을 자신보다 높이려는 의지는 어떤 사람에게는 새로운 각성이 될 수 있다. 일반적으로 의지는 자신을 위해 사용되었고 또한 그래야 한다고 여겨 왔다. 그것은 개인이 자신을 위해 무언가를 선택할 수 있는 능력이며 권리이다. 그러나 서양에서 '의지의 역사'를 보면 개인에게 의지를 제공한 것이 실제로 오래되지 않았다. 개인이 자기 의지를 갖기 전에는 몰개인적인 집단 의지가 지배했고, 근대를 맞이하기 전에는 신적 의지가 집단 의지를 대체했다고 할 수 있다. 개인의 자유나 선택을 위해 신적 의지를 걷어 내고 순전한 개인 의지를 발휘한 역사는 지극히 짧다. 이런 점을 보더라도 자기중심의 의지를 넘어 '타인 경험의 의지'로 거듭나야 한다는 일은 만만치 않다. 신적 의지도 아니고 일반 의지도 아닌 새로운 형태의 의지로 타인에게 관심을 가지려는 새로운 경험이기 때문이다.

신약성경 누가복음 14장 11절에 이런 말이 있다. "자기를 높이는 사람은 낮아지고 자기를 낮추는 사람은 높아질 것이다." 이어지는 14절에는 "너는 잔치를 베풀 때 오히려 가난한 사람, 장애인, 절름발이, 소경 같은 사람들을 불러라. 그러면 너는 행복하다."라는 말도 있다. 이는 타인에 대한 절대 높임의 사례이다. 11절의 말은 우리에게 겸손할 것을 주문한다. 겸손은 자기를 낮추는 것이지만 결과적으로는 타인을 높이는 것이다. 사실 자기를 낮추는 겸손의 자세는 타인을 높이는 일보다 더 어렵다. 비록 자기 낮춤이나 타인 높임이 비록 같다고 하지만 실천하기의 어려움은 겸손이 높임보다 더 어렵다. 자기를 낮추는 일은 자기 수양이나 인격 도야 등 타인이 없이 홀로 이루어져야 하는 지난한 과정이기 때문이다.

11절에 이어 14절의 의미도 생각해 보자. 인간은 끊임없이 자기 안으로 세상을 가져오려고 한다. 이런 상황에서 겸손하기가 쉽지는 않다. 14절을 이해하려면 앞의 12절을 볼 필요가 있다. 12절은 이렇게 말한다. "너는 점심이나 저녁을 차려 놓고 사람들을 초대할 때 친구나 형제나 친척이나 잘사는 이웃 사람들을 부르지 말라. 그러면 너도 그들의 초대를 받아서 네가 베풀어 준 것을 도로 받게 될 것이다." 12절과 14절을 묶어 보면 타인에게 도움을 주되 오히려 갚을 수 없는 사람에게 도움을 주라는 뜻이 된다. 남을 도우면서 갚음을 기대하지 말고 누군가를 돕는다는 의식 자체를 없애려는 도움 방식은, 항상 약자를 높이는 비대칭성에 근거하며 이것이 진정한 의미의 도움이 된다. 타인을 우위에 둔다는 것은 높은 자에게 높임을 주라는 것이 아니며 어떤 대가를 바라고 높임을 하라는 것이 아니다. 또한 약자만을 위한 의도적 높임도 아닌 '높임의 무차별성'을 의미한다. 14절에서는 약자들을 잔치에 부르라고 했지만, 실제로 이 절이 강조하는 점은 약자라는 사람만을 지칭하기보다는 사람들에게서 힘듦과 고통을 발견하라는 뜻이다. 타인을 높이는 것은 특정 계층의 사람들만을 높여야 한다는 것이 아니다. 그것은 무관심을 관심으로 전환하고자 하는 윤리적 주문이기 때문이다.

인간 계발 연수에 다녀왔던 어떤 아버지가 저녁에 자녀를 앞에 두고 큰절했다는 이야기가 있다. 이 행위는 자녀를 자신의 소유물로 대하지 않겠다는 의지를 보여 주기 위함이다. 기업체의 어떤 이사가 직원들의 발을 씻는 의식을 치렀다거나 직장 상사가 음식 테이블 위에 수저를 놓아 주는 모습 등은 우리 주변에서 가끔 듣는 이야기로 서번트 리더십의 다양한 모양새이다. 이런 행위는 자기를 낮추거나 남을 높이는 것으로서 그 결과는 어떤 식이 되든 좋다. 겸손과 존중은 어느 것이 더 어렵고를 떠나서 둘 다 자기 주위에 타인이 있다는 사실을 강렬하게 의식하고 의미를 부여하면서 낮추고 높이는 의례 과정인 것만은 분명하다.

자기를 낮추기가 어려울 때는 타인을 높이면 굳이 나를 낮추지 않아도 된다. 남을 높이면 자기 낮춤의 행위를 굳이 하지 않아도 된다. 남을 높이면 겸손해지는 몸짓이 나올 것이기 때문에 결국 결과가 같아진다. 자신을 낮추는 행위가 정적이라면 타인을 높이는 행위는 동적이고 적극적이다. 자신을 낮추는 행위는 타인에 대한 강한 의식이 없어도 가능하지만 남을 높이는 행위는 타인과의 관계를 좀 더 강하게 느껴야 한다.

아무리 이렇게 말해도 타인을 우위에 둔다는 말이 거슬리는 사람이 있을 수 있다. 모욕감이 들고 손해를 볼 것 같고 자신감을 잃을 것 같아서이다. 상대가 나를 존중하지 않는데도 타인을 마냥 우위에 두는 것은 평등의 원칙에 어긋난다고도 생각한다. 타인을 우위에 두어 자신이 희생된다면 누가 그런 희생을 감당할 것인가. 사람들은 이런 관점보다는 서로 동등한 인간관계를 선호한다. 그러나 관계 맺기의 가장 큰 장애 요인은 상호 동등의 조건을 갉아 먹는 자기중심성이다. 레비나스가 그토록 '비대칭의 관계'를 강조한 이유를 생각해 보자. 그는 "나와 타자의 관계는 비동등 속에서 시작한다."라고 말한다.[47] 왜 인간관계는 동등이 아니고 비동등일까. 나와는 너무 다른 그의 고유함 때문이다. 고유함의 강도가 너무나 세서 그를 거부하는 수준을 훌쩍 넘어 무조건 그를 받아들여야 하는 수밖에 없다. 이런 인정과 수용의 정상성이 비동등을 만드는 것이다.

레비나스에 따르면 타인과의 윤리적 발달은 비윤리적 단계, 중립적 단계, 윤리적 단계를 차례로 밟는다. 첫째, 내가 타인보다 우위에 있는 단계이다. 이 단계는 의식적으로 자신을 타인보다 높이 두는 상황이다. 주인과 노예의 관계이며, 갑과 을의 관계가 그러하듯이 타인을 함부로 대하거나 무시하며 나의 권위가 강조된다. 둘째, 나와 타인이 동등한 단계이다. 이 단계는 공리적이고 이익을 추구하는 상황이다. 무엇이든지 똑같이 나눌 수는 있지만 조금도 상대의 어려움이나 힘듦을 고려하지 않는다. 이 단계는 법적이고 경제적인 계약 관계

---

47. 에마뉘엘 레비나스, 『전체성과 무한』, p.378.

에 있다. 셋째, 나보다 타인을 우위에 두는 단계이다. 이 단계에서는 내가 가끔 손해를 볼 수 있으며 타인의 어려움을 먼저 생각한다.

주목할 것은 마지막 세 번째 단계이다. 음식을 나누어 먹을 때 누군가가 몇 끼를 굶었다는 사실을 알았다고 가정해 보자. 나는 나의 몫 한쪽을 덜어 그에게 줄 수 있다. 이는 내가 손해를 봄에도 그 손해를 감수하는 상황이다. 그의 배고픔을 알고 그의 배고픔에 공감하면서 나는 그에게 나의 음식을 기꺼이 내어 준다. 이런 경우가 타인을 우위에 두는 관계이며 비대칭의 관계가 만들어지는 상황이다. 타인의 힘들고 어려운 상황에 내 것을 덜어 내는 순간 타인은 나보다 우위에 놓인다. 왼손이 한 일을 오른손이 모르게 하려는 속내도 따지고 보면 무언가를 주었다는 의식 자체를 잊어버리게 하는 타인 우위의 윤리적 장치가 아니겠는가.

비대칭이 성립하려면 타인은 나와 동등한 자가 되어서는 안 된다. 역설적이기는 하지만 타자를 우위에 두는 비대칭성이야말로 사람들 사이에 실질적이고 진정한 평등을 이루는 기초이며, 평등을 끌어내는 가장 보수적이면서 안정적인 장치이다. 이런 비대칭성은 무차별적이다. '무지의 베일'(the veil of ignorance)처럼 원초적이고 마치 위치와 방향을 동시에 지시하는 벡터처럼 타인을 향한다. 나를 타인 쪽으로 끌어내 자기중심의 닫힌 세계에서 벗어나 밖으로 초월하게 만드는 고마운 성질로서 끊임없이 나에게 윤리적일 것을 재촉한다.

레비나스는 이 비대칭적 관계가 타인의 얼굴을 보는 행위로 가능하다고 말한다. '얼굴 보기'의 행위에 깔린 타인을 향한 의식과 관심은 실제적이며 효율적이다. 타인의 얼굴을 대하는 과정에서 존중을 배우고 경청하는 자세가 만들어진다. 얼굴에서 책임이 요구되는 이유도 그것이 나보다 더 높은 곳에서 오기 때문이다. 레비나스는 "얼굴은 나의 의무를 요구하고 나를 심판한다. 얼굴 속에서 스스로를 현시하는 존재는 높이의 차원, 초월의 차원에서 내게 온다."라고 말한다.[48] 이는 레비나스의 얼굴 윤리의 전형으로서 타인의 얼굴은 이미 '높이'의 속성을 지니고 나에게 다가옴을 말해 준다. 이 지점에서 무한으로서 타인이 열리며, 전체성으로 닫힌 타인이 아닌 무한으로 열리는 타인이 내 앞에 선다. 이런 무한이 나의 자기중심에서 탈출하게 한다. 내가 나에게서 벗어날 수 있다는 의미에서 무한이기 때문이다. 무한의 비대칭성이 나에게는 타인에 대한 수동성이 되어 나를 그에게 책임지게 만든다. 레비나스는 이를 "위협당하는 수동성"이라고 했으며 타인이라는 "낯선 의지"에 의해 노출되는 것으로 보았다.[49] 그리하여 타인은 내게 '말하는' 방식으로 오며 그는 "내게 말하는 자요, 나는 그의 요청에 응해야 하는 자"로 자리 잡는 것이다.[50]

동정심을 예로 들어 비대칭 관계를 보자. 동정심은 상대가 힘들어하고 고통스러워할 때 측은해하고 도와주고 싶은 마음이다. 이런 마음이 작동하려면 그 순간 어떤 식으로든 상대가 자신보다 약자의 상태여야 한다. 그는 나에게 억압적 요구나 강요도 없었고 마지못해 내

48. 에마뉘엘 레비나스, 『전체성과 무한』, p.320.
49. 에마뉘엘 레비나스, 『전체성과 무한』, pp.354-356.
50. 박남희, 『레비나스, 그는 누구인가』, p.85.

것을 주지도 않았고 도움에 대한 어떤 의무감도 없었다. 그런데도 나는 동정심이라는 이름 하나로 그에게 도움을 준다. 그가 나의 것을 빼앗지도 않았고 나도 그에게 빼앗긴다는 생각이 없는데도 그에게 동정심을 보이고 도움을 준다. 비대칭의 현상이 일어난 것이다. 이런 타인 우위의 관계는 어떻게 발생했을까. 레비나스는 우리가 타인의 얼굴에서 힘듦과 어려움을 보았기 때문이고 타인이 내게 보내는 도움의 호소 또는 도움의 명령 때문이라고 할 것이다. 그 순간 그가 나보다 힘들어 보였기에, 그리고 그가 보낸 윤리적 호소와 명령의 진원지였던 힘들고 지친 얼굴을 내가 볼 수 있었기에 비대칭의 관계가 일어났을 것이다.

손해를 본다는 것

자기를 낮추는 행위나 타인을 높이는 행위는 어느 것이 더 낫고 못하다고 할 수 없지만, 타인을 높이는 행위가 더 역동적이고 실천 가능성을 높인다. 겸손 또는 존중은 둘 다 결과적으로 타인과 비대칭의 관계이다. 흔히 말하는 인간관계는 내가 얼마를 주었으니 너도 얼마를 나에게 주어야 하고 내가 이만큼의 도움을 주었으니 너도 그만큼 도움을 주어야 한다는 계약적 사고에 지나지 않는다. 이것은 전혀 윤리적이지 않다. 윤리적이라고 함은 내가 낮아지고 상대가 높아지는 비대칭을 요구하고 항상 얼마만큼 손해를 감수하면서 생겨난다. 겸손 또는 존중은 '윤리적 손해'에 지렛대 역할을 한다. 윤리적이기가 어려운 이유도 손해를 감수해야 하기 때문이다. 희생, 사랑, 봉사,

배려 등 온갖 미덕은 자신이 손해를 보는 구조로 되어 있으며 선한 인간관계도 마찬가지이다.

이렇게 손해 보는 대표적인 사례가 부모와 자녀의 관계이다. 부모가 자녀를 대할 때의 관계는 절대 대칭적이지 않으며 부모는 항상 손해를 보는 처지에 있다. 자녀를 키우는 희생의 길고 긴 과정을 봉사나 의무로 생각하는 부모는 없을 것이다. 부모는 그 관계가 비대칭인 줄을 모르면서 비대칭의 관계를 실제로 수행하고 있으며 거의 무의식적이거나 맹목적으로 실천하고 있다. 혈연이나 지연 사이에서 손해라는 현실감을 잘 느끼지 못하는 것처럼, 가족이 이기적 구성체가 되는 이유도 손해를 강하게 의식하지 못하기 때문이다. 손해 의식이 등장하는 곳은 계약이나 조직으로 이루어진 이익 사회이고 그런 사회는 곧장 손해에 대한 민법이나 상법 체제로 편입되고 말 것이다. 더 이상 손해 보지 않는 사회가 되고 만다.

슬픈 이야기이지만 묵자(墨子)의 겸애(兼愛) 정신이 일찌감치 역사 속으로 사라진 원인은, 비대칭 관계를 의식화했음에도 가족을 성급하게 이익 사회로 내던진 탓이었다. 가족을 넘어 낯선 이웃으로 확대하려고 했을 때의 어려움이 현실에 부딪혔기 때문이고 자연적이고 맹목적인 가족 사랑에 대한 선이해가 없었기 때문이다. 그에 비해 공자는 이런 어려움을 현실적으로 해결하려고 했다. 그는 가족의 친함(親)에 대해 긍정과 동시에 위험 신호를 제기했다. 친함이 일종의 맹목적 의식이라면 그것의 효용 가치를 나름 인정할 수 있지만 만약 그것이 그 상태로 머물러 있을 때는 위험 사회가 된다. 그리하여 생긴 개념이 효(孝)였다. 효가 기능하는 장소는 분명 가족이다. 그리고 효는 그 것은 이웃으로 확대되어야 한다는 것을 전제로 했고 효에는 친숙함을 낯섦으로 전환하는 속성이 있어 이웃이나 타인에게로 확장될 수도 있다. 하지만 공자는 묵자와 달리 사회적 확장에 손해 의식의 정도 차이를 좀 더 신중하게 설정한 것이다.

손해 보는 구조를 지금 우리 사회로 옮겨와 보자. 사회복지는 시행 동기가 불순할 수도 있지만 작동하는 방식은 일반적으로 항상 손해를 보는 구조로 되어 있다. 국민의 일부가 손해를 봐야만 다른 일부의 복지가 가능하다. 복지의 작동 방식은 항상 비대칭적이다. 이렇게 비대칭 관계로 평등이 실현되어 부자의 돈이 약자나 가난한 자에게로 이동한다. 비대칭의 관계가 개인과 개인의 관계를 넘어 사회정치적 관계에 적용되는 것이다. 사회가 비대칭의 물적 또는 제도적 조건을 용인할 수 없다면 복지는 실제로 이루어질 수 없다. 복지가 지닌 윤리적 속성에는 가진 자 또는 강자가 약자를 대하는 비대칭 관계라는 거대 규모의 의식화가 내재하고 있다. 복지는 역사가 길고 그 속내도 복잡하며 항상 사회적 긴장과 갈등을 유발하지만, 윤리적 의식화로 생겨난 관심인 것만은 틀림없다.

윤리는 수동적이다

비대칭의 윤리에 더해 윤리의 수동성으로 넘어가 보자. 흔히 우리는 자신의 도덕적 덕목을 타인에게 적극적이고 능동적으로 실천하는 것을 윤리적이라고 한다. 윤리적 실천의 어려움은 잠시 미루어 두더라도 누군가를 도울지 말지는 자신의 자율과 의지에 달려 있다고 생각한다. 이런 생각은 어느 정도 사실이지만 진실이 아닐 수도 있다. 여기서 문제로 삼는 것은 윤리 행위의 실제적인 과정이다.

도덕이 타인 없이 혼자 진행될 때는 그 과정을 가늠하기가 쉽지 않고, 자신에게 공감 능력이 있는지 또는 나눔의 정신이 있는지도 알 수 없다. 도덕감은 현실적으로 타인을 만났을 때 그리고 타인의 어려움을 직접 겪을 때 발생한다. 볼 수도 없는 타인의 고통을 어떻게 공감할 수 있겠으며, 상대의 배고픔을 알 수 없는데 어떻게 자기 것을 덜어 남에게 줄 수 있겠는가. 타인이 없는 상황에서 공감적 행위를 기대한다는 것은 거의 불가능에 가깝다. 이런 점에서 윤리의 수동적 특성을 말할 수 있다. ‘수동성의 윤리’는 타인의 존재를 전제하며 타인에 의해 윤리가 시작한다는 것을 의미한다. 앞서 언급했던 겸손이나 존중도 ‘나 홀로’의 덕목이 될 수 없다. 타인이 없는데 겸손이나 존중이 무슨 의미가 있겠는가. 윤리는 타인의 힘듦에 대한 반응이며 그에 의해 만들어져 내게 오기 때문에 수동적일 수밖에 없다.

윤리의 수동성은 인간관계를 자세히 들여다봤던 경험의 산물이었다. 아마 최초의 인간관계는 갑질이었을 것이다. 채집이나 사냥을 못한 동료에게 그러했을 것이고 적대적인 이웃 종족이나 전쟁 포로를 잡아들여 노예가 된 사람에게도 그러했을 것이다. 노예의 역사는 질기고 길어 갑질의 형태로 지금도 모양새를 달리하며 계속되고 있다. 원시적 불평등의 관계는 단순하게 시작되었을지 모르지만, 권력이나 권위가 형성되면서 복잡성이 더해졌고 위계화되고 가속화되면서 시대마다 정치사회의 갈등으로 비화했을 것이다. 그리고 타인과의 관계에서 갈등 조정의 필요성을 사회가 감지했을 역사의 어느 순간, 평등이라는 인위적이고 도식적인 관계가 자리를 잡았을 것이다. 개인이나 집단의 인간관계에서 불평등에 대한 감성만큼 지배적인 역할을 한 것은 없다. 불평등은 관계를 정상적으로 유지하고자 할 때 가장 먼저 사라져야 할 것이었다. 사람들은 불평등에 맞서 윤리적 준비를 서두르고 이론 무장을 했을 것이며 평등해지고자 다양한 시행착오를 겪기 시작했을 것이다.

내 것을 덜어 타인에게 주거나 그를 위해 자신을 희생하고 봉사하는 윤리 행위의 출현은 불평등 문제를 계약이나 제도만으로는 감당할 수 없었음을 말해 준다. 평등의 정치 경제적 조작으로 해결할 수 없는 관계 설정이 이루어진 것이다. 이런 면에서 윤리의 수동성은 자주 불평등으로 떨어지곤 했던 허술하기 짝이 없는 제도적 평등의 한계를 보완하는 역할을 한다. 타인에 반응하는 수동적 관계가 형성되지 않으면 평등이라는 대칭적인 현실 관계를 유지할 수 없다는 사회적 불안감이 있을 것이다. 하지만 불평등의 관계를 억제하고 조절하느라 정신이 없으면서도 한편으로는 타인을 의식하는 윤리가 조금씩 목소리를 내기 시작한 것이다.

타인을 있는 그대로 보려면 타인의 존재를 의식해야 한다. 물론 이런 의식이 쉽지 않다. 사람들은 모두 자신의 편리대로 타인을 이해하기 때문이다. 다만 윤리는 타인이 있으므로 발생한다는 사실을 절대 무시하지 말아야 한다. 윤리 행위의 실질적 주체는 자신이지만 그런 행위의 계기를 마련하는 주체는 자신이 아닌 타인이기 때문이다. '타인의 있음'에 대한 성찰이 필요한 것이다. 윤리는 언젠가는 사회 윤리로 거듭나야 하고 제도적으로 굳어져야 하지만, 윤리적이기 위해서는 작고 사소한 타인 의식에서 출발해야 한다.

윤리의 수동성은 고통의 속성과 비슷하다. 고통의 상황이 오면 사람들은 '나 아닌 나'의 상태로 변하려는 욕구로 가득 차지만 그 상황을 피할 수 없다. 고통 속에서 자신을 '수동적으로' 내맡기고, 빠져나가지 못하고, 자기 의지로 조절하고 처리할 수 없어 그 고통을 고스란히 받아들일 수밖에 없다. 고통은 마치 강력 접착제처럼 붙어 있어 그대로 당할 수밖에 없다. 피하려고 해도 피할 수 없으며 자기 것이 아니라고 아무리 외쳐본들 소용이 없다. 타인이 기능하는 방식도 이런 고통을 닮아 있어 그는 어느 순간 나에게 와서 '나의 타인'이 되어버린다. 고통에 끌려가듯이 나는 타인에게 끌려들어 어떻게 할 수 없다. 만남을 내 쪽에서 능동적으로 꾸며 갈 수 있다는 생각은 인간관계를 너무 안일하게 본 것이다.

고통 회피의 실질성은 윤리의 최고 공리이다. 윤리적이고자 하는 목적도 고통에서 벗어나기 위한 몸부림일 것이다. 혼자 남은 노년의 삶도 다를 바가 없다. 노인이 말벗이 없어 종일 텔레비전을 보면서 지낸다는 것은 거의 공황 상태에 가깝다. 주위에는 산 사람보다 죽은 사람들이 더 많고, 미래는 아예 없고 거동하기는 점점 힘들어지며 사소한 일에도 쉽게 눈물이 난다. 윤리는 연민을 갖고 타인의 고통을 읽어 내는 데 있지만 그 고통을 같이하기가 쉽지 않다. 죽음이 눈앞에 어른거리는 노년의 삶은 그 자체가 고통이다. 늙어 감에 대한 푸념과 한을 듣고 이곳저곳 아픈 데를 보다 보면 사람이 고통을 지닌다는 말이 사치스럽게 느껴진다. 몸 밖으로 고통이 새어 나오고 터지는 듯하다. 고통의 전이가 수동적일 수밖에 없는 이유이다.

죽음도 '나 아닌 나'의 수동적인 특징을 보여 준다. 죽음은 자신이 어떻게 할 수 없고 지금의 나와는 완전히 다른 차원에 놓인다. 공유나 공감도 할 수 없고 감정 이입도 불가능하다. 죽음에는 내 것이 아니면서도 나하고 떨어질 수 없는 '수동태적 모호함'이 있다. 이 모호함에는 어쩔 수 없이 찾아오는 초조함과 두려움이 있으며 가볍게 넘기거나 비웃어 보려고 해도 한계가 있다. 어빈 얄롬은 죽음을 '가려운' 것이라고 했다.[51] 죽음에 대한 두려움은 마치 오래된 피부병의 가려움처럼 쉽게 사라지지 않는다. 죽음은 내가 미리 걱정할 일도 아니며 아마 걱정하지 않아도 마찬가지일 것이다. 싫다고 해도 어떻게 할 방법이 없고 어떤 말도 필요 없다. 그렇다고 기꺼이 받아들이지도 못하면서 화를 내고 억울해한다.

죽음의 '수동태적 모호함'에서 벗어나기란 쉽지 않다. 죽음은 항상 연기되거나 일정한 거리 너머 멀리 있다. 삶과 모호하게 뒤섞이고 밀착되어 있어 도저히 그 정체를 알 수 없다. 고통이 나에게 와서 나의 고통이 되고 죽음이 나에게 와서 나의 죽음이 되듯, 고통과 죽음은 내가 원해 오지 않는다. 타인도 그러하지 않은가. 타인도 내게 와

---

51. 어빈 D. 얄롬, 『태양을 직면하기』, p.20.

서 나의 타인이 된다. 고통이나 죽음을 내가 어떻게 할 수 없듯이 타인을 내가 어떻게 할 수 없고 그의 힘들고 괴로워하는 모습도 어쩔 수 없이 마주할 수밖에 없다. 윤리의 시작도 그렇게 온다. 윤리의 수동성은 사람 이외의 동식물 등 자연이나 자신이 거주하고 있는 장소에도 그대로 적용된다. 죽어 가는 동물이나 폐허가 된 낡은 집을 보며 비애감을 느끼는 것도 그것이 어느 순간 나에게 와서 윤리적으로 되기 때문이다.

타인의 외재성을 인식하는 순간 그는 신비로운 '나의 타인'이 된다. 타인은 나와 인접해 있으면서 동시에 너무 멀리 떨어져 있다. 죽음이 내 것이 아닌데도 내 것이 될 수밖에 없듯이, 타인도 나의 사람이 아니면서 너무 쉽게 나의 사람이 된다. 타인을 남이라고 해서 내칠 수 있겠는가. '삶이 죽음을 내칠 수 없듯이' 나도 타인을 모른다고 할 수 없다. 타인은 분명 내가 아니지만 그가 없다면 나라는 존재라고 불릴 만한 것도 없다. 타인은 내가 원해서 지금 이 자리에 있는 게 아니다. 그가 나를 불렀는지도 모르고 아니면 나도 모르게 같은 자리에 함께 있었는지 모른다. 타인과 나의 관계는 모호함으로 정리되고 나는 그런 타인을 신비스러운 나의 타인으로 의식할 수밖에 없다. 윤리가 수동적일 수밖에 없는 이유는 관계 맺기의 실질적 모호함으로 시작되었다는 데 있다. 삶이 고통과 죽음 때문에 의미 있게 요청되듯이 타인이 나를 불러낸 것이다.

윤리의 수동성은 윤리적이기 위한 원인 제공을 타인이 한다는 뜻이다. 자신이 윤리 행위의 마지막 주체일 수 있어도 윤리적으로 되는 계기는 늘 타인으로부터 시작한다. '타인을 보라'는 말도 이런 뜻이다. 타인의 힘들고 고통스러워하는 모습이 동정심과 양심을 자극하고 그에 대응하면서 윤리적으로 바뀐다. 물론 수동적 계기를 마냥 기다리고 있을 수 없다. 수동성이 윤리적 조건이기는 해도 적어도 수동성에 반응하고 응답하는 나는 늘 타인 곁에 있어야 한다. 최소한의 의무 또는 최소한의 도덕적 감성을 위해서이다. 사람들이 서로 돕고 살아야 한다는 계몽된 윤리적 자의식 수준은 아니라고 할지라도 타인의 힘들고 어려운 상황에 반응하고 관심을 주고 응답할 정도는 되어야 하기 때문이다.

나의 고통이나 죽음에서 달아날 수 없고 대항해서 나를 지킬 수 없듯이 이 모든 것을 감내하는 것이 수동적 태도이다. 레비나스는 고통을 "지배력(maîtrise) 그 자체이며 인내를 통해 개입 가운데서 해방이 성취된다. (…) 고통 속에서 타인은 순수한 수동성으로 실존한다."라고 했다.[52] 타인에 의해 내가 윤리적으로 되는 것은 마치 고통을 견디는 것과 유사하다. 그때 윤리는 마치 위협당하는 느낌일 수 있지만 내가 감내하지 못할 정도는 아니며 오히려 내가 얼마든지 제어하고 억제할 수 있다. 다만 인내가 동반될 뿐이다. 인내의 과정을 통해 해방감을 느끼고 자유로워지는 것이다.

레비나스는 "고통이 그토록 뼈아픈 까닭은 고통을 회피할 수 없

---

52. 에마뉘엘 레비나스, 『전체성과 무한』, p.361.

기 때문이다."라고 했다.[53] 아무런 잘못이 없었는데도 인간의 인과적 존재 방식으로 꾸며지는 삶 자체는 고통일 수 있다. 피할 수 없다. 고독이나 외로움에 대한 각성도 마찬가지이다. 자기 주위의 세계와 하나가 되어 살 때는 몰랐다가 모든 것들이 자기가 아니라는 사실, 가족을 비롯해 어떤 것도 자신이 아니라는 사실을 깨닫는 순간 밀려오는 외로움은 고통으로 이어진다. 세상과 같이 웃고 떠들 때는 모르지만 그런 세상에서 떨어지는 순간 생겨나는 고통이다. 하지만 사람들은 이런 고통을 오래 견디지 못한다. 적막함을 견디지 못하여 이내 소음이 있는 곳으로 나가려고 하고, 사람들의 웅성대는 소리를 듣거나 아니면 적어도 자신과 닮은 사람의 그림자라도 보고 싶어 한다.

혼자 있음은 고통의 모습이다. 단독자가 된다는 것, 개별자로 있다는 것은 모두 고통이다. 그러면서도 끊임없이 홀로 있는 상태로 되돌아오려고 한다. 같이 있음의 안락과 평안에 지쳐 혼자 돌아오고 다시 혼자 있음의 지겨움과 힘듦에서 벗어나려는 이 무한한 삶의 반복 양식 자체가 고통이다. 밖으로 나가려고 하고 안으로 되돌아오려는 이 무한 반복되는 삶의 양식에 수동성의 윤리가 있다.

나는 다시 아이가 된다

죽음은 연기되어 있고 정체를 알 수 없다. 죽음에 대한 이해는 그저 그러리라 추측하는 데 지나지 않고 죽음 앞에서는 무력할 수밖에

---

53. 박남희, 『레비나스, 그는 누구인가』, p.145, 재인용.

없다. 자신의 상실 또는 '없어짐'에 대한 두려움 때문에 더 이상 자세히 알려고도 하지 않는다. 상상하는 것조차 허락하지 않을 정도로 아득한 미래의 것이다. 우리가 절대 맞닥뜨리고 싶지 않기에 죽음의 불안은 자기 속에 갇혀 더욱더 견고해진다. 이런 불안에서 벗어날 수 있을까.

죽음에서 벗어나는 현실적인 방법은 자기 삶에 연속성을 주는 것이다. 모든 생명체의 생존 욕구는 삶의 한계에 대한 불안 때문일 것이다. 생명의 연결고리는 시간을 초월해 죽음 이후 또 하나의 생명으로 이어진다. 이는 얼마나 안정적인가. 생명의 연속성에 놓인 자신의 '생물적 아이'를 통해 죽음의 불안을 구원받을 수 있기 때문이다. 죽음은 아이로 인해 연속된다. 아이는 자신의 일부분을 지니고 살아가기 때문에 어떤 식으로든 지금의 나를 기억하며 타자가 된 또 하나의 내가 되어 내 삶의 지속성을 유지할 것이다.

아이는 물론 완벽한 의미에서 내가 될 수 없다. 아이는 내가 아니며 여전히 타인이다. 나의 편에서 나는 아이를 통해 나를 경험하지만, 그는 자기의 편에서 나를 경험한다. 이 또한 타인 속으로 넘나들 수 있는 초월의 경험이다. 그러나 이 초월은 형이상학적인 의미나 종교적인 의미에서 넘어섬이 아니라 내가 타인이 될 수 없는 상황의 '현실적' 넘어섬이다. 아이는 현실적 의미에서 초월을 가능하게 한다. 실제로 사랑과 출산은 타인에게로 넘어가는 초월을 가르쳐 주는 현실적인 방법으로, 시간이 흐르면서 나 자신이 타인이 될 가능성을 만들어 준다. 사랑이나 출산은 숙명적인 자기 회귀의 반복에서 벗어나 자신의 '존재론적 이기주의'를 극복하는 방식이 될 수 있다.

아이를 통해 우리는 희생을 구체적이고 자연스럽게 경험한다. 이 말은 동시에 타인으로 초월되는 과정에서 윤리적으로 될 수 있음을 의미한다. 사랑과 출산은 현실 상황이기도 하지만 타인의 만남을 가능하게 하는 비유이기도 하다. 윤리적으로 된다는 것은 타인을 만날 수 있는 길을 찾아 나서는 데 있으며 전혀 모르는 타인에게로 건너가는 데 있다. 생물적 전이를 넘어 '초월의 사회학'이 된다. 자신의 아이로 자신을 건너뛸 수 있듯이, 우리가 만약 낯선 타인에게로 넘어갈 수만 있다면 윤리는 사회공동체를 형성하는 데 그 어떤 정치사회적 제도보다 우월성을 담보할 수 있을 것이다. 죽음의 불안을 없애기 위해 아이라는 연속성을 만들듯이 윤리는 그렇게 타인에게로 넘어가는 데 있다. 생물학적 아이로 넘어가는 데는 시간이 걸리고 철저히 제한적이지만, 타인에게로 넘어가는 데는 시간이 필요하지도 않고 원칙적으로 폐쇄적이지도 않다. 쉽지 않지만 만나려는 의지만 있다면 불가능한 일도 아니다. 윤리가 혼자만의 '떠도는 윤리'가 되지 않도록 타인을 경험하고 타인을 만나기 위해 비대칭적이고 수동적인 태도를 만들어 낸다면 윤리적일 수 있는 것이다.

3. 우리 사이

레비나스는 "'윤리적 주체'를 세우고 '우리–사이'를 세우는 '타자를 위함'(pour-l'autre)이라는 초월"을 그의 제일철학으로 둔다.[54] 그는 타자를 위한 초월을 인간 영혼이 누릴 수 있는 최상의 합리성이라고 보면서, 타자에게 자기를 바치는 행위 또는 타자를 통해 자기중심에서 벗어나 책임지는 태도로서 윤리학을 정립했다. 하지만 타인을 위할 줄 아는 나는 도대체 얼마나 큰 힘을 가져야 하며, 비록 그런 힘이 있다고 하더라도 스스로 타인으로 넘어가는 초월의 힘을 감당할 수 있을까. 타인 이해를 가능하게 하는 나의 정신적 역량은 무엇일까.

만약 자기 이해가 부족해 이기적 자기중심으로 돌아가면 지금껏 강조해 왔던 타인 이해도 물거품이 되고 만다. 레비나스가 말하는 우리 사이의 관계를 훼손하고 싶지 않다면 자기로 돌아가되 자기중심적이지 않으면서 타인을 만날 수 있어야 하고, 그렇게 하려면 자기 이해의 역량을 제대로 키울 필요가 있다. 자신감을 가지고 타인을 만날 수 있어야 하고 윤리적 의사결정도 신속해야 한다. 그렇지 않으면 타인 이해의 출발이 되는 얼굴 보기도 할 수 없고 타인을 만나기 위한 관계 가치도 읽어 낼 수 없다. 자기를 들여다볼 줄 아는 용기에 더해 공감할 줄도 알고 정직과 친밀함의 덕목도 갖추어야 하기 때문이다.

타자 이후

"타자 이후에 우리가 온다." 이처럼 레비나스의 윤리를 깔끔하게 한마디로 표현한 말이 있을까. '자기 보존 경향'(conatus essendi)은 한

---

54. 에마뉘엘 레비나스, 『우리 사이』, p.7.

때 스피노자의 존재 방식이었지만 레비나스에게 오면 자기중심성이
된다. 자기중심성은 '자신의 존재에 집착하는 존재'로서 레비나스는
여기에서 벗어나 타인으로 넘어가는 방법으로 존재의 껍질에 "구멍
을 뚫고 흔들어 줄 수" 있어야 한다고 했다.[55] 이런 주장은 "나는 존재
할 권리가 있는가."라는 질문과 맥을 같이 하며 레비나스가 파스칼이
"자아는 가증스럽다."라고 말한 것에 대한 답이기도 하다.

> "나의 주권적 긍정 속에서 자신의 존재 안에 머물려는 존재들의
> 집착은 반복된다. 그러나 에고이즘이 이 자아-자체에게 일으키는
> 공포 의식도 반복된다. 파스칼은 태양 아래 나의 자리가 모든 대
> 지의 찬탈의 시작이자 이미지라고 말했다." (에마뉘엘 레비나스, 『타
> 자성과 초월』, p.203.)

스피노자와 파스칼의 자아비판을 계승하되 레비나스는 나를 넘어
진정한 '우리'가 될 수 있는 길을 타자와의 만남 이후로 설정하려고
한 것이다.

누군가에게 말을 건넨다는 것은 나의 '에고이즘의 평온함'을 깨
는 효과가 있다. "모든 만남은 '안녕하세요'라는 말에 담긴 축복에
서 시작한다."라고 하듯이 레비나스는 이런 인사말을 타인에게로
건너갈 수 있는 시작으로 본다. 그런 점에서 자기중심에 매몰된 '그

---

55. 에마뉘엘 레비나스, 『타자성과 초월』, pp.190-194.

저 있음'의 상태는 구체적이지도 않고 관대함도 없다. "그저 있음이 란 절대적으로 비인격적인 존재의 현상"이며 "대상이 있지 않은 존재 의 단순한 사태"인 것이다.[56] 자신이 구체적으로 누구인지도 모르는 상태, 거기에 더해 자기 주위에 사람이 있다는 사실에 대한 이해도 없는 상태이다.

무의식적인 자기중심은 그저 있음의 상태에 지나지 않고 의식적 인 자기애에 불과하지만, 이런 자기애를 거쳐 타인에게로 나아가야 우리-사이로서 완전해진다. 레비나스는 이렇게 타인에게로 나아가 는 것을 '외출'이라는 아름다운 말로 표현했다. "외출은 (…) 외재성 을 향한 열림의 태도로 변형된 욕망이다. 부름이자 타인에 대한 응 답인 열림이다."[57] 이런 외출을 가능하게 하는 요소가 우리의 얼굴이 다. 레비나스는 얼굴의 마주함이라는 속성을 '직선'으로 묘사하기도 한다. "타자의 얼굴에서 분명한 최초의 것은 노출의 직선성"이다. 얼 굴을 대할 때는 어떤 우회도 필요 없이 그저 얼굴을 올곧게 마주하면 된다. 이 직선성에서 얼굴의 안쪽이 더 잘 보인다. 그 안쪽에는 "(그의) 얼굴이 나를 요구하고 얼굴이 나를 응시하고 나를 부르고 나를 요청" 하는 사이 관계가 있기 때문이다.[58]

여기서 잠시 『나와 너』의 저자인 마르틴 부버의 입장과 레비나스 의 입장을 비교해 보자. 부버는 잘 알려져 있다시피 '나-그것'의 관

---

56. 에마뉘엘 레비나스, 『타자성과 초월』, pp.119-120.
57. 에마뉘엘 레비나스, 『타자성과 초월』, p.121.
58. 에마뉘엘 레비나스, 『타자성과 초월』, p.185.

계를 '나-너'의 관계로 바꾸고자 했다. 타인은 대상도 아니고 사물도 아닌 내가 '너'라고 말하는 자이기 때문이다. 그리하여 우리는 하나의 사회 속에 있으며 서로가 서로에게 동등하다는 사실을 알고 너라고 불리는 그는 또 하나의 나임을 안다. 그러나 레비나스의 인간관계는 상호성 이상의 것이다. 예를 들어 타인에게 관대할 필요가 있을 때 레비나스는 이 관대함이 상호적인 것으로는 불충분하다고 본다. 만약 상호성을 기대하면서 관대해지면 이 관계는 관대함이 아니라 '좋은 교환'에 불과하다. 물론 부버도 이런 계약적 상호성은 반대한다. 만약 상대가 나를 너라는 인격체로 부르지 않고 물건이나 사물 정도로 대한다면 나는 손해를 감수하면서까지 그를 인간적으로 대하지 못할 것이다. 상호성의 관계는 상호적 대우라는 현실 조건에서만 가능하기 때문이다. 하지만 레비나스는 이런 상호성이 아닌 내 쪽에서 어떤 행위를 해야 하고 책임을 지닌 행위자로서 설 수 있게 한다.

부버가 '선한' 공리주의자라면, 레비나스는 타인과의 관계에서 비록 내가 손해를 보는 한이 있더라도 끝까지 참아 내는 책임주의자라고 할 수 있다. 레비나스는 이런 상황을 타자에 대한 나의 '잠들어 있는 책임'으로 본다. "타자성의 얽힘(intrigue)은 앎 이전에 탄생한다."[59]라는 말은 레비나스를 상호성에 근거한 선한 공리주의를 넘어서게 한다. 공리주의는 아무리 정교해도 그 뿌리가 허약하다. 행복을 상호성에 맡기고 인간적 약함은 내버려둔다. 하지만 레비나스의 경우

59. 에마뉘엘 레비나스, 『타자성과 초월』, pp.122-123.

최악의 인간관계에서도 그 빛을 발휘하며 끝까지 책임을 진다. 자신에게 '잠들어 있던' 책임을 꺼내어 타인과 얽히고자 한다.

무관심의 유혹

관심은 윤리의 조건이다. 관심이 있어야 자기중심에서 빠져나와 타인에게로 다가갈 수 있다. 하지만 자신이 힘들어 타인에게 관심을 줄 수 없다면 타인에게서 오는 윤리적 계기를 자율적 실천 역량으로 바꾸지 못한다. 윤리적이고자 해도 윤리적일 수 없는 경우가 얼마든지 일어난다.

사람들은 말한다. 나는 숨고 싶다, 혼자 있고 싶다, 윤리적이지 않고 싶다. 그리고 고독이나 외로움의 유익함을 말한다. 자기 밖의 일은 성가시다며 복잡한 인간관계에서 벗어나려고 하고, 남의 일에 얽혀 피해를 보는 일을 싫어한다. 정상적인 인간관계를 맺어야 한다는 다짐도 더운 여름 날씨처럼 힘들 때가 많다. 그리하여 비록 혼자 있는 한이 있더라도 숨는 쪽을 택한다. 세상일에 떠밀려 엉성한 관심을 드러내기보다는 한순간 말을 멈추고 얼굴을 가다듬으며 자기 안으로 숨어 들어가려고 한다. 남의 일에 개입해야 한다는 의무감은 피곤을 넘어 위선이 되기도 한다. 다른 사람의 일에 매이는 노력이 아름답지도 않을 것 같다. 관심에 무슨 쉼이 있겠으며 평온함이 있겠는가. 꼬리를 물고 이어지는 책임 의식에 피곤해지기도 한다.

우리가 지어내는 인간다움도 따져 보면 혼자 있을 수 있기 때문이다. 관계를 지으려는 자신의 수많은 말이나 행동은 필요 이상으로 마음을 들뜨게 한다. 인간관계를 위한 몸짓이나 손짓도 가만히 보면 자신을 위한 숨김의 행동이지 남을 위한 드러냄의 행동은 아니다. 온전한 삶은 세상을 피해 얼마나 잘 숨을 수 있느냐에 달린 것인지도 모른다. 마치 음지 식물에 고요함이 스며들듯이 혼자 있음도 그런 평온함을 주고 혼자 숨는 과정에서 삶의 두께가 만들어지는 경우도 많다. 피상적이고 의례적인 관계에 벗어나 혼자 있으면 삶의 여유나 느긋함도 있다. 인간관계는 늘 직설적이어서 조금의 안식도 가져다주지 못하고, 옷의 먼지처럼 자기 것도 아니면서 끝없이 털어 내느라고 바쁘기만 하다. 혼자 있을 때 오히려 자기 삶의 무게를 실감할 수 있으며, 있는 그대로의 자신을 들여다볼 때 살아 있다는 느낌도 들지 않았던가.

혼자 있으려고 조금이라도 애써 본 사람이라면 알 것이다. 혼자 있음에 전혀 고통이 없는 것은 아니지만 살아가면서 끝없이 관계를 맺어야 한다는 현기증이 없다. 오히려 자연스럽게 쉬어 갈 수 있는 빈터 같은 것이 있을 뿐, 마치 깊은 숲속을 벗어날 때처럼 비밀스러운 멋이 있다. 숲 안쪽 어느 후미진 곳에 숨겨 놓았을 비밀은 혼자 있을 때만 느끼는 즐거움일지도 모른다. 숨겨서 조금은 두렵기도 한 즐거움을 스스로 찾을 수 있기 때문이다. 그러나 혼자 있고 싶은 이유를 순전히 남 탓으로 돌릴 수 없고 언제까지 혼자 있음에 도취할 수 없다. 언젠가는 밖으로 나와 사람들을 만나고 관계 맺기를 하고 서로를 알아주고 반갑게 맞아 줘야 한다.

『오디세이아』의 주인공인 오디세우스는 로토스를 먹고 귀향을 잊어버린 부하들에게 출항을 명령한다. 그는 키르케와 일 년이나 같이 머물다가 부하들의 재촉으로 떠나기도 하고 불사의 삶을 제안하는 칼립소의 유혹을 거절하기도 한다. 그의 출항, 떠남, 거절의 덕목은 혼자 있음에서 벗어나기 위한 몸부림이었다. 그리하여 그는 다시 귀향을 통해 사람들과 전형적인 관계로 돌아가고자 한다. 그가 키클롭스 거인족이 사는 동굴에서 거인 폴리페모스에게 자신을 '노바디'(nobody, outis)로 소개한 후 재치 있게 동굴을 빠져나오는 장면도 말 그대로 아무것도 아님에서 하나의 관계적 인간이 되기 위한 몸부림이다. 그는 '아무것도 아닌 것'으로부터 빠져나와 관계의 정상성으로 돌아가고자 한 것이다.[60]

자기 안에 머물고 싶은 욕구는 달콤하며 유혹적이다. 결과적으로 '노바디'는 무력함이며 혼자 있는 탓으로 발생한 자기 약화의 상징이다. 오디세우스에게 고향이 관계의 정상성을 얻기 위한 곳이라면, 그가 여행 중 머물렀던 섬들은 그런 관계가 상실된 곳이었다. 물론 오디세우스에게 무관심의 유혹은 강렬했으며, 혼자 있음의 안락함과 편안함은 타인과의 관계와 맞바꿀 수 있을 정도의 힘이기도 했다. 로토스 열매의 달콤함은 혼자 있음의 달콤함과 같다. 하지만 그 달콤함에서 떠나지 못하면 영원히 자기 안에 갇히고 만다. 폐쇄된 공간을 거부하면서 관계의 장소였던 고향으로 돌아가고자 하는 것이 오디세우스의 모험이기 때문이다. 그는 관계 찾기를 자기의 여정으로 삼았

---

60. 호메로스, 『오디세이아』, 9권.

다. 그가 모험 중에 자주 빠졌던 유혹이 바로 관계 상실이라는 '무관심의 유혹'인 것이다. 우리는 살아가면서 가끔 혼자 있고 싶은 이유를 타인들과의 불협화음으로 몰아가거나 타인들의 탓으로 돌린다. 하지만 귀향에 대한 오디세우스의 열망으로 관계가 회복되듯이 우리도 사람들에게 돌아가지 않을 수 없다. 사람이 곧 관계의 고향이기 때문이다.

관계 가치

우리는 혼자 있음의 유혹에 못 견뎌 하면서도 또한 사람들과 분리된 상태를 힘들어한다. 혼자 있음과 같이 있음의 사이를 끊임없이 반복하지만 그래도 혼자 있음은 같이 있는 것보다 못하다. 친밀성의 상실 또는 무관심을 견디지 못한다. 우리는 죽는 마당에서도 '외로운' 죽음이 되지 않기를 바라면서 누군가가 옆에 있어 주기를 바라지 않는가. 죽음이 혼자만의 것이라는 사실을 알면서도 떨어져 있기를 싫어한다. 그런 점에서 사람들과의 연결만큼 절실한 게 없다. 아무도 자신을 알아주지 않거나 가벼운 눈웃음이나 말을 건네주지 않는다면 불행하다는 느낌이 절로 일어날 것이다. 관계 가치는 그만큼 절실한 것이다.

어빈 얄롬은 "외로운 나는 우리에 녹아든다."라면서 관계 상실의 해결책을 제시한다.[61] 그는 관계 상실의 문제를 해결하려면 먼저 자

---

61. 어빈 D. 얄롬, 『태양을 직면하기』, p.236.

기를 개방하라고 한다. 자기를 드러내면 상대도 자기를 드러낸다. 친밀감의 시작이다. 자기 개방이야말로 친밀감을 발달시키는 역할을 하기 때문이다. 사람들은 외로움을 느끼면서도 이런 자기 개방에 대해서는 소홀하다. 미소 짓고 인사를 건네는 일에는 부주의하면서 외로움을 남 탓으로 돌린다. 머리로는 자기 개방을 인정하면서도 진심이 아니다. 작은 말 걸기 하나라도 진심으로 해야 효과가 있으며 관계는 사람들과 '나누어야' 관계다워진다. 어떤 이들에게는 관계 상실이 불행에서 끝나지 않고 고통으로 이어진다. 가까이 있던 사람이 멀리 떠나는 정도까지는 아니더라도 늘 일어나는 사소한 관계 상실은 고통이다. 얄롬은 "고통에 대한 해독제는 순수한 연결성"임을 강조했다.[62] 더 많은 사람을 좀 더 진심으로 만나는 일만큼 관계 가치를 높이는 방법은 없을 것이다.

관계 가치의 상실로 생긴 고통은 병이 된다. 가끔은 고통으로 끝나지 않고 인격 장애가 되고 괴팍하고 기이한 성격으로 바뀐다. 혼자 있음이 병인이 되어 "사회적 고립을 부추기고, 극적이고, 감정적이며, 변덕이 심한 행동을 하거나, 불안하고 두려움을 많이 느끼는 특성이 발생한다."[63] 관계 상실은 타인에 대한 배려나 관심 부족으로 나타나고 자기 집착이나 사회성 부족이 심해진다. 자의식이나 의사결정의 손실을 넘어 사회 부적응을 만든다. 비언어적 의사소통에도 장애가

---

62. 어빈 D. 얄롬, 『태양을 직면하기』, p.229.
63. 노무라 도시아키, 『교도소의 정신과 의사』, p.152.

일어나고 강박에 대한 집착도 커진다. 모두 관계 부족의 결과이다.

관계 가치는 자기 안에 갇혀 있지 않고 자기를 넘어 타인에게로 가는 데 있다. 하지만 '자기를 넘어섬' 또는 '자기를 넘어감'이라는 행위는 혼자 있음의 결과가 아닌 혼자 있지 않으려는 눈물겨운 노력에 가깝다. 우리는 혼자 있지 않기 위해 타인에게 다가간다. 외로움도 관계 상실 또는 세계 상실의 '자기'라는 폐쇄 공간 탓이다. 그리하여 자기를 넘어 타인에게로 가는 행위는 한 번에 끝나지 않고 계속되며 생명이 있는 한 현재진행형이다. 타인과의 관계가 없으면 삶의 의미가 없다는 사실을 알기 때문이다. 끊임없는 관계 양식이 삶의 양식과 일치되어 "지금 여기에서 다른 사람과 구체적인 관계 맺음"이 된다. 타인에게로 나아가는 일은 "사람다운 일이며 사람답게 사는 일이고, 나만 아니라 너도 우리 모두 행복할 수 있는 길"이 되는 것이다.[64] 이런 관계 맺음의 존재 방식이 우리를 윤리적인 길로 이끈다. 혼자 있지 않기 위한 윤리적 힘이기도 하다.

이기심, 그 숨어 있는 낙인

무관심의 유혹에는 늘 이기심이 도사리고 있다. 미국의 사회학자 어빙 고프만은 그의 책 『스티그마』에서 개인의 낙인 또는 스티그마가 장애로 작동한다는 사실을 밝힌 적이 있다. 이기심도 그것을 떳떳하게 드러내지 않으려고 한다는 점에서 관계 맺기의 낙인이 되고 장

---

64. 박남희, 『레비나스, 그는 누구인가』, pp.102-110.

애가 된다. 우리 모두 이기심을 낙인처럼 지니고 살며 자랑스러워하지 않는다는 것은 이기심이 '숨어 있는' 장애이기 때문이다. 이기심도 감추면 장애가 된다. 사람들이 이기적이라는 사회적 비난에 민감하게 반응하는 까닭도 감추고자 하는 욕구의 강력함 때문이다.

이기심의 낙인 효과는 다른 일반적인 낙인보다 더 강하다. 대부분의 낙인은 타인들에게 알려지지만 이기심의 경우에는 끝까지 숨기거나 위장해야 한다는 데 비극이 있다. 이타적이 아니어도 좋지만, 최소한 이기적이지 않아야 정상으로 받아들인다. 이기심은 다른 낙인과 달리 가시적이거나 명백하지 않으며 쉽게 노출되지도 않는다. 거기에 더해 서로 이기적이라는 사실을 알면서도 누구도 그것을 말하지 않는다. 만약 누군가에게 이기적이라는 판단이 공개적으로 내려지면 치명적인 사회 부적응으로 결말이 날 수밖에 없다.

사람들은 자신이 이기적이지는 않다는 사실을 보여 주기 위해 연출한다. 그것은 사회적 허위 연출이면서 동시에 개인적 허위 연출이기도 하다. 고프만은 낙인을 숨기려는 행위를 '신분 위장'(passing)이라고 표현했다. 사람들은 낙인이 된 이기심의 노출 정도를 조절하면서 자신을 교묘하게 위장하며, 어떨 때는 이타성을 먼저 습득해서 타인을 속이거나 자신을 속이기도 한다. 비밀이 된 자신의 이기심을 이타심으로 포장하면서 다른 사람들이 자신의 이기심을 눈치채지 않을까 조바심을 내며 위선적으로 행동하기도 한다. 이기심은 자신도 어쩔 수 없이 자연발생적 수준에 놓인 것임에도 끊임없이 인위적인 강제와 억압을 받아야 한다. 이기심으로 벌어지는 온갖 일들이 고통이고 비극 그 자체이다.

　이기심은 항상 통제의 대상이다. 통제에서 벗어나는 유일한 방법은 이기심을 은폐하는 것이고, 어쩔 수 없는 경우에는 노출의 수위를 조절해야 한다. 고백의 방식으로 자신의 이기심을 털어놓기도 하고, 다른 사람도 이기적일 수밖에 없다는 사실에 안심하기도 한다. 이기심은 가끔 폭로나 발설의 방식을 취하면서 자신을 긍정적으로 바라보게 한다. 하지만 사람들은 자신이 이기적이라는 사실을 인정하면서도 그것을 애써 드러내지 않는다. 자신의 이기심으로 괜한 긴장이나 갈등을 만들지 않으려고 하며 사람들에게 불필요한 오해를 사지 않으려고 한다. 이기심이 인간관계에서 일어나는 인간적 요소라는 사실만 조심스럽게 받아들일 뿐이다. 하지만 이기심을 숨기면서 살아가는 일은 힘들다. 이기심은 사람들과 관계 맺기를 안정적으로 할 수 없게 만들고 사람들을 끝없는 불안으로 이끈다.

　이기심은 생명 보존의 방어기제일 수 있다. 그것을 옹호하고 변명하는 역사도 오래되었다. 하지만 이기심에서 따라 나오는 옳고 그름의 논의를 떠나 이기심이 적용되는 크기를 생각해 보자. 이기심이 '나쁜' 이유는 그 적용 크기가 개인의 몸에만 한정될 정도로 작아 타인에 대한 사랑과 희생, 보살핌으로 나아갈 수 없다는 데 있다. 이기심은 철저히 남들과의 관계에서만 부정적으로 작용하므로 관계 설정 자체가 불가능하다. 타인들과의 관계가 확장될수록 이기심은 뒤로 물러난다. 자신이 시시해지거나 사소해져 어느 날 익명이 되는 것을 받아들인다면 몰라도 이기심 하나로 세상에 나갈 수가 없다.

　이기심을 사회화하는 과정에서 이기주의가 만들어졌지만, 이기심을 사회 전면에 내세울 수 없었던 이유는 이기심으로 사회를 안정적으로 지속할 수 없기 때문이었다. 이기심의 영역을 개인의 몸 크기에 맞춰 구성하는 것이 자연스러워도 사회라는 규모에서는 적용되지 않는다. 이기심의 크기가 너무나 작기 때문이다. 이 문제를 해결할 수 있을까. 자기 몸의 경계를 벗어나 타인과의 관계에 초점을 맞출 수 있을까. 그보다 먼저 할 일은 자신의 이기심을 제대로 바라보는 일일 것이다.

이기심 직면하기

　이기심이 낙인이 되지 않으려면 이기심을 마음 편히 받아들일 수 있어야 한다. 이기심의 은폐가 오히려 불안의 요인이다. '윤리적 불안'도 이기심을 감추거나 위장하는 데서 시작하며, 그것은 신경증적 불안으로 전이되어 사회 적응을 어렵게 하고 사회 불안으로 점화된다. 사회 불안은 타인에게 부정적인 평가를 받을 수 있다는 두려움에서 생겨난다. 사람들 앞에 나서지 못하고 같이 어울리지 못한다. 많은 경우 우리는 다른 사람의 평가를 두려워하며 타인에게 인정받지 못할까 봐 괴로워한다. 이런 불안 증세를 그대로 둔 채로는 타인과의 정상적인 관계가 불가능하며 타인을 윤리적으로 대할 수 있는 길도 차단된다. 세상일에 관심을 두고 긍정적으로 개입하려고 해도 선뜻 나설 수 없다. 신경증을 동반하기도 하는 사회 불안을 막으려면 자신의 이기심을 적정한 거리를 두면서 자신에게 지나치게 밀착되지 않도록 객관적으로 직면할 수 있어야 한다.

자기와의 거리두기는 일종의 경계 교차로서 '이기적 자아'를 앞에 놓고 경계를 조금씩 넘나들며 적정 거리를 탐색하는 것을 말한다. 만약 이기심을 들여다보기가 쉽지 않다면 먼저 가족 안에서 발생하는 '이기심의 안정권'에서 벗어나 지나친 애착 또는 의존에서 빠져나오는 것이 좋다. 가족은 자기만큼이나 친숙한 존재이지만 어떤 면에서는 가시화된 자기일 수 있으므로 이기심의 탈출 방식을 연습하는 데 유효하다. 한 몸처럼 느껴지는 가족들과 적절한 거리두기만으로는 이기심 문제를 모두 해결할 수 없으므로 좀 더 적극적인 자기 분리 연습이 필요하다.

이를 위한 방법이 자기 분화와 자기 수용이다. 가족 체계 안에서 자기 분화는 "아이가 가족의 일부분으로 자라나 정서적으로 분리된 인간으로 성장하여 그 자신을 위해 생각하고, 느끼고, 행동하는" 것이다.[65] 아이에게 엄마는 욕망 그 자체이며 이기심이 재현된 존재이기 때문에, 이기심의 사회화라는 맥락에서 보면 아이가 엄마에게서 떨어져 나가듯이 이기심에서 빠져나오는 것이다. 정상적인 아이라면 성장하면서 자신의 이기심을 인지하고 대상화하면서 스스로 객관화할 수 있는 능력이 생기고 안정감도 느낀다. 이런 분화 수준이 높을수록 자제력을 가지고 가족에게 무의식적으로 의존하려는 경향도 줄여 나갈 수 있다. 가족 체계 안에서는 이기심이 서로 섞이는 현상이

---

65. M. E. Kerr, M. Bowen, 『보웬의 가족치료이론』, pp.122-123.

자연스럽지만 분리 노력이 없으면 제대로 된 자기를 알 수 없다. 이기심도 마찬가지로 직면하는 순간 그것과 분리될 수 있다.

윤리적 불안도 이기심을 객관화할 수 없어서 생기는 것이므로 타인과의 관계 맺기에 앞서 자신의 이기심을 강하게 의식할 수 있어야 한다. 이를 위해 자기 분화와 함께 자신을 있는 그대로 받아들일 줄 아는 수용의 자세가 요구된다. 자기 수용은 자신을 만족스럽게 받아들이는 데서 시작하는데, 이기적 생각과 행동을 온전히 받아들이고 타인의 평가도 온전히 받아들여야 이기심을 '용서'할 수 있는 자신감도 생긴다. 이기심이 싫다고 해서 감추려고 하거나 가식적인 행동을 계속하면 사회화 과정에서 당당하게 나설 수 없고, 끝내 자기 부정이나 자기 비하에 빠질 수밖에 없다. 자신의 이기심을 인정하는 것만큼 최상의 선택이 있겠는가. 인간관계도 자신을 있는 그대로 받아들이고 자신을 좀 더 알아가면 더 좋아진다. 있는 그대로 받아들인다는 것은, 결국 관계 맺기를 위한 조건을 마련했다는 뜻이며 이기심 노출로 인한 불안을 낮추고 관계 결핍을 해소했다는 뜻이다. 타인과의 관계에서 자주 노출되는 이기적 자아를 인정할수록 관계 맺기에 정상성을 유지할 수 있다. 자의식을 잘 챙기면서 타인과 연결할 수 있어야 한다. 자기 분화와 자기 수용은 '타인과 함께하는 나'인 관계적 자아로 전환할 수 있는 역량이다. 자기 정체성을 유지하면서도 타인과 연결되려면 '따로 또 같이'라는 말이 가장 적절하다. '따로'와 '같이'가 각각 한 번씩 전경이 되었다가 배경이 되는 게슈탈트적인 삶의 태도일 것이다.

그럼에도 여전히 남은 미해결 과제는 타인과 관계 맺는 과정에서 내가 만들어지는가 아니면 내가 어느 정도 완성되어야 관계를 잘 맺을 수 있는가이다. 다시 말해 자기 분화가 타인과의 관계 과정에서 만들어지는 것인지, 아니면 순전히 개인적인 관계 맺기의 조건으로만 있는 것인지는 여전히 의문이다. 그러나 객관적으로 자신의 이기심을 볼 줄 알며 '있는 그대로'의 자신을 받아들일 줄 아는 태도를 통해 이기심이 조금씩 조정되는 것은 분명하다. 남은 일은 그것을 실천에 옮기는 것으로서 스스로 결정하고 자신을 격려하면서 선택하고 책임을 지는 데 있다. 앞서 논의했던 레비나스 윤리의 수동성과 비대칭성도 그것이 실질적으로 기능하려면 윤리적이고자 하는 의지와 능력을 도울 수 있는 자기 격려가 필요하다. 책임 의식은 비록 타인에게서 시작했더라도 스스로 책임을 질 줄 알고 그런 역할을 할 수 있도록 끊임없이 자신에게 용기를 북돋우는 것이다.

사람들은 보통 자기에게 최적화된 관계 맺기를 할 줄 알며, 그에 따라 선택하고 결정하면서 행동하고 그 행동에 따라 자신의 관심과 욕구를 조절한다. 이 과정을 통해 자율성과 자존감을 높여 책임의 주체로 나서는 힘을 만든다. 남은 한 가지 일은 그런 자기를 따뜻한 마음으로 대하는 것이다. 이기심으로 벌어지는 일들이 마냥 좋을 수 없지만 그렇다고 손을 놓고 기다릴 수는 없다. 그것은 어디까지나 극복의 문제이다. 자신에게 힘을 보태고 용기나 의욕을 솟아나게 하는 것, 그리고 힘들고 어려운 일이 발생할 때마다 원인 찾기에 매몰되거나 자포자기하며 절망하지 말고 자기를 격려하는 것이다. 그 과정에서 스스로 변화할 수 있는 힘이 생기고 타인과의 윤리적 관계 맺기에 나설 수 있다.

자신을 돌아보고 성찰하는 일에 익숙하지 않으면 인간관계도 피상적으로 흐른다. 대신에 자신의 이기심을 직면하면 믿음과 신뢰가 생겨난다. 자기를 도울 수 있는 용기는 타인을 도울 수 있는 용기로 나아가고, 사회적 책임 의식으로 상승할 가능성을 열어 관계 윤리의 최전선으로 나아갈 수 있다. 이기심을 직면하고 자기 밖의 관심으로 나아가자. 자기 분화와 자기 수용, 그리고 자기 결정과 자기 격려의 태도는 타인에게 가기 위한 힘이다. 자신의 이기심을 먼저 직면할 수만 있어도 관계는 살아나고 빛을 볼 수 있다. 관계는 타인에게서 오지만 그것을 실현하는 힘은 자기에게 있다. 관심의 정도도 이런 역량이 상승할 때 가능하다.

정직

이기심을 직면하는 게 쉽지 않은 이유는 자기 이해에 대해서 대체로 소극적이며 관습적이고 무비판적이며 자신의 일상성에 만족하기 때문이다. 여기에서 빠져나오는 방법은 타인을 의심 없이 자신 있게 의식하는 것이다. 타인에 대한 의식화는 자기 내면을 강화하는 데 도움이 되고 자기 이해의 조건이 되어 자신의 욕구와 행동에 대해 책임지게 한다. 이렇게 만들어진 이해야말로 진정한 의미에서 개인의 개성화와 자기실현을 가져올 것이다.

자기 이해의 핵심은 무엇일까. 아마도 정직일 것이다. 정직은 오랫동안 아날로그적인 윤리 덕목이었지만, 타인을 만나는 힘이 되며 자기 분화, 수용, 결정, 격려를 위한 덕목이기도 하다. 정직이 최선의 방책이라는 말이 있듯이 정직은 이런 심리적 작업을 위한 조건이 되어 자신을 객관적으로 들여다보게 한다. 정직하면 자기 의식이 명료해져 자기 안의 '윤리적 공론장'을 구성하기가 쉬워지고, 관계 맺기의 의지가 수반되어 타인에 대한 세심한 관찰로 이어진다. 무엇보다도 자기 주위에서 일어나는 관계 평가가 정확해지고 탄력을 받아서 타인 이해가 쉬워진다.

정직은 타인에게도 적용된다. 낯설고 모르는 사람에 대해 불필요한 의심을 키우지 말고, 의심할 만큼만 의심할 줄 아는 자제력에 더해 아주 사소한 손해는 포기하고 감수하는 것도 괜찮을 것이다. 타인에게 도움이나 친절을 주는 방법은 의외로 간단하다. 낯선 사람이 길을 물으면 나도 언젠가 그런 처지에 놓일 수 있다고 생각하고 친절하게 답해 주면 된다. 정말 쉽고 안정된 추론 방식이지 않은가. 사회생물학에 따르면 가족 외부의 사람들에게는 조금의 희생도 하지 않는다고 하지만, 실제로 앞서와 같은 간단한 추론은 얼마든지 가능하다. 이것은 윤리가 아는 사람에게서 모르는 사람으로 확장되어 가는 방식일 수 있다. 친절하다고 해서 크게 손해 볼 것도 없으며 착하다는 소리를 듣는 것은 더욱 손해가 아니다. 오히려 사람들을 편하게 대하고 아량을 베푸는 일은 이익이 될 여지가 더 많다. 이런 태도가 우리를 낙관적이고 긍정적으로 만들며 긴장된 인간관계를 풀어 준다.

사람을 믿지 못하면 불안하다. 불안은 불신을 부추기고 다시 불신은 불안을 증폭시킨다. 인색하게 굴지 말고 너그럽게 마음의 여유를 가지고, 혹 속지나 않을까 하는 걱정이 들면 상대의 말씨나 행동에 조금만 유의하면 된다. 그것마저 어렵다면 그저 포기하고 한 번 크게 믿어 주는 수밖에 없다. 자신뿐만 아니라 그들에게도 정직해지는 것이다. 그 사람이 어떤 식으로든 같이 지내야 할 사람이라면 더욱 그렇다. 그 사람도 나만큼이나 나를 경계하고 있을 테니 누군가는 먼저 마음을 놓고 너그러워져야 한다. 마음이 편해지고 안정되면 오히려 자신을 더 잘 보살필 수 있지 않겠는가.

이타적으로 행동하기가 어려운 까닭은 지나친 경계심 때문이다. 슈테판 클라인은 "대가가 있으면 무슨 일이든 하고 대가가 없으면 절대 아무것도 하지 않는" 경우를 예로 들면서 이런 사람을 '호모 에코노미쿠스'라고 불렀다.[66] 이런 유형의 사람은 보통 같으면 화를 벌컥 내며 거절했을 작은 물건도 공짜라면 넙죽 받는다. 이들에게 정직해지기는 쉽지 않지만 조심하면 될 일이다. 잠시 번거로울 뿐이지 정직 자체의 효용성이 사라지는 것은 아니다.

어디를 가나 자기만 생각하고 남의 노력에 편승하려는 사람이 있다. 하지만 매사에 자기 이익만 내세우는 사람들이 그럭저럭 살아갈지는 몰라도 그렇게 '잘 사는' 것은 아니다. 자기 이익만 챙기는 모습은 쉽게 탄로 나고 이내 신뢰를 잃어버리고 인간관계에서 쉬이 도태되며 경계심의 대상이 되고 불쾌감을 준다. 이런 사람을 만나면 '한

---

66. 슈테판 클라인, 『현명한 이타주의자』, p.74.

번 속아 주는' 전략을 펴는 정도로도 충분하다. 눈을 질끈 감고 믿어 주려는 태도는 인간관계에서 안정감을 준다. 내가 그들을 정직으로 대하기 때문이다.

공감을 두려워하지 말자

타인의 힘든 모습에 공감하는 일도 어렵지 않다. 어쩌면 정직만큼 이나 자연스러운 인간의 정서일지 모른다. 누군가가 힘든 일을 겪을 때 같이 아파하거나 슬퍼하는 일이 뭐가 어렵겠는가. 공감의 느낌을 애써 숨길 이유도 없고 공감을 약한 정신으로 치부할 이유는 더욱 없 다. 공감은 정신 위생에도 좋다. 슈테판 클라인의 말을 다시 들어 보 자. "공감은 절대로 힘들여 습득해야 하는 복잡한 이성의 능력이 아 니다. 우리가 타인의 마음에 공감하는 것은 음식을 먹고 물을 마시고 숨을 쉬는 것처럼 자연스러운 일이다."[67] 실제로 타인의 불행을 외면 하고 즐기는 행위가 더 힘이 든다. 자기 마음에 울타리를 치는 게 더 어렵다. 공감할 일에는 좀 더 마음 편하게 자신을 열어 두는 게 좋다.

우리는 성인이 되면서 감정을 노출하는 일을 천박하게 생각하거 나 세련되지 못한 것으로 생각해서 손해라고 여긴다. 공감 능력도 그 렇게 애써 숨겨 왔다. 슈테판 클라인은 이를 두고 "자기 인식이 완 벽하다면 고통으로 일그러진 타인의 얼굴을 굳이 직접 볼 필요가 없

---

67. 슈테판 클라인, 『현명한 이타주의자』, p.104.

다.”라고 한다.[68] 공감 능력이 쌓일수록 감정 이입이 여유로워지며 타인의 입장을 자기 것으로 바꿔 생각하는 세련된 자신감이 생긴다. 여기서 잠깐 공감과 관련해 서로 다른 문명권에서 나타나는 ‘입장 바꾸기’의 사례를 몇 가지 모아 보자.

공자는 제자 자공(子貢)에게 살아가며 지켜야 할 말로 서(恕)를 제시하며, “자기가 원하지 않는 일을 남에게 하지 말아라(기소불욕 물시어인, 己所不欲 勿施於人)”라고 했고,[69] 구약성경에서는 “너에게 몸 붙여 사는 외국인을 네 나라 사람처럼 대접하고 네 몸처럼 아껴라.”라고 했다.[70] 유대 랍비인 헬렐은 “네가 싫은 짓은 네 이웃에게도 하지 마라.”라고 말했다.[71] 부처도 “나한테 하기 싫고 불쾌한 일은 남한테도 싫고 불쾌하다. 그러니 나한테 하기 싫고 불쾌한 일을 어떻게 남한테 미룰 수 있을까.”라고 했고, 소피스트 철학자 이소크라테스는 “네가 경험하면 화날 것 같은 일은 남한테도 하지 마라.”라고 했으며, 인도의 마하브라타에는 “네게 고통이 되는 일을 타인에게 결코 시키지 마라.”, 그리고 유대 철학자 마르틴 부버는 구약을 해석하면서 “네 이웃을 사랑하라. 그 이웃이 너와 같기 때문이다.”라고 했다.[72]

이런 표현이 모두 요란한 말 잔치 같아도 거기에는 “네가 취급받

---

68. 슈테판 클라인, 『현명한 이타주의자』, p.111.
69. 『논어』, 위령공 15장 23절.
70. 레위기, 19장 34절.
71. 슈테판 클라인, 『현명한 이타주의자』, p.293, 재인용.
72. 슈테판 클라인, 『현명한 이타주의자』, p.304, 재인용.

고 싶은 대로 타인을 취급하라."라는 공감의 능력과 자신감이 들어 있다. 공감은 사람들과 같이 살아가는 데 필요한 사회화의 요청이지 이웃 사랑의 장식이나 소품 정도가 아니다. 한번 보고 스쳐 가는 익명의 사회에서는 쉽게 얻어 낼 수 없을지 몰라도 조금의 친숙함과 익숙함이 더해지면 쉽게 얻어 낼 덕목이다. 마치 집 밖을 나설 때 옷을 걸치듯이 하면 되고 사람들의 얼굴을 대하면서 적절히 응대할 마음의 여유만 있으면 될 일이다.

간섭하기

우리는 절대 서로가 될 수 없을 정도로 막혀 있는 듯하고 우리 모두 각각의 실존으로 살면서 어떤 본질적인 공통점도 없는 듯하다. 물론 공유하는 부분이 전혀 없지는 않다. 가브리엘 마르셀의 '상호주관성'(inter-subjectivite)이나 에메 포레스트(Aime Forest)의 '공동실존'(coexistence) 같은 개념은 동일할 수 없는 두 사람이 최소한 공유할 수 있는 부분이 있음을 표현한 것이다. 누군가에게 책임을 지는 행위도 상호주관성 또는 공동실존의 효과이자 결과이다. 실존주의자들의 전유물이 된 사르트르의 "실존은 본질에 앞선다."라는 주장은 본래 소통의 불가능성을 예견한 말이었지만, 사실은 희미하게나마 현실 세계에서 사람들 간의 소통의 길을 열어 놓는 말이기도 하다. 그 소통의 현실은 인간이 "관계를 맺을 수 있는 존재"이기에 가능한 것이다.[73]

---

73. 이명곤, 『레비나스와의 1시간』, p.111.

소통의 방식은 다양하지만 3장에서 자세하게 논의할 얼굴을 미리 예시로 가져와 살펴보자. 예를 들어 세상에는 잘 모르는 낯선 얼굴, 불편하고 싫고 미운 얼굴이 있다. 거기에 더해 자신의 속내를 잘 드러내지 않고 속이거나 거짓으로 꾸미는 얼굴도 있다. 이 모든 얼굴 사이를 뚫고 지혜롭게 소통하는 방법은 무엇일까. 아마도 섬세함일 것이다. 먼저 상대의 얼굴을 보려고 노력하는 관심의 태도이다. 다행스럽게도 이런 태도는 자기 안에 이미 있어 피상적인 얼굴 보기만 아니라면 실패할 확률이 거의 없다. 얼굴 보기의 어려움이 있다고 해서 상대를 알 길이 막히지 않으며, 소통이 쉽지 않다고 해서 포기할 이유도 없다. 바로 그 자리에서 효과가 없다고 해서 공유할 영역이 사라지지도 않고 관계 맺기에 절대적 장애도 생기지도 않는다. 얼굴에 번진 작은 미소 하나로도 소통은 가능하다.

에메 포레스트의 '공동실존'이 소통으로 거듭나고 그것이 이타적일 수 있는 요인은 개입 또는 간섭의 역할 때문이다. 마찬가지로 얼굴 보기도 일종의 개입이자 간섭으로서 관계 맺기에 살을 보태는 것이다. 레비나스는 관계를 "한 존재가 다른 한 존재자에게 참여"하는 행위라고 했다.[74] 관계를 맺고 싶지 않으면 간섭하거나 개입하지 않으며, 관계에 참여한다는 것은 그만큼 간섭하고 개입한다는 뜻이다. 간섭의 효과는 크다. 고독이나 허무감도 누군가가 개입되면 그만큼 줄어든다. 간섭 없이는 외로움에서 벗어나기도 쉽지 않다. 하지만 간

---

74. 이명곤, 『레비나스와의 1시간』, p.112, 재인용.

섭이 파괴적이지 않도록 서로 다름에 대해 어느 정도 용인하고 받아들일 수 있어야 한다. 그렇지 않으면 간섭은 자기 뜻대로 몰아가는 식이 되고 만다. 그러므로 좋은 인간관계는 타인에게 간섭하되 그의 뜻을 존중하는 수준에서 진행되어야 하고, 이 점만 조심하면 "참여하면서 서로를 충족(만족)"시킬 수 있다.[75]

자신 안에 머무르지 않고 세상과 같이 있음은 자기라는 무한 반복에서 벗어나 세상 밖으로 나와서 사람을 만나는 것이다. 타인에게 조심스럽게 다가가 다시는 외로움으로 돌아오지 않는 방식으로 사람들을 찾아 나서고, 같이 있음을 강하게 느끼지 않되 타인에게 다가가는 방식을 찾는 것이다. 혼자만의 삶에 익숙해져서는 진정한 만남이 생겨날 수 없다. 다만 이 만남의 방식에 주의하면 된다. 강요나 배제의 낡은 방식이 아닌, 지나친 접촉으로 그와 내가 한 몸이 되어 버리지 않게, 그저 그의 말에 귀 기울이고 가볍게 응답하면서 그리하여 그와 함께 있으면서 적절하게 거리두기를 하면 자기에게로 '되돌아'오는 무한 반복에서 벗어날 수 있다. 같이 있는 방법만 알면 외로움으로 되돌아오는 지루함에서 빠져나올 수 있는 것이다.

함께 살아가야 하는 일상성을 받아들이지 못하면 외로움이라는 자기 회귀를 무한 반복한다. "타자와 만나고 관계하는 일이야말로 바로 우리가 사는 일"이기 때문이다.[76] 우리에게 구원은 자기 밖에 있지

---

75. 이명곤, 『레비나스와의 1시간』, p.115.
76. 박남희, 『레비나스, 그는 누구인가』, p.164.

자기 안에 있지 않다. 그 구원을 위해서는 사람의 얼굴을 볼 줄 아는 것보다 더 좋은 게 없다. 비록 그 얼굴이 "정이 끌리지 않더라도 사귐의 바탕"이 되기 때문이다.[77] 자신의 밖이 두렵고 싫더라도 밖으로 나와야 한다. 밖으로 나올 수만 있다면 자신을 사랑하라는 세상의 요청을 듣고 그 세상에 머물 수 있다.

관계를 맺지 않는 삶이란 불가능하다. 관념적으로는 고독한 삶을 상정할 수 있을지 몰라도 현실에서는 고독도 관계를 전제로 한다. 관계가 없었다면 고독이 있었겠는가. 우리가 지난 몇 해 동안 코로나19로 비대면 사회에 잠시 익숙해졌다고 해도 관계를 상실한 것은 아니다. 직접 대면의 횟수가 줄었을 뿐이다. 모든 인간관계가 직접 대면으로만 이루어질 수도 없다. 직접 대면이 아니라고 해서 공유와 위로가 없어진 것도 아니고 관계의 요건인 친밀성이 사라진 것도 아니다. 온라인상으로도 대화를 나누고 문자를 주고받으며 관계를 유지했다. 누구는 코로나19로 "과잉 대면을 걷어 내는 절호의 기회"가 왔다고 말할지는 모르지만 "사람과의 친밀성은 더 강해질 것이며, 인간관계는 전보다 깊어지고 충만해질" 것은 분명하다.[78]

접촉과 친밀

얼굴 보기로 상징되는 직접 만남의 백미는 접촉과 친밀성이다. 접

---

77. 박남희, 『레비나스, 그는 누구인가』, p.166, 재인용.
78. 주기화, 『비대면』, p.17.

촉하면서 서로 얼굴을 보고, 포옹으로 온기를 느끼고 체취를 맡는다. 신뢰와 유대감도 접촉에서 나온다. 접촉과 친밀성의 실질적 매개는 우리의 몸이다. 몸으로 관계의 수준을 높여 나간다. 사람들의 관계는 이성적이기보다는 몸으로 부대끼는 다양한 감각으로 이루어진다. 정서나 공감 능력도 접촉과 친밀성이 없다면 얻기 어려우며, 배려나 염려, 관심도 직접 만남의 상황에서 더욱 활성화된다. 이런 접촉과 친밀성의 최전선에 얼굴이 있다.

흔히 디지털 휴먼의 아바타 얼굴은 가짜 얼굴이라고 하지만, 디지털 휴먼도 "인간의 감성을 읽고 정서적 대화가 가능한 진짜 인간을 대체하고 있는 존재"들이다.[79] 기계가 얼굴을 대체한 가짜이든 아니든 얼굴을 대체하고 있다는 사실이 중요하다. 진짜 문제는 디지털 연결이 많아지는 초연결 사회가 "사람들을 갈수록 외롭고 우울하게" 만드는 데 있고, 현실 세계에서 찾을 수 있는 "우정과 헌신"을 점점 더 기대하기가 어렵다는 데 있다. "사람과 사람이 직접 가까운 거리에서 신체적으로" 관계하지 않고 "포옹과 신체적 접촉"이 없는 데서 몸은 우울해진다.[80] 몸이 무거워져 피로감이 더 커지는 것이다. 안전과 보살핌, 애착과 공감, 그리고 유대감은 모두 신체적 접촉으로 시작되어야 하는데 그렇지 못하다.

공감은 "얼굴을 마주한 사람이 뛸 때 같이 뛰고, 웃을 때 따라 웃

---

79. 주기화, 『비대면』, p.70.
80. 주기화, 『비대면』, pp.73-78.

고, 울 때 같이 울고, 하품할 때 따라서 하품하는 동일화"에서 시작하며, "서로 얼굴을 맞대고, 기대고, 손을 잡고" 몸으로 대응하는 과정에서 시작된다. '신체의 일치화'가 일어나야 제대로 된 접촉이며, "자기도 모르는 사이에 주변 사람의 신체에 들어" 갈 확률도 높아진다. 그래야만 상대를 "더 정확히 읽어 내고 목소리에 더 잘 반응하고, 양심의 가책을 더 크게" 느낄 수 있다.[81] 접촉이 없으면 양심도 친밀성도 생기지 않는다. 접촉이야말로 순수하고 자연스럽고 정직하다. 이 속에서 만들어지는 윤리는 주어지고 관습화된 그 어떤 윤리보다 견고하며 쉽게 부식되거나 흩어지지 않는다. "내 몸을 만지도록 내어 주고 다른 몸을 만지는" 윤리가 생겨나는 것이다.

이제 남은 일은 접촉을 두려워하지 않는 것이다. '접촉 포비아'(Haphephobia)는 접촉을 회피하고 극도로 두려워하는 현상이지만 이런 두려움은 극복해야 한다. 접촉하지 않음은 도시적 삶에서 세련미를 더할 수는 있을지 몰라도 사람들의 만남을 점점 더 어렵게 만들며 혼자 있는 삶에 정당성과 합리성을 제공한다. 거기에 더해 디지털 세계가 혼자 사는 삶의 방식을 안정적인 것처럼 부추기는 상황에서 자칫 무접촉이 더 나을 것이라는 생각마저 들게 한다. 하지만 무접촉이 질병이 아닌 적이 없었다. 무접촉이 새로운 삶의 트렌드인 듯해도 언젠가는 외로움의 세계로 진입할 수밖에 없다. 어떤 도움이나 보살핌도 받을 수 없는 절망과 포기의 상태가 된다.

---

81. 주기화, 『비대면』, pp.84-87.

길을 지나는 사람들의 얼굴은 최소한의 접근도 허락하지 않을 정도로 굳어 있고 말을 걸 수 없을 정도로 경직되어 있다. 하지만 이 모든 혼자만의 아우라도 겉으로만 그렇게 보일 뿐 속내는 허약하고 취약하다. 누군가가 가까이 다가와 웃음을 짓거나 말을 걸면 당황해서 어찌할 줄을 모른다. 낯선 사람이 자신에게 말을 걸어오리라 예상하지 않았고 기대하지도 않았기 때문이다. 우리가 애써 가지고자 했던 혼자만의 삶은 의외로 허약한 것인지도 모른다.

지금 우리는 정신사적으로 진화의 극점에 살고 있는 듯하다. 배려와 책임, 공정과 정의와 같은 덕목이 지금처럼 중요시된 시대가 있었던가. 윤리의 극점에서 타인을 설정한다는 것은 이전에는 없었던 새로운 시도이다. 타인 이해에서 출발하는 배려 덕목이 새롭게 추가되고 '나의 자유'보다 '타인의 자유'를 강조하는 일도 없었다. 이제 본격적인 타인 이해를 위해 얼굴에 대한 긴 서사로 들어가 보자.

3장

얼굴

ETHICS

ETHICS

얼굴은 다른 사람과 관계를 맺는 시작점이다. 얼굴이 서로 마주할 때 인간관계는 긍정적으로 증폭된다. "얼굴은 체계를 부순다."[82]라는 레비나스의 말처럼 얼굴은 사람들이 서로 가까이 다가갈 수 있는 길을 열고, 서로 근접하면서 내면 노출을 뚜렷하게 한다. 얼굴이 지닌 조형적 형식을 너머 "얼굴의 본원적 자리"가 마련된다.[83] 그러므로 '얼굴을 마주한다' 또는 '얼굴을 본다'라는 말에는 겉모습의 얼굴뿐만이 아닌 얼굴 안의 모습을 본다는 이중적 의미가 있다. 얼굴을 통해 얼굴 안을 들여다보려고 하는 것이다.

레비나스가 얼굴을 인간의 겉모습으로만 보지 않으려는 이유는 얼굴에는 "○○에 대한 사유나 재현이 아니라 단적으로 ○○을 위한 사유"가 들어 있기 때문이다.[84] 이 인용 빈칸에 들어갈 말은 바로 '타인'이다. 진정한 얼굴 보기는 타인의 내면에 관심이 없다면 아무 소용이 없다. 그리하여 얼굴은 타인과 '같이 하고자' 하는 강력하고 역동적인 의지이자 지향의 장소가 된다. 한 사람이 아닌 두 사람이 함께하면서 윤리가 만들어지는 것이다. 그렇다면 도대체 얼굴이 무엇

---

82. 에마뉘엘 레비나스, 『우리 사이』, p.62.
83. 에마뉘엘 레비나스, 『타자성과 초월』, p.47.
84. 에마뉘엘 레비나스, 『타자성과 초월』, p.162.

이기에 우리 삶을 윤리적으로 만드는 것일까.

1. 얼굴의 기호학

피부가 두꺼운 껍질이나 가죽으로 변화한 때는 고생대의 첫 번째 시기이자 생물 다양성이 급격히 증가하는 캄브리아기라고 한다. 동물들은 몸의 신체 손상을 피하려고 두꺼운 껍질을 만들어 냈다. 그중에서 얼굴은 신체의 다른 어떤 부위에 비해 껍질이 두껍다. 특히 사람의 얼굴은 물리적 보호를 넘어 심리적 자기 보호 기능으로 변화하면서 먹고 먹히는 생존의 현장에서 지속적으로 진화해 왔다. 얼굴을 '가리기' 위해 얼굴을 '가지고' 있을 정도로 얼굴의 수많은 표정도 어쩌면 상대가 쉽게 자신을 알아보지 못하도록 하는 데 있다. 그리하여 얼굴은 자기중심의 수준을 높이고 방어기제가 되어 어떨 때는 적극적이고 공격적인 태도를 지어낸다. 얼굴의 윤리를 펼치기 전에 먼저 얼굴이 지닌 특성을 기호학적으로 풀어내어 얼굴의 위치, 얼굴의 신적 속성, 그리고 그것의 지표적 의미를 알아보자.

얼굴이 말하다

얼굴은 늘 전면에 있다. 얼굴 뒷면은 앞면과 이어져 있지만 얼굴은 아니다. 머리 앞면의 얼굴과 머리 뒷면의 차이는 크다. 머리 뒷면은 어둡고 모호하며 사람의 그 어떤 특징도 없다. 차이의 정도가 너무 커서 머리의 앞면이나 뒷면을 대조할 필요가 없을 정도이다. 다채로움, 선명도, 명암의 윤곽 등이 얼굴 앞의 모습이다. 얼굴은 머리의 앞면에 나와 있기에 볼 수 있으며 보고자 하는 욕망을 불러일으킨다. 또한 신체의 가장 밝은 곳으로 한 개인이 지닐 수 있는 모든 경외심을 지닌다.

얼굴이 미래로 간주된다면 뒷면은 과거이며, 얼굴이 성(聖)의 공간이라면 뒷면은 속(俗)의 공간이기도 하다.[85] 이렇게 큰 대조로 인해 우리는 아예 얼굴 뒤에 뒷면이 있다는 사실조차 잊어버린다. 그러므로 사람의 얼굴을 본다는 것은 한 인간의 밝음을 본다는 뜻이며, 그가 지닌 의지와 삶의 긍정적이고 미래적인 지향까지 본다는 뜻이다. 그에 반해 얼굴의 뒷면은 어둠, 무관심, 과거이다. 하지만 얼굴을 보지 않으면 얼굴 뒷면이 지닐 수 있는 부정성이나 소극성마저 잊어버리게 된다.

'얼굴을 본다'라는 표현과 같이 대화를 나누고 눈웃음을 짓는 행위는 타인을 직접 대면하며 동시에 타인에게 방향성을 두고 상대의 모든 것을 의식화한다는 뜻이다. 하지만 얼굴 보기는 문법적으로 비유하자면 수동태에 가깝다. 얼굴을 보는 주체는 비록 우리이지만 실제로는 그의 얼굴이 보이기 때문에 그의 얼굴을 본다. 다시 말해 그의 얼굴이 우리 앞에 있는 것이지 우리가 그의 얼굴 앞에 있지 않다. 이는 얼굴 보기가 능동적 행위인 듯해도 실제로는 상당한 수준에서

---

85. 이-푸 투안, 『공간과 장소』, p.72.

수동적이라는 뜻이다. 그의 얼굴이 보이지 않으면 우리는 그를 볼 수 없듯이 얼굴은 더 이상 외면할 수 없도록 자신을 보기를 원하고 있다. 레비나스는 얼굴이 지닌 적극성이자 우리가 얼굴을 볼 수밖에 없는 수동성을 다음과 같이 말한다.

> "얼굴은 지배권이고 무–방비 자체이다. 내가 얼굴에 다가갈 때 얼굴은 무엇을 말하는가. 나의 시선에 노출된 이 얼굴은 순간 해제된다. 얼굴의 용모가 어떠하건, 이 얼굴이 중요하고 특별한 인물에 속하건, 아주 단순한 모습의 인물에 속하건 말이다. 이 얼굴은 그것의 벌거벗음에서 노출된 것과 같다. 얼굴이 주는 용모 아래 그의 모든 약함이 터져 나오고, 동시에 그의 필멸성이 솟아오른다. (…) 아무런 의지처도 없이 방비도 없이 자신의 약함과 필멸성 속에서 노출된 타자의 이 얼굴은 또한 나에게 '죽이지 말라'고 명령하는 얼굴이다." (에마뉘엘 레비나스, 『타자성과 초월』, pp.125-126.)

이처럼 얼굴은 나의 존재가 순전히 나만의 것이 아니라는 사실을 말해 준다. 얼굴은 나의 얼굴이지만 누군가가 보는 얼굴이며 타인의 얼굴도 그의 얼굴이기 이전에 내가 보는 얼굴이다. 그러니까 우리는 서로의 얼굴을 보며 산다. 얼굴은 서로를 보는 사이의 어딘가에 놓여 있으며 고정된 장소로서 일정하게 자리해 있지 않다. 얼굴은 시각적 마주침이 발생하는 순간에 발생하는 관계에 가깝다.

"내 얼굴은 나의 것이지만 결국 타자가 읽는다, 본다, 뜯어 먹는다.”라는 말처럼 얼굴이 관계를 메꾸어 준다. 개인적인 얼굴은 사회적인 얼굴로 바뀐다. “얼굴은 다른 사람이 읽어 가도록 의도된 것이다. 그것은 책과 같다.”[86] 다만 그 책은 시늉의 수준이 아니라 자세히 들여다봐야 할 정도로 난해한 책일 것이다. 그런 책은 읽기가 쉽지 않듯이 얼굴도 파악하기가 어렵다. 얼굴은 마치 “규칙 없는 문장”[87]으로 가득 찬 텍스트와 같아 대충 보는 것으로는 부족하며, 상당한 노력을 기울여 읽어 내야 하는 어떤 것이다. “얼굴은 욕망의 최전선이다.”라는 말처럼 우리의 감정 욕구에 따라 변화를 거듭한다.[88] 그러므로 얼굴은 중첩될 수밖에 없고 하나의 표정으로 끝나지 않는다.

얼굴은 사람들과의 관계에서 여러 모습으로 나타난다. 사람의 신체 중 이렇게 변화가 심한 기관도 없을 것이다. 얼굴은 자신도 모르게 변한다. 언제 웃었는지 언제 화를 냈는지 모를 정도이다. 그러므로 셀 수 없고 난해해서 읽어 내기가 어렵다. 하지만 이 모든 어려움에도 얼굴은 말한다. “얼굴은 많은 이야기를 떠올려주는 매개”로서 “스스로 모든 것을 누설”한다.[89] 우리의 내밀한 이야기가 유출되고 발설되는 곳이다.

---

86. 박영택, 『얼굴이 말하다』, p.56.
87. 박영택, 『얼굴이 말하다』, p.142.
88. 박영택, 『얼굴이 말하다』, p.231.
89. 박영택, 『얼굴이 말하다』, p.80.

스쳐 지나는 얼굴

얼굴은 사람들의 관계를 맺어 주는 가장 일차적인 매개체로, 얼굴이 없다면 관계 맺음을 제대로 할 수 없다. 누구를 안다는 것, 누구와 시간을 같이 보냈다는 것 등 만남과 이별의 사건은 모두 얼굴의 서사 때문이다. 박영택은 "내 얼굴은 결국 그 누군가와 함께였고 우리 삶은 무수한 인연의 그물망, 관계로 이루어진다."라고 했다.[90] 이때 얼굴은 유난히 크게 그려진다. 누구를 기억할 때는 얼굴로 가득 채워지며 이때 얼굴은 결코 작지 않다. 한 사람의 전면을 대신하고 그의 모든 것을 대치한다. 하지만 우리가 일상으로 만나는 낯선 얼굴, 전철이나 버스에서 또는 길거리에서 스쳐 지나는 얼굴은 절대 크게 그려지지 않는다. 연극 무대의 작은 소품 수준으로 떨어지며 감정의 색채도 드러나지 않고 낡은 흑백사진처럼 무미건조하다. 그리하여 스쳐 지나간 사람의 얼굴이 흐릿하게 내 옆을 지나갔을 정도이다.

얼굴이 관계 맺음의 매개가 되려면 뚜렷하고 선명해야 한다. 세월이 갈수록 사람의 기억에서 유독 흐릿하고 희미해지는 것도 얼굴이 아니던가. 이런 상황을 우리는 일상에서 늘 '겪거나 당하고' 있다. 굳이 애써 기억하지도 않을 얼굴을 마치 일상처럼 본다. 만약 한적한 곳에서 살면서 한둘밖에 없는 이웃을 만나면 그의 얼굴은 커다란 그림처럼 다가오겠지만 불행히도 우리 현실에서는 거의 불가능하다. 스쳐 지나간 사람을 두고 얼굴을 봤다고 하지 않듯이 이 지독한 얼굴

---

90. 박영택, 『얼굴이 말하다』, p.99.

보기의 상투성으로 만남의 의미는 마모되고 손상되어 기억 속에서 영원히 사라진다. "떠올리려야 떠올릴 수 없는 얼굴"이 된다.[91]

사람의 얼굴은 불완전하다. 속내를 드러내지 않고 감추거나, 아니면 공격적으로 누군가에게 위해를 가하려고 하기 때문이다. 하지만 간혹 만나는 아는 이웃의 얼굴은 자기 속임이나 위협의 정도가 약하다. 왜 우리는 낯선 사람에게 좀 더 편안한 얼굴을 지을 수 없을까. 모른 척하는 버릇이 오래되어 습관이 된 탓일까. 보지 않기 위해 아니면 속지 않으려다 어느새 공격적으로 되었는지도 모른다. "얼굴을 감추고 타인의 시선이 얼굴에 와닿지 못하도록 은폐하고 억압하는" 일을 본능처럼 한다.[92] 자기 속임과 위압에 익숙해졌음이다. 물론 우리가 서로 말할 기회가 있고 관계 맺을 수 있는 계기가 있었다면, 그런 은폐와 억압의 부정적 얼굴은 없었을 것이고 친근과 편함의 얼굴로 바뀌어 있었을 것이다.

일상에서 마주하는 얼굴은 "보이다가 사라지고 다시 보이기를 거듭한다."[93] 누군가의 얼굴을 순간 보고는 이내 지운다. 만약 관심이 있다면 한 번 더 보고 더 오래 보기도 할 것이다. 하지만 관심이 없다면 그 얼굴은 이내 잊힌다. 보았지만 본 것이 아닌, 지나치고 돌아서면 사라지고 마는 얼굴이다. 우리는 이런 일을 매일 반복하며 쉽게 보고 쉽게 잊는 얼굴 보기에 익숙해 있다. 얼굴 보기가 은폐와 억압,

---

91. 박영택, 『얼굴이 말하다』, p.109.
92. 박영택, 『얼굴이 말하다』, p.164.
93. 박영택, 『얼굴이 말하다』, p.187.

그리고 기만과 위압이 되는데도 싫증을 내지 않는다. 스쳐 지나는 ‘무의미한 얼굴 보기’를 끊임없이 계속한다.

일상의 얼굴은 반복과 습관을 거듭하며 상투화된다. 복제된 얼굴이다. 얼굴의 일상성을 높이는 요인에는 머리 스타일, 얼굴 화장, 의상, 액세서리에 더해 걸음새와 손짓발짓의 동작도 한몫한다. 얼굴을 감싸는 물적 장식이나 사회적 아우라가 커질수록 얼굴 본연의 모습은 안으로 숨어들고 초라해진다. 그런 얼굴은 무미건조하고 차갑기조차 하다. 얼굴이 말할 수 있어야 하는데 그렇지 못하고 무언가가 상실되고 손상된 상태로 남는다.

만약 얼굴이 의복 같은 외피 때문에 표정의 다채로움이 없어져서 가면을 쓴 듯하다면, 또는 죽은 사람에게서 나오듯 어떤 표정도 없다면 어떻게 할 것인가. 물론 우리 얼굴은 가면을 쓰지도 않고 절대 죽어 있지 않고 각각 나름의 표정으로 길을 걷는다. 문제는 낯선 사람을 바라보는 만남의 얼굴에 있다. 마치 마스크를 쓴 듯하고 죽은 듯하다. 냉정함도 차가움도 아닌 무관심의 얼굴이다. 얼굴은 살아 있음을 대신하고 기만이나 속임이 아닌 최소한의 정직을 드러내는 곳이어야 함에도 어떤 눈 맞춤이나 표정의 변화도 없다.

사람들은 실제로 얼굴의 일상성을 의도적으로 만들지 않는다. 무표정이 사회적 장애가 된다는 것도 알고 온종일 한 가지 표정으로만 지내고 싶어 하지도 않는다. 하지만 여전히 낯선 사람들 속에서 굳이 표정을 바꿔야 할 이유를 찾지를 못한다. 아무도 자신을 의식하지 않기를 바라고 그래야 편할 수 있다고 생각하기 때문인지 모른다. 따지고 보면 무표정도 우리의 잘못이 아니며 진실로 원하는 것도 아니다. 조금이라도 아는 사람을 만난다면 무표정은 씻은 듯 사라지고 반갑게 웃는다. 일상에서 빠져나오는 것이 전혀 어려운 일은 아니다.

얼굴 보기

레비나스가 얼굴 보기를 윤리적 계기로 삼은 과정을 살펴보자. 얼굴을 만나는 방식은 그가 "존재론적 모험"이라고 이름한 익명의 개인이 주체적 개인으로, 그리고 주체적 개인이 타자로 이행되는 방식으로서 존재에서 존재자, 그리고 존재가 타자로 초월해 넘어간다. 레비나스 이전에는 윤리학이 얼굴이라는 신체의 물적 표현으로 전개된 적이 거의 없었기 때문에 그의 "얼굴에서 책임으로"라는 윤리는 아주 독특하다.[94] 그는 얼굴 보기를 통해 타인에게서 '윤리적 사건'을 찾는다. 이 사건을 통해 타인과의 상호 관계를 이루어 내고, 다음으로 책임지는 조건으로서 타인이 중심이 되는 관계를 설정한다. 이런 점은 기존의 전통적 윤리와 확연히 차별된다. 인간이 얼굴을 마주하면서 살아가는 존재라는 사실을 인정한다면 타인의 얼굴은 "나와 상관없는 개별적인 것"일 수 없다.[95] 인간이 혼자 살 수 없듯이 얼굴도 홀로 있을 수 없는 것이다.

얼굴은 인간을 대표하는 신체 기관이면서 동시에 인간을 총체적

---

94. Levinas, *Totality and Infinity*, p.203.
95. 서영이, "상법(相法)의 은유적 변용", pp.6-7.

으로 상징한다. 그러므로 개인의 경험과 욕구, 의도, 그리고 사회문화의 조건이 강하게 개입되고 해석될 수밖에 없다. 예를 들어 얼굴이 슬퍼 보인다든지 힘들어 보인다는 식의 표현은 항상 해석의 차원에 있다. 얼굴을 봄으로써 윤리가 발생한다고 할 때 그 얼굴은 모두 해석될 여지로 가득 차 있다. 사람이 다양한 방식으로 해석되듯이 얼굴도 그러하다. 얼굴이 해석된다는 것은 얼굴이 관계 상황에서 표현된다는 뜻이다. 그런 얼굴은 어느 한 사람에게 속해 있지 않고 공적인 것으로 항상 '나를 떠나' 있을 수밖에 없다.

자기 얼굴을 보자. 나의 얼굴을 내가 예측할 수 없고 표상할 수 없다는 사실은 나의 얼굴에 타인이 언제든지 개입할 수 있다는 뜻이다. 얼굴이 자기 기대와 예측을 벗어나 표현되는 이유도 얼굴에 타인이 연루되어 있기 때문이다. 윤리적 사건의 층위도 관계 맺음의 잠재성 때문이고, 책임 윤리가 성립되는 것도 얼굴의 관계 맺음 때문이다. 책임에는 요청 또는 자극에 응답하고 반응하는 특성이 들어 있다. 누군가의 일에 관여하고 개입할 여지는 얼굴 보기의 이런 특성 때문이다. 얼굴은 개인적 몰입에서 벗어나 타인의 세계로 진입하게 하며, 눈을 맞추고 말하고 대화하게 한다. 얼굴을 마주하는 이 '타인으로 정향'되는 과정은 책임의 모습으로 진화하면서 개인의 폐쇄성에서 벗어나게 한다.

얼굴 보기는 얼굴을 읽어 내는 일이다. 얼굴이 말을 하기 때문이다. 레비나스는 이 과정을 언어 또는 담론(discourse)으로 기술할 수 있다고 본다.[96] 언어나 담론은 말하는 얼굴과 그것을 읽어 내는 사람의 관계를 잘 보여 준다. 레비나스가 "얼굴은 말한다. 모든 말을 가능하게 하고 모든 말을 시작하는 것이 얼굴이다. (…) 참된 관계란 바로 말이다. 그 말은 좀 더 정확히 말한다면 응답이요 책임이다."라고 주장하는 이유도 얼굴의 이런 기능 때문이다.[97] 얼굴은 직접적이고 현실적으로 나와 너 사이를 마주하게 한다. 마주하는 그 순간은 한쪽의 일방적 노력이 아니라 상호적 노력이기 때문에, '부분적으로' 수동적이며 타율적인 힘이 작용한다. 그러므로 얼굴은 한 사람의 의도에만 의존하지 않으며 한 사람이 만든 틀이나 어떤 체계 속에 포섭되지 않는다.

얼굴에는 저항하기 힘들 만큼 호소력이 있다. 예를 들어 얼굴이 보여 주는 시선의 힘을 보자. "시선에 담긴 타인의 얼굴에서 강렬한 윤리적 자극을 체험하는 나를 만들고 그런 나를 유아론적 세계관에서 벗어나게" 한다. 얼굴이 만드는 시선의 힘은 "윤리적 정의를 실천하라는 무언의 명령"으로 나타난다.[98] 시선은 얼굴을 직접 대면하기 때문에 일어난다. 시선은 그 직접성으로 내가 타인을, 또는 타인이 나를 보는 어느 경우에도 '매개 없이 직접' 작동한다. 상대에 대한 동정심이나 양심도 시선 때문에 더 많이 생겨난다. 마르틴 부버가 관계를 맺으려는 어린아이의 본능을 언급하면서, "처음에는 타자를 손으

---

96. Levinas, *Totality and Infinity*, p.195, p.204.

97. 에마뉘엘 레비나스, 『윤리와 무한』, pp.112−113.

98. 김진택, "시선의 현상학적 경험과 봄의 나르시시즘", pp.234−235.

로 접촉해 보고, 그다음에는 타자를 눈으로 접촉해 봄으로써" 관계를
생성한다고 한 것도 시선이 갖는 관계 맺기의 특징 때문이다.[99] 타인
에 대한 이해는 숙고의 과정이라기보다는 오히려 시선의 발견 과정
이다. 타인과 시선을 주고받는 최소한의 행위로도 관심은 발생하며,
눈을 보면서 타인의 욕구를 읽어 내고 '관계의 느낌'을 만든다.

　윤리는 얼굴을 보고 눈을 보는 행위를 통해 발생할 여지가 많다.
시선과의 관계 맺음이라는 구체적 사실로 윤리를 시작하는 것이 맞
다. 얼굴 보기라는 행위, 레비나스의 표현대로라면 "얼굴로 나아가는
것"이 윤리이다. 그는 "남을 만나는 가장 좋은 방식은 그의 눈 색깔마
저 보지 않는 것"이라고 했다. 얼굴은 '뜻'이고 '의미'이며 "붙잡을 수
없는 것"이기 때문이다.[100] 그러므로 얼굴 보기는 얼굴의 개별 감각에
서 얼굴 전체로 확장될 필요가 있다.[101] 물론 레비나스가 얼굴에 어느
정도 관념이나 추상을 주기는 했어도 얼굴의 섬세한 표정이나 구체
성을 무시하지 않는다. 윤리는 시선의 주고받음을 피하지 않는 데 있
으며, 윤리적 실천도 시선을 주고받는 최소한의 능력 또는 태도로 이
루어진다. 이런 점에서 레비나스의 윤리에서는 실천이 다른 어떤 윤
리적 가르침보다 쉽고 빠르다. 시선이 이타적인 행위를 이끌기 때문
이다. "나의 감성에 작용하고 호소하는" 시선에 의해 이타적으로 될

---

99. 마르틴 부버, 『나와 너』, p.46.
100. 에마뉘엘 레비나스, 『윤리와 무한』, pp.109-111.
101. Levinas, *Totality and Infinity*, p.187.

가능성이 생겨나는 것이다.[102] 타인의 눈빛만으로도 이타적일 수 있는 이유가 여기에 있다.

가끔 시선의 회피가 일어난다. 왜 우리는 쉽게 타인의 얼굴이나 시선으로부터 돌아앉는가. 윤리가 나의 자율에 의한 것이 아니라 타인에 의해 시작되는 것이라면 그의 얼굴과 시선은 내가 '받을 수밖에' 없다. 그런데도 회피가 일어나고 무관심이 생기고 그에 따라 비윤리적이고 나쁜 행위가 일어난다. 이렇게 되면 우리는 윤리적으로 되기 위해 또다시 형이상학적 시도와 도덕적 계몽을 요청하게 된다. 얼굴 보기는 윤리 발생의 충분조건이 되지 못하고 다른 외적 조건을 채우는 것으로 끝나며, 얼굴 보기라는 구체적이고 실제적인 접근의 한계를 의심하게 된다. 레비나스의 얼굴 윤리학에서 '신의 얼굴'이라는 형이상학적 채워 넣기가 만들어지는 이유이다.

논쟁: 신의 얼굴

"얼굴을 보면 윤리가 발생한다."라는 말은 말 그대로 구체적인 이웃 사람의 얼굴일까, 아니면 사람의 얼굴이되 신의 형상이 투영된 형이상학적 요청의 얼굴일까. 레비나스가 생각한 얼굴이 사람의 얼굴인가 아니면 신의 얼굴인가라는 논쟁이 생긴 것은, 그의 얼굴 윤리학에서 얼굴이 신적 추상 또는 신적 재현의 얼굴로 자주 설명되었기 때문이다. 이명곤은 "타자의 얼굴에 무한의 흔적이 나타난다거나 이웃

---

102. 김모세, "프랑수아 모리악과 타자의 문제: 시선과 얼굴의 개념을 중심으로", pp.12-14.

에서 신의 울림을 발견할 수 있다는 것은 플로티노스의 사상을 반영한다."라는 가능성을 제기했다.[103] 모든 존재가 일자(一者)인 신의 얼굴에서 유출되었다면 정도의 차이일 뿐 누구나 그 일자의 속성이나 흔적을 지닌다. 레비나스가 탈무드 신학자이기도 했으니 그에게 사람의 얼굴은 유대 하느님 얼굴의 재현일 수 있고, 그런 차원에서 그가 이웃의 얼굴에서 하느님의 얼굴을 보기를 희망했을 수도 있다.

레비나스의 얼굴 윤리 논의는 얼굴 보기의 구체적이고 실제적인 행위를 통해 윤리적 사건이 발생한다는 전제에서 출발했다. 한편으로는 얼굴 보기의 윤리적 근거가 앞서 언급한 것처럼 절대 타자인 '신적 환원'으로 수렴되거나 아니면 '타자들'이라는 복수 개념을 가져와 세속적으로 해결될 수도 있다. 물론 레비나스는 '신적 환원'이라는 말 대신에 무한(infinity) 또는 현현(epiphany)이라는 말을 사용한다. 그런데도 '얼굴로서의 현현'(the epiphany as a face)이라는 말이 의미하듯이 신적인 얼굴의 출현 자체가 얼굴을 적극적으로 정의한다고 할 수 있다.[104] 그렇다면 얼굴을 보라는 주문은 유대 하느님이 없다면 현실 불가능한 윤리적 요청이 된다. 현실 세계에서는 얼굴을 본다고 해서 윤리적이지 않을 경우의 수가 너무 많기 때문이다.

얼굴 보기에 이미 형이상학적 '신적 요청'이 들어가면 우리가 지금껏 이야기해 온 얼굴 보기는 명쾌하고 실제적인 실천적 윤리를 상

---

103. 이명곤, 『레비나스와의 1시간』, p.23.
104. Levinas, *Totality and Infinity*, p.187.

실한다. 사람의 얼굴을 신의 얼굴로 이해하면 얼굴 보기에 형이상학적인 강요가 생길 수 있으며, 얼굴에서 하느님의 얼굴을 찾아내야 한다는 요청이 자칫 구약의 특정 문화권에 제약될 수 있다. 지금까지는 타인의 얼굴을 보는 행위에서 굳이 신적 또는 형이상학적 요소를 넣거나 다른 무언가를 채워 넣을 이유가 없었고, 얼굴 그 자체로도 얼마든지 윤리를 이야기할 수 있었다. 오직 구체적인 개별 얼굴에서 윤리적일 수 있는 합리적이고 상식적인 해석 조건을 찾고자 했으며, 얼굴 보기가 관념적이거나 추상적으로 빠지는 것을 막고 얼굴 보기에 지나친 도덕적 요청이나 당위가 개입되지 않도록 했다. 그러나 얼굴 보기의 윤리적 가능성이 신적 도움, 특히 구약의 하느님의 도움이 없다면 문제가 된다. 까다로운 논의가 되겠지만 이 문제를 자세히 짚어야 "얼굴을 본다."라는 말의 진정한 의미를 파악할 수 있다.

레비나스는 얼굴을 "신의 말이 울려 퍼지는 방식"으로 이해했다.[105] 그에 따르면 얼굴은 신과 인간을 연결하는 매개이다. 구약의 하느님이 카인에게 하는 질문을 보자. 하느님이 "네 동생이 어디에 있느냐?"라고 했을 때 카인은 "제가 아우를 지키는 사람입니까?"라고 무심히 대답한다. 이 경우 "나는 나고 그는 그다."라는 존재론만 남는다.[106] 레비나스는 이 무관심의 상황을 타인의 윤리로 극복하고자 했다. "타인의 얼굴에서 신의 말을 들을 수 있어야" 윤리적일 수

---

105. 에마뉘엘 레비나스, 『우리 사이』, p.169.
106. 에마뉘엘 레비나스, 『우리 사이』, p.171.

있기 때문이다.[107] 이런 점에서 기독교는 신을 만날 수 있는 길을 인간 각자에게 '선천적으로' 넣어 주었다고 할 수 있다. 하지만 그런 본성을 확인할 수 없고 오직 실현할 수 있는 신적 본성은 우리 주위의 사람들인 이웃에서 찾을 수밖에 없다.

사르트르가 "신을 만나는 길은 오직 신의 흔적을 간직한 이웃"뿐이라고 했지만,[108] 사실 이 말은 레비나스가 주장했음 직한 말이기도 하다. 하지만 우리는 사르트르나 레비나스의 유대(judaic) 사유를 따르지 않더라도 이미 사랑을 실천해 왔다. 유대 신을 믿지 않더라도 이웃 사랑의 경로는 다양하며 무조건적 헌신이나 희생을 감수할 수 있다. 문제는 하느님 없이 타인의 존재 자체로만 사랑의 행위를 정당화할 수 있겠는가이다. 타인에 대한 헌신, 희생, 사랑의 근거가 말 그대로 얼굴 보기로만 가능하겠으며 하느님이 타인의 얼굴로 재현되어 있으리라는 믿음 없이 그런 타인을 사랑할 수 있겠는가. 얼굴 보기를 통해 타인에게로 '넘어갈 수 있는' 길을 열려면 레비나스가 말했듯이 "얼굴을 마주함의 구조가 신앙의 구조"와 닮아야 한다.[109] 하지만 여전히 얼굴 보기에 과연 신의 도움이 필수적인가라는 의문이 생기지 않을 수 없다.

박치완의 주장을 들어 보자. 그는 얼굴은 "윤리적인 최초의 신호"이되 어디까지나 신의 얼굴이라고 주장한다. 얼굴은 "나와 비대칭적

---

107. 에마뉘엘 레비나스, 『우리 사이』, p.169.
108. 장 폴 사르트르, 『실존주의는 휴머니즘이다』, p.43.
109. 에마뉘엘 레비나스, 『우리 사이』, p.62.

초월적 관계로 나의 위쪽, 저 높은 곳에 존재하며 나에게 오직 명령만 내리는" 것이기 때문이다. 타자에게 붙잡혀 그의 입장을 대신하거나 대속한다는 생각은 사람의 얼굴이 신의 얼굴과 '겹쳐' 있기 때문이다. 윤리가 수동적이어야 할 이유도 여기에 있다. 그러므로 박치완이 내리는 결론은 "얼굴은 기본적으로 인간의 얼굴과 아무런 상관이 없으며" 단순히 "윤리적 책임을 요청하기 위해 레비나스가 메타포로서 제시한" 것에 불과하다는 것이다.[110]

박치완의 이런 주장은 "얼굴을 보면 윤리적으로 된다."라는 말을 문자 그대로 받아들이면 안 된다는 뜻이다. 레비나스에게 얼굴은 일종의 은유이며 형이상학적 또는 유대 신학의 요청에 지나지 않기 때문이다. 만약에 레비나스가 신으로부터 인간에게로 내려오는 수직적 윤리를 말했다면 그것은 사람과 사람 사이의 현실 윤리라고 할 수 없다. 윤리는 어디까지나 인간과 인간 사이의 수평적 문제이지 신이 개입될 이유가 없기 때문이다. 인간의 얼굴이 '신의 얼굴'(imago dei)과 겹친다면 말 그대로 얼굴 보기는 은유로 끝날지도 모른다. 『오디세이아』에서 아테나 여신이 오디세우스의 아들인 텔레마코스의 얼굴이 되고 오디세우스의 친구인 멘토르의 얼굴로 나타나는 식으로 신의 얼굴이 사람의 얼굴이 된다면, 얼굴은 구체성을 상실하고 사실적 재현은 사라진다. 얼굴이 신이나 무한의 닮은 꼴이라는 근거는 어디에서도 찾을 수 없기 때문이다.

---

110. 박치완, "레비나스의 '얼굴': 윤리학적 해석이 가능한가", pp.176-179.

물론 레비나스가 말하는 얼굴은 신의 도움이 필요 없는 현실 세계의 얼굴일 수 있다. "목소리로 나에게 (힘들게) 다가오는 얼굴"이 있고 이 목소리는 실제로 고통으로 표현된다. "타자의 얼굴에서 오는 힘은 상처받을 가능성, 무저항성에 근거"하며 그 때문에 "얼굴로부터 도덕적 호소력이 나온다."[111] 현실의 얼굴이 나에게 호소나 요구를 들어 달라고 말할 수 있다. 우리 현실의 얼굴이 이렇게 구체적이고 직접적인 표현으로 가득 차 있다면 굳이 신의 얼굴을 빌려와 이웃 사랑을 지시하지 않아도 될 것이다. 문제는 숨어 있는 고통이다. 현실 세계에서는 얼굴로 고통을 말하지 않을 때가 더 많고 자신을 보여 주지 않을 때가 더 많다. 주름진 얼굴과 고통받는 얼굴로 등장하더라도 그 신음이 들리지 않을 수 있기 때문이다.

현실의 얼굴을 통해 윤리적으로 되려면 구체적인 얼굴이 있으면 된다. 하지만 문제는 개별의 얼굴에서 어떻게 '윤리적으로 될' 보편성을 찾아내느냐 하는 것이다. 만나는 모든 사람에게서 하느님의 얼굴을 찾아낼 수 있을까. 만약 그것을 찾아내지 못한다면 얼굴에 모든 현실 표현이 담겨 있다고 하더라도 한계가 있을 것이고, 개별적 현실의 얼굴로는 '윤리학의 지평'을 기대하기가 어렵다. "레비나스의 얼굴은 우리가 기대하는 일반 윤리와 관계된 것이라 보기 어렵고, 그만의 특수 윤리를 구축하기 위해 얼굴이 사용된 것이라고 볼 수밖에 없

---

111. 강영안, "얼굴과 일상", p.284.

다."[112] 이렇게 되면 직접 대면의 얼굴만으로는 윤리 일반을 기대할 수 없다. 하지만 직접 대면을 벗어난 일반화된 얼굴만으로 현실에서 수없이 만나는 다양한 얼굴에 어떻게 대처할 것인가. 또한 많은 경우 얼굴로 인해 양심과 동정심이 만들어지고 배려와 염려, 관심과 개입으로 일정한 윤리적 계기를 잇는 관계적 삶의 방식은 어떻게 설명할 것인가. 그리고 책임의 형이상학적 출처가 정확하지 않더라도 이웃의 얼굴을 보고 서로 공감할 수 있는 삶의 현장은 어떻게 할 것인가. 그렇다면 얼굴을 신의 얼굴로 몰아갈 것인가 아니면 사람의 얼굴로 가져올 것인가라는 서로 반대되는 주장만으로는 한계가 있다. 서로 다른 입장을 하나로 묶을 방법을 생각해야 할 것이다.

얼굴은 실재하는 얼굴일 수도 있고 신의 얼굴일 수도 있다. 둘 다 가능하다. 예를 들어 고통의 얼굴은 직접 대면을 통해 확인할 수 있으며, 동시에 얼굴의 고통을 사랑으로 읽어 내기를 요청하는 신의 얼굴로 볼 수 있다. 적어도 고통을 보는 사람이 유대인이거나 기독교인이라면 얼마든지 가능하다. 얼굴을 보는 직접적이고 구체적인 행위로 윤리적 대응이 쉽게 일어나지 않을 때는 하느님의 얼굴을 구체적인 개별 얼굴에 재현해서 해결할 수 있다. 그의 얼굴을 가져와서 개별적 얼굴 보기의 보편성을 담보하는 것에 어떤 문제도 없다. 하지만 유대인도 기독교인도 아니라면 어떻게 하느님이나 예수의 얼굴을 개별 얼굴에 투사해 얼굴 고통의 구원을 일반화할 수 있을까.

---

112. 박치완, "레비나스의 '얼굴': 윤리학적 해석이 가능한가", pp.186-187.

퍼스의 얼굴 지표

레비나스가 얼굴을 신의 현현으로 분명하게 명시한 것이 사실이라면, 윤리적으로 되기 위해서는 얼굴을 직접 마주하는 이상의 노력이 필요하다. 여기서 그의 얼굴 윤리학을 기호학으로 풀어 보려는 이유도 '얼굴의 신적 요청'이라는 까다로운 주문 때문이다. 퍼스 기호학에는 실재론적인 질문을 기호 해석학적인 차원으로 전개하려는 강렬한 의지가 있으므로 그의 기호학을 가져오면 레비나스의 얼굴 형이상학의 층위를 설명할 수 있다. 얼굴 보기가 얼굴을 직접 대면해서 윤리적이라기보다는 레비나스가 말한 '신의 얼굴'을 개입시키는 과정에서 윤리적일 가능성이 높아지는 것만은 분명하다. 그러나 윤리적일 수 있는 근거를 신의 사랑 또는 현실의 개인에서 찾을 것인가라는 이분법으로는 적절한 대답을 얻지 못한다. 이 문제를 해결하는 데는 얼굴에 대한 기호학적 접근이 도움이 된다.

미국의 기호학자 찰스 퍼스의 기호학은 얼굴의 다양한 층위를 설명하기에 좋다. 그는 기호를 삼분법적 접근인 도상(icon), 지표(index), 상징(symbol)으로 나눈다. 도상은 유사성 또는 닮음으로 이해되기도 하는 일종의 '추상화 과정'으로, 모든 논의를 더 정교화하고 잘 설명하기 위한 조건이다. 지표는 구체적 개별성으로서 퍼스는 이를 '비일반성'(anti-general), '개별성'(haeeceity), '이것임'(thisness)이라는 표현으로 사용하며, 마지막으로 상징은 도상과 지표를 통해 '자라 나온

것'으로 일반성을 의미한다.[113]

이 세 가지 기호를 얼굴에 적용하면 얼굴의 역동적인 지표적 특징, 그리고 도상적이기도 하고 상징적인 특징을 한꺼번에 설명할 수 있으므로 얼굴을 이해하는 데 도움이 된다. 예를 들어 일상적이고 구체적인 얼굴을 지표 기호를 통해, 그리고 그 안에 담긴 신적 의미는 도상이나 상징 기호를 통해 이해할 수 있다. 퍼스의 "인간은 기호이다."(Man is a Sign.)라는 주장이 말해 주듯이 얼굴을 기호로 접근하면 얼굴 윤리의 존재론적 또는 형이상학적 근거인 무한(infinity) 또는 현현(epiphany)의 신적 환원까지도 기호화할 수 있다. 그의 기호학에서 도상은 바로 추상적이고 관념적인 실재성을 기호화해서 얼굴과 윤리 발생 사이의 인과적이고 존재론적인 물음과, 얼굴 보기의 전체 과정을 설명하는 데 유용하다.

퍼스 기호학의 관점에서 보면 얼굴은 도상, 지표, 상징을 모두 갖추고 있다. 개별의 얼굴은 얼굴 일반의 상징이면서 얼마든지 신의 얼굴이 투사된 도상이기도 하다. 다시 말해 신의 얼굴에서 잠시 임시방편으로 '빌려 온' 것이 아닌 개별적 일상의 얼굴에 신의 얼굴이 이미 잠재된 것으로 볼 수 있다. 그렇기에 얼굴의 도상적 특성은 얼굴의 상징으로 '자라날' 수 있다. 요약하자면 신의 얼굴이 구체적인 개인의 얼굴을 통과해서 사회화 또는 공동체적인 일반 얼굴인 상징화된 얼굴로 자라나는 것이다. "모든 공동체는 살아 있는 자들의 공동체"

---

113. 박연규, "레비나스의 얼굴 윤리학의 퍼스기호학적 이해", pp.122-132.

이기 때문에 얼굴을 상징 기호로까지 끌어갈 수 있다.[114]

얼굴 보기에서 발생하는 '타인으로의 초월'은 얼굴이라는 도상 기호, 그리고 실재하는 얼굴과의 관계인 눈 맞춤이나 접촉이라는 지표 차원으로 넘어가 배려와 염려, 사랑 등의 윤리적 행위의 상징이 된다. 특정 시간과 장소에서 마주하는 얼굴은 지표적이지만, 시공간적 장소의 본래 흔적인 신의 얼굴로 되돌아간다는 의미에서는 도상이다. 그리고 얼굴 윤리가 벌어지는 시공간 상황이 살아 있는 사회적 의미로 굳어진다는 차원에서는 상징이 된다. 개별적인 얼굴을 매개로 해서 도상의 얼굴과 상징의 얼굴이 겹쳐 얼굴의 전체 얼개가 도상, 지표, 상징이라는 기호로 통합되어 나타나는 것이다.

기호는 도상, 지표, 상징의 합이다. 기호가 기호로 성립하려면 강약의 정도로서 앞서 언급한 세 가지 조건을 항상 갖추고 있어야 한다. 도상이 강조되는 경우, 지표가 강조되는 경우, 상징이 강조되는 경우가 언제나 조합을 이루면서 하나의 기호 체계를 형성한다. 이처럼 얼굴도 통합적 관점에서 유기적으로 설명할 수 있다. 첫째, 얼굴의 신학적 근거, 형이상학적 근거로서 무한성이나 신의 얼굴은 도상 기호가 된다. 도상은 철저히 개별 사건 이전의 추상화 과정이기 때문이다. 구체적인 타인의 얼굴은 항상 도상으로 '되돌릴 수 있으므로' 그 원초적인 이미지를 도상 기호로 설명할 수 있다. 그렇게 되면 현실의 얼굴에서 순수한 의미의 신의 얼굴을 발견할 수 있다. 둘

---

114. 미셸 앙리, 『물질 현상학』, p.226.

째, 구체적이고 개별적인 얼굴 보기와 같이 타인에 대한 개입이나 관심은 전형적인 지표 기호이다. 타인의 얼굴에서 실제적인 고통을 찾아낼 수 있고 거기에 응답하며 대화를 나눌 수 있다. 셋째, 얼굴 보기를 통해 정의나 책임과 같은 이웃이나 공동체의 관심 또는 삼자 개념으로의 확대되는 것은 상징 기호라고 할 수 있다.

이처럼 얼굴을 세 가지 관점으로 나누면 얼굴 보기에서 일어나는 논쟁을 어느 정도 해소할 수 있다. 레비나스에게 일어난 혼란은 그가 앞의 세 가지 얼굴 모습을 그때마다 다르게 기술했기 때문일 것이다. 직접 대면 관계에서 상대의 고통을 발견한다고 해서 곧장 양심이 작동하여 윤리 행위로 진행된다고 할 수 없고, 또한 그것이 사회화될 수 있는 계기를 마련할 것이라고 장담할 수 없다. 예를 들어 감정이 메말랐거나 공감 능력이 부족한 사람은 타인의 얼굴을 보더라도 동정심이 일어나지 않는다. 또한 직접적인 얼굴 보기를 하지 않거나 직접 대면을 통해 타인의 얼굴에서 고통을 발견하지 못해도 얼마든지 고통은 사회화될 수 있다. 구체적인 고통을 목격하지 않더라도 고통의 의미를 숙고하는 과정에서 사회 일반의 고통을 해결하기 위해 나서면서 고통의 사회화를 이루어 낼 수 있으며, 고통에 대한 지식과 이해, 그리고 교육으로도 윤리를 의식화할 수 있기 때문이다. 그러나 이는 퍼스 기호학의 관점에서 말하면 지표가 없거나 현저하게 약화하여, 지표 과정 없이 도상에서 곧장 상징으로 변화되었다는 것을 의미한다.

하지만 지표가 빠진 기호는 기호의 역할을 온전하게 할 수 없다.

예를 들어 노숙인의 얼굴을 거리에서 보지 않고 사진으로 보거나 텔레비전에서 본다면 그 얼굴에는 지표적인 요소가 거의 사라지고 만다. 지하도나 길거리에서 잠을 자는 노숙인의 얼굴을 현장에서 직접 볼 때만이 그 얼굴의 시점과 그곳의 상황을 가장 잘 읽어 낼 수 있으며 고통을 실감할 수 있다. 남루한 옷, 배고픈 목소리, 추위에 떠는 모습 등이 바로 그 장소 그 자리의 얼굴을 잘 보여 준다. 레비나스가 보고자 한 것도 구체적인 상황에서의 얼굴이다. 그 얼굴을 통해 고통의 근원을 생각하고 그 고통을 이웃에게로 확산시키려고 한 것이다. 도상의 차원에서 신의 얼굴은 눈에 보이지는 않아도 구체적인 한 개인의 얼굴에 일찌감치 '스며들어' 있었다. 퍼스 기호학의 체계에서 보면 레비나스의 얼굴에서 신의 이미지를 볼 수 있다는 주장은 지표 기호가 도상 기호로 되돌아가는 과정이라고 할 수 있다.

개별 얼굴의 지표적 특성이 중요한 만큼 이 문제를 레비나스의 논의로 다시 돌아가 살펴보자. 그는 얼굴을 무한, 윤리, 이성의 세 가지 접근 방법으로 설명한다.

첫째, 무한과 얼굴이라는 방법이다. 무한은 얼굴과 관련되어 만들어지는 것이다. 얼굴은 아무도 범접할 수 없고 지배할 수 없는 거절의 형태로 있다.[115] 얼굴이 지닌 '아무도 함부로 할 수 없음'의 속성은 얼굴의 신적 무한성에 있지만, 실제적 얼굴 모습은 나를 함부로 대하지 말라는 거절 행위의 구체적인 지표 기호이다.

---

115. Levinas, *Totality and Infinity*, pp.194–196.

둘째, 윤리와 얼굴이라는 방법이다. 얼굴은 누군가에 의해 소유되고 누군가의 힘으로 놓이는 상황에 "저항한다". 다시 말해 얼굴은 누군가에 의해 파악되고 이해되는 것을 쉽게 허용하지 않는다. 이런 저항의 태도가 만들어지는 이유는 거절과 마찬가지로 얼굴의 직접적이고 구체적인 특징 때문이다. 직접 대면하지 않고는 성립될 수 없는 현실적이고 개별적인 한 사람의 얼굴 반응이며 "윤리적 저항"인 것이다.[116] 이 저항 역시 비록 신적 무한에 근거한다고 해도 강력한 구체적 행위인 지표 기호이다.

셋째, 이성과 얼굴의 방법이다. 얼굴 표현은 명시적으로 이해할 수 있는 형태가 아니지만, 그 표현은 누군가에게 목격될 수밖에 없고 얼굴이 말하는 방식으로 입증된다. 목격되고 입증되는 행위는 구체적인 얼굴 보기가 없이는 불가능하다. "얼굴은 증거를 가능하게 하는 증거 그 자체"이기 때문이다.[117] 그렇다면 입증도 앞의 거절이나 저항과 마찬가지로 개별적인 지표 기호가 된다.

얼굴의 지표 기호의 특성을 좀 더 심화시켜 보자. 박여성은 얼굴이 소통 과정에 따른 의도적이고 반사적인 지향성의 엠블럼으로서 '화용적 의미'를 지닌다고 한다.[118] 예를 들어 얼굴의 고통은 찡그린 표정이나 지친 모습으로 나타나다가 얼굴을 벗어나 목을 움츠리거나 두 손으로 얼굴을 감싸안는 행위 등으로 퍼져 나간다. 이런 고통에

---

116. Levinas, *Totality and Infinity*, pp.197-199.
117. Levinas, *Totality and Infinity*, pp.201-204.
118. 박여성, "얼굴의 행태학: 표정의 문화기호학적 연구를 위하여", pp.197-198.

대한 반응은 그 사람을 향한 관심과 염려로 나타난다. 얼굴을 포함하여 몸의 전면으로 번져 나가는 고통의 모습은 실천적이고 수행적인 특징을 가지면서 힘들어하는 자신에게 관심을 가져 달라는 요청으로 전환된다. 윤리적 상황을 만드는 고통의 자극과 반응 현상이 도움이나 염려라는 부수적인 행위를 가져오며 윤리로 '번짐'이 발생하는 것이다.

고통의 얼굴은 주위 사람들에게 도움을 얻어내는데, 이때 고통-자극과 도움-반응 사이에 '숨어 있는' 중요한 윤리적 매개가 하나 있다. 바로 양심이다. 양심은 고통에 대해 논리적으로는 항상 앞서 있어도 인과적으로는 나중에 나타난다. 그것은 숨어 있다가 고통에 대한 반응으로 나타나는 것이다. 숨어 있던 양심은 자신을 가책하고 고통을 구조화하고 확장하면서 사회 모순이나 갈등으로 의식화되어 한 개인의 고통을 일반화시킨다. 비록 양심이 상대의 고통으로 나타나기는 했어도 처음부터 없던 것이 갑자기 생성되지는 않는다. 양심은 개별 얼굴 고통에서 시작되어 '고통의 사회화'라는 모습으로 나타났을 것이다. 그리하여 고통의 지표 기호가 고통의 상징 기호로 '자라나게' 되었을 것이다. 얼굴의 윤리적 반응 전체는 양심이라는 도상 기호, 고통 자체에 대한 지표 기호, 그리고 관심과 배려의 상징적 기호의 조합이다.

고통의 기호
지금까지 논의한 퍼스의 기호학을 얼굴의 고통을 예로 들어 좀 더 살펴보자. 유발 하라리는 어떤 실체가 실재하는지 아닌지 어떻게 아느냐면서 "아주 간단하다. 고통을 느낄 수 있는가? 라고 질문해 보면 된다."라고 했다.[119] 이 질문은 고통을 윤리적 기준으로 삼는 데 도움이 된다. 어빈 얄롬이 "고통에 대한 해독제는 순수한 연결성"이라고 할 때도 그는 이미 고통에서 윤리를 암시했다고 할 수 있다.[120] 사람들은 얼굴을 찡그린다든지 주름을 짓는다든지 하면서 자신의 고통을 드러낸다. 고통은 사랑과 염려로 이어지며 윤리가 된다.

얼굴은 고통을 타인에게로 확산시킬 수 있는 포괄적인 기호를 갖추고 있다. 정도를 달리하면서 조금씩 차이를 보이지만 얼굴에는 누구나 공감하는 상징이 있고 사람들과 관계 속에서 조금씩 밀려 나올 수밖에 없는 감춰 둔 무언가가 있다. 얼굴은 "내밀하고 개인적인 것"이지만 "타자의 인식 속에 기억"되고 "세계와 소통하는 직접적인 체험의 장"이 되어 "보는 동시에 보이는 시선의 장소로서 타인과 관계"를 맺게 한다.[121] 고통은 지극히 개인적인 경로를 통해 나오지만 누가 봐도 쉽게 알 수 있는 방식으로 표현된다. 이 고통의 현상에도 앞서 논의했던 퍼스의 기호 삼분법이 적용된다. 고통은 깊이 숨어 있다가 얼굴로 드러나고 다른 사람들에게 발견되는 것으로서 그 자체로 도상, 지표, 상징의 특성을 골고루 갖추고 있기 때문이다.

첫째, '숨어 있는' 고통은 도상 기호로서 고통의 가능성을 의미한

---

119. 유발 하라리, 『호모데우스』, p.246.
120. 어빈 D. 얄롬, 『태양을 직면하기』, p.229.
121. 이종선, "얼굴, 그 해체와 재구성에 대한 탐구", pp.138-143.

다. 그것은 객관적으로 측정할 수 없고 철저히 개인적인 것이어서 다른 사람과 공유할 수 없으며 말로 표현하기가 어렵다. 외로움을 동반할 수밖에 없다. 고통은 어떤 계기가 있으면 언제든지 구체적인 상황으로 전환될 수 있지만, 도상적 단계에서는 숨김과 은밀함으로 남아 한 사람의 구체적인 고통을 드러내는 배경이 되어 고통의 조건을 형성한다. 그러나 여전히 "홀로 당하는 것이고, 항상 '나'만의 고통일 수밖에 없다."[122]

둘째, '드러난' 얼굴의 고통은 지표 기호로서 구체적인 고통이다. 구체적인 상황에서 직접 대면해야 드러나는 고통으로서 부정하고 거부하고 싶어도 어쩔 수 없이 드러날 수밖에 없는 고통이다. 고통은 "사적인 것으로 숨겨 놓기가 매우 어렵다."[123] 고통은 어떤 욕구보다 자신을 표현하려는 욕구를 강하게 지니고 있다. 이 단계의 고통은 수동적이고 부정적인 경험으로서 "의식에 수용할 수 없고 견딜 수 없어" 터져 나오는 고통이다.[124] 그리하여 고통에 대해 어떤 식으로든 반응할 수밖에 없는 상황이 발생한다. 이 참지 못할 고통으로 인해 타인을 향한 열림이 가능하다. 신음하고 한탄하고 울부짖고 한숨을 짓는 그곳에서 도움의 요청이 생긴다.[125]

셋째, '일반화된' 고통은 상징 기호로서 사회적 의미를 지닌다. 사

---

122. 손봉호, 『고통받는 인간』, p.71.
123. 손봉호, 『고통받는 인간』, p.74.
124. 박정호, "고통의 의미: 레비나스를 중심으로", p.135.
125. 박정호, "고통의 의미: 레비나스를 중심으로", p.150.

람들은 고통의 성질을 공유하면서 그것이 지닌 부정성을 같이 생각한다. 아마 고통을 서로 나눌 수 없었다면 인간은 지금보다 더 악해지고 더 개인주의적으로 되었을 것이다. 같이 고통을 당할 수 있었기에 공동생활이 필요하고 유지되지 않았겠는가. 개인의 얼굴에서 만들어졌던 고통이 낯선 사람에게로 전개되어 말 그대로 윤리적 전망을 기대할 수 있고, 타인의 고통에 응답하고 책임질 수 있었을 것이다. 각자의 얼굴에 드러난 고통이 관심으로 전이되면서 성숙한 사회적 모습의 고통으로 자라난다. 고통에 개입하면서 생겨난 배려와 염려가 윤리 행위 일반으로 확대되는 것이다.

레비나스가 고통을 언급하면서 의미 있게 들여다보고자 했던 것은, 고통은 어쩔 수 없이 당할 수밖에 없으면서 타인에 의해 직접 발견되는 지표적 고통이라는 점이다. 내가 거부하고자 해도 거부할 수 없고 배척하고자 해도 배척할 수 없는 수동성의 전형이다. 하지만 여전히 고통을 이런 지표적인 것만으로 대체할 수 없는 이유는 앞서 말했던 얼굴의 존재론적 또는 형이상학적 근거 때문이다. 고통의 얼굴은 직접 대면의 현장적인 것이지만, 만약 얼굴이 지표 기호로만 남는다면 그 원인을 신적인 것으로 말할 수 없고 얼굴 보기의 사회화도 실패할 것이다. 그러므로 얼굴에서 도상과 상징의 특성을 모두 찾아내고 그것을 통합된 하나의 기호로 읽어 낼 수 있어야 한다. 고통의 지표만 있고 개별 고통을 받쳐 주는 도상이나 확장할 수 있는 상징이 없는 경우는 불가능하다. 서로 다른 두 가지 고통의 기호는 그 정도를 달리할 뿐이지 함께 작동될 수밖에 없다. 그러므로 레비나스의 얼굴에 신적 속성이 어른거린다고 해서 문제가 되지 않고, 그의 얼굴 윤리학에 존재론적 근거가 있는지의 논쟁도 무의미하다.

얼굴은 눈, 코, 귀, 입의 다양한 개별성만을 의미하지 않는다. 얼굴은 "마주해야 하지만 볼 수는 없는 그 무엇"으로 있으며, 동시에 개별적 얼굴 너머의 보편성도 포함한다.[126] 그러므로 얼굴의 지표가 아무리 중요해도 지표 기호로 얼굴을 한정해서는 안 될 것이다. 얼굴은 '말 건넴'의 효과가 있으므로 "구체적 현실의 타인을 향하기보다는 형이상학적 타자를 지향하는 느낌"을 강하게 내비친다.[127] 이처럼 일반화된 얼굴은 자신을 도와달라는 신호로서 양심의 도상 기호이며 책임의 상징 기호가 된다. 그리하여 퍼스의 도상, 지표, 상징의 기호를 통해 레비나스가 말하는 "약한 사람, 가난한 사람, 과부와 고아"의 얼굴과[128] "헐벗고 굶주리는, 매 맞고 죽어가는" 얼굴을 이해할 수 있는 것이다.[129]

얼굴은 윤리적일 수 있는 직접적인 계기를 마련하면서 책임이나 배려의 사회화 과정을 밟는다. 물론 얼굴 보기를 직접적인 대면 상황에서 시작해야 하는 탓에 얼굴의 사회화가 상대적으로 약해지고, 결과적으로 레비나스가 말하는 책임이 일반화되기는 쉽지 않다. 하지만 책임의 사회화된 특성은 어디까지나 타인의 얼굴을 직접 보는 것

---

126. 최진석, "바흐친과 레비나스: 얼굴과 사건, 윤리적인 것의 생성에 관하여", p.93.
127. 최진석, "바흐친과 레비나스: 얼굴과 사건, 윤리적인 것의 생성에 관하여", p.94.
128. 에마뉘엘 레비나스, 『존재에서 존재자로』, p.101.
129. 에마뉘엘 레비나스, 『윤리와 무한』, p.126.

에서 출발해야 한다. 이런 과정을 무시하고 처음부터 상징화 과정을 밟아서는 안 된다. 구체성이 없는 상징은 허구가 되고 위선이 되기 쉽다. 책임이 상징으로만 남으면 아무도 책임지지 않는 사태가 발생한다. 예를 들어 정의나 공정은 사회적 결과물이고 공동체의 누구나가 누려야 할 덕목이지만, 자주 빈말이 되는 것은 구체성의 절차를 밟지 않았기 때문이다. 구체적이고 개별적인 정의감이나 공정 의식을 느끼지 못한다면 책임은 관념으로만 머물고 말 것이다.

한 사람의 구체적인 얼굴을 보면서 지는 책임은 살아 움직일 수 있다. 윤리적 경험은 한 사람의 직접적인 얼굴 보기에서 출발하며, 주어진 시공간에서 특정 개인을 통해 작동하는 것을 의미한다. 얼굴이 신적 얼굴인가 이웃의 얼굴인가의 문제는 직접적인 얼굴 보기의 정도나 수준에 따라 달라지는 것일 뿐이다. 퍼스의 "상징은 자란다."라는 말에 담긴 뜻이 기호는 정체되어 멈춰 있는 것이 아니라 끊임없이 변화하는 데 있듯이, 얼굴을 보는 행위도 인간 내면의 보편적 얼굴과 외부의 사회화된 얼굴 양방향으로 얼마든지 전개될 수 있다.

얼굴은 논리적인 관점에서 보면 도상, 지표, 상징의 순서로 진행하지만 현실 세계에서는 그 과정을 그대로 밟지 않는다. 인과적인 관점에서는 강력한 현실태인 구체적인 얼굴의 현실에서, 보이지 않는 심층의 상태인 신의 얼굴로 돌아갈 수 있다. 그리하여 얼굴이 최종적으로 만들어 내고자 하는 사회성을 찾아 나간다. 퍼스의 기호학으로 얼굴을 풀어내면 얼굴이 신의 얼굴인가라는 의문도 해소하고 윤리학체계의 완전성도 담보할 수 있다. 얼굴이 신의 얼굴이면서 동시에 개별적이고 구체적인 이웃의 얼굴이기도 한 것은 레비나스의 얼굴 논의의 한계라기보다는 얼굴을 다채롭게 이해하는 장점이라고 할 수 있다.

2. 타인의 얼굴

우리는 타인의 삶과 일상, 또는 성격이나 습관을 자신과 비교하면서 자기 정체성을 확신한다. 만약 타인이 없다면 자신이 누구인지도 알 수 없다. 이 경우 타인의 가장 대표적인 상징이 얼굴이다. 얼굴을 통해 그의 성격이나 인품 같은 내적 모습이 구체적으로 다가오며 그의 모든 모습이 얼굴에 집약되어 내게로 온다. 물론 처음 잠시 보는 얼굴에서 이 모든 것을 한꺼번에 볼 수는 없다. 하지만 얼굴 인상은 강력해서 마치 그의 모든 것을 알 수 있다는 생각이 들고 그가 어떤 삶을 살아왔고 살아가고 있는지도 보인다. 미소나 웃음 띤 얼굴에 친근함을 더하거나, 아니면 외로움으로 힘들고 지친 얼굴에 공감을 보태거나 하는 것은 나중의 일이다.

인간의 감정은 얼굴에 가장 잘 나타나며 그것은 진화의 과정을 거치면서 누구에게나 비슷한 표정으로 나타난다. 문명에 한 번도 접하지 않았던 오지의 원주민의 슬픔과 즐거움의 표정도 도시인의 표정과 같은 방식으로 나타난다. 폴 에크만이 공포, 분노, 불쾌함, 슬픔, 놀라움, 기쁨 등에 보편적인 요소가 있다고 했듯이 얼굴로 나타나는 다양한 윤리적인 표정인 측은함, 동정심, 미안함, 죄송함, 고마움 등은 누구라 할 것 없이 닮아 있다.[130] 얼굴의 닮음은 사람들이 서로를 넘나들며 서로에게 다가가게 한다.

얼굴과 복종

우리는 얼굴을 설명할 필요가 없다. 모든 설명은 얼굴에서 시작되기 때문이다. 이미 얼굴에 의미가 작동하고 있다는 뜻이다. 얼굴은 설명을 보태 의미가 부여되는 것이 아니라 본래 지닌 의미로 설명된다. 얼굴은 신체 일부가 아닌 인간 그 자체이기 때문이다. 이것이 얼굴이 지닌 원초적인 모습이다. 얼굴은 표현될 수 있음이며 얼굴을 지닌 자가 살아 있음을 말해 준다. 살아 있다는 사실 자체는 실존이며 도덕성 자체가 된다. 그리하여 레비나스는 죽은 얼굴은 더 이상 얼굴로 나타나지 않는다고 한 것이다. 얼굴은 살아 있음 자체로서 인간으로서의 도덕성을 '누릴 수' 있는 조건이며 인간의 참된 본질이 된다.

타인의 얼굴을 대하는 방식에는 도덕성과 사회성이 자연스럽게 작동한다. "얼굴에 나타나는 존재를 맞아들임, 사회성의 윤리적 조건, 이것은 이미 내적 대화를 명령한다."[131] 얼굴을 맞아들이는 행위가 얼굴의 윤리적 조건이다. 거기에는 대화하고 관계 맺을 가능성이

---

130. 폴 에크만, 『얼굴의 심리학』, p.53.
131. 에마뉘엘 레비나스, 『전체성과 무한』, p.307.

열려 있다. 얼굴이 만남의 의미 작용이기 때문이다. "의미 있는 세계는 타인이 있는 세계"와 자연스럽게 연결된다.[132] 얼굴로 인해 우리는 서로 관계 속에 놓이며 서로 보는 것만으로도 제값을 한다. 외면하지 않고 맞아들이는 것으로 긍정적 관계의 폭이 커지며 행복의 가능성도 커진다. 레비나스가 "얼굴은 맞아들이는 자에 상응하는 것으로 남는다. 얼굴은 지상에 남는 것이다."라고 한 이유이기도 하다.[133] 얼굴은 아마 유일하게 지상에 남은 '관계의 양식'이고, 삶에서 유일하게 남은 흔적은 아마도 '얼굴의 흔적'일 것이다. 혼자라면 그저 혼란스럽고 산만하게 흩어질 수도 있었던 기억이 사람들과의 만남, 그의 얼굴에서 구체적이고 집약된 묶음으로 가시화될 수 있다.

얼굴에는 '있는 그대로'의 모습을 드러내는 조건인 정직성이 있으며, 맨얼굴에 더해 발가벗은 얼굴이 있고, 헐벗은 얼굴에 더해 가난한 얼굴이 있다. 물론 이 조건이 지나치게 엄격하거나 잔인할 정도로 객관적일 필요는 없다. 자기 얼굴을 감추고 위장할지라도 그것이 그렇게 오래 가지 못하기 때문이다. 자신의 속내를 감추는 얼굴, 타인의 시선을 회피하는 얼굴은 잠시뿐 이내 "자기의 행위에 책임을 질 수 있는" 얼굴로 바뀐다.[134]

얼굴을 가졌다는 의미는 주체가 된다는 뜻이기도 하다. 나만 얼굴이 있고 다른 사람은 얼굴이 없다면 타인은 내게 와서 사물로 끝날

<hr>

132. 에마뉘엘 레비나스, 『전체성과 무한』, p.310.
133. 에마뉘엘 레비나스, 『전체성과 무한』, p.300.
134. 박남희, 『레비나스, 그는 누구인가』, p.93.

수 있지만, 너무도 당연하게 그도 얼굴이 있기에 그 또한 주체가 된다. 그러므로 우리는 각각 주체가 되어 서로를 만날 수 있다. 박남희는 말한다.

> "얼굴을 통해서만 그들에게 다가갈 수 있을 뿐, 그들을 알 수도 소유할 수도 함부로 할 권리도 없다. 나는 오직 그가 보여 주는 얼굴을 마주하며 있을 뿐이다. 그렇기에 나는 그가 얼굴로 하는 이야기에 귀를 기울일 뿐이다. 타자의 얼굴이란 내가 하는 말이다. 그는 내게 얼굴로 말한다. 나는 그의 얼굴이 하는 이야기를 들으며, 그가 누구인지, 그리고 무엇을 원하는지 안다." (박남희, 『레비나스, 그는 누구인가』, p.96.)

타인의 얼굴은 나에게 무엇을 말하고자 할까. 레비나스는 타인의 얼굴이 나에게 복종을 말한다고 한다. 얼굴은 나에게 가까이 오면서 명령이 된다. 그는 "복종의 예속은 얼굴의 근접성 속에서 명령의 이해에 앞선다. 명령의 이해에 앞서는 복종, 이것은 명령(commandement)의 극단적이고 긴급성을 측정하고 입증한다."라고 했다. 얼굴이 나에게 요구하는 윤리는 타협의 수준을 넘어선 일방적 관심이나 도움에 대한 요청이다. 이런 복종이나 명령은 "만사를 제쳐 놓은(toutes choses cessantes) 정언적인 것이고, 환원불가능한 예속"이다.[135] 얼굴의 근접성과 긴급성이 복종을 낳고 이어지는 명령으로 책임의 상황이 발생한다. 복종과 명령으로 수동성의 윤리가 일어나고 마침내 책임의 능동적 윤리로 바뀐다. 복종으로 인해 도와주지 않을 수 없고 명령으로 인해 도울 수밖에 없는 이 구조가 레비나스의 얼굴 윤리이다.

레비나스가 말하는 복종은 권위적 복종이 아닌 일종의 '불어넣어짐'(inspiration)이다. 자아나 에고가 없어진 상태, 자기를 비운 상태에서 자신이 그 얼굴 앞에서 받아들이는 "윤리적 의식의 목소리"이다.[136] 복종의 시작은 타인의 얼굴에서 나왔어도 그것은 타율적이라기보다는 타인의 얼굴을 보고 만들어지는 '능동적인 복종'이다. 자기 집착으로부터 "자아를 떼어" 내며 생기는 복종이며, 타율이 아닌 자율, 그리고 채움이 아닌 비움으로 인한 복종이다. "타인의 얼굴을 통해 나를 다른 인간에 헌신토록 하는 명령에 대한 복종 속에 놓인 지혜"이기도 하다.[137] 여기에서 책임의 윤리가 나오며 얼굴의 윤리가 만들어진다.

얼굴의 외부

거울이 없으면 자기 얼굴도 쉽게 볼 수 없다. 우리는 자주 자기 얼굴을 잊고 산다. 얼굴은 자신의 내부이지만 늘 외부로 향해 있다. 거

---

135. 에마뉘엘 레비나스, 『타자성과 초월』, p.57.
136. 에마뉘엘 레비나스, 『타자성과 초월』, p.58.
137. 에마뉘엘 레비나스, 『타자성과 초월』, pp.59-60.

울 말고 자기 얼굴을 들여볼 수 있는 존재로는 타인이 있다. 그들은 늘 나를 보고 나 또한 그들의 얼굴을 볼 수 있다. 그러므로 얼굴은 항상 타인 지향적이다. 거울을 보는 특정한 경우를 제외하고 우리는 자기 얼굴을 항상 우회해서 본다. 얼굴 보기가 직접적이지 않고 간접적인 이유이다. 얼굴의 어원이 간접성에 있다는 것은 얼굴의 그리스어 프로소폰(prosopon)의 뜻이 "다른 이들의 눈앞에 제시되는 것"이라는 사실에도 잘 드러난다. 얼굴은 별다른 비밀도 없고 감춰야 할 '속내'도 없어 자신을 보기 위함이 아닌 타인에게 노출되는 방법으로 의미를 얻는 것이기 때문이다.

현실 세계에서는 얼굴의 간접성이 불편할 수도 있다. 자기 얼굴을 보여 주기 위한 장치로만 사용할 수밖에 없기 때문이다. 얼굴을 스스로 조절하거나 통제하기는 쉽지 않다. 얼굴은 신체 일부로서 강력한 소유권을 지니지만 쓰임새에서 소유권을 주장하기 어려울 정도로 사회적 관계의 산물이다. 실제로 우리는 화가 나서 화난 얼굴을 짓는다기보다는 화가 난 얼굴로 자신의 화난 상태나 감정을 보여 준다고 해야 맞다. 화를 낼 때는 어떤 얼굴을 해야 한다는 것을 이미 학습했고 그 표정이 사람들에게 어떻게 전달되는가에 익숙해진 탓이다.

뱅자맹 주아노는 "얼굴 자체는 그저 주어지는 자연적인 '신체 기관'이 아니라 문화마다 다르게 구축되는 개념이다. 얼굴은 가면과 마찬가지로 개인과 집단의 교차점에 있다."라고 했다.[138] 얼굴은 내 몸

---

138. 뱅자맹 주아노, 『얼굴』, p.98.

에 붙어 있는 기관이지만 실제로는 인간관계 속에서 '떠다니는' 관계적 물질임을 말해 준다. 내 얼굴을 내 것이라고 말하기가 어렵다는데 얼굴의 신비가 있고 불편함도 있는 것이다. 그의 말을 계속 들어보자.

> "내 얼굴이 내 것이 되는 것은 내가 세상과 거울에서 다른 이들의 얼굴을 보았기 때문이다. (또한) 다른 이들이 내 얼굴을 보고 '말하기' 때문이다." (뱅자맹 주아노, 『얼굴』, p.125.)

> "얼굴이라는 개념은 개인의 내면이나 양심의 진위와는 아무 관계가 없다. 이는 만남 중에 구축되고 형성되는 독립체다." (뱅자맹 주아노, 『얼굴』, pp.138-139.)

> "얼굴은 내게 주어졌고, 나는 얼굴을 바꾸거나 아름답게 꾸밀 수 있다. 하지만 선택은 할 수 없다. 내 것이지만 완전히 내 것은 아닌 셈이다. 얼굴은 다른 이들에게 보이는 것, 내가 다른 이들에게 보여 주는 것이다. 그러나 동시에 얼굴은 내가 볼 수 없는 것, 언제나 내가 도달할 수 없는 것, 여기와 먼 곳에 동시에 존재하는 것이다. 나는 내 얼굴 앞에서 수동적으로 되고, 심지어 내가 내게 웃어 주는 것도 볼 수 없다. 이것이 바로 내 얼굴이 나를 위한 것이 아닌 이유다. 내 얼굴이되, 본질적으로는 다른 이를 위한 내 일부인 것이다." (뱅자맹 주아노, 『얼굴』, p.142.)

주체나 자아의식, 또는 정체성이나 윤리감 등은 '개인 너머'의 것이다. 미안하거나 당황해서 얼굴이 붉어지는 현상도 개인의 사적 의도 또는 양심에서 만들어지기보다는 타인과의 관계 안에서 만들어진다. 다만 자극과 반응의 관계가 아닌 '나의 얼굴'이라는 정체성과 융합되었을 뿐이다. 우리는 이렇게 타인과의 연결고리 속에서 '자기애적 자아' 또는 '육체적 자아'를 경험한다.[139] 상당한 수준에서 자신을 의식하는 자아이며 타인과 구별하는 자아이다. 동시에 타인에게서 오는 반응을 통해 자기 얼굴을 '잃지 않으려고' 노력하고, 타인을 '배려'하면서 타인의 얼굴도 '보호하려는' 의지를 펴는 자아이다.[140] 얼굴의 현상도 이런 상호소통 안에서 이루어지며 그 현장에서 벌어지는 모습도 구체적이다. 자기 얼굴을 지키려는 자존감도 정체 모를 도덕률에 의해 선험적으로 들어온 것이 아니라 다른 얼굴과 마주하면서 발생하는 철저한 상호성 때문이다.

얼굴 회피

아이의 얼굴 피부에는 두께가 없다. 얼굴 속이 비칠 만큼 두께가 얇다. 하지만 나이가 들면 생각을 가늠할 수 없을 정도로 얼굴에 두께가 앉는다. 자기를 감추거나 표정을 관리할 수 있는 두께라고나 할까. 통제하고 억제할 수 있는 여러 표정을 삶의 궤적 속에 차곡차곡

---

139. 뱅자맹 주아노, 『얼굴』, p.130.
140. 뱅자맹 주아노, 『얼굴』, p.138.

쌓아 두기 시작한다. 얼굴 두께라는 물리적 현상이 곧이곧대로 나타나지는 않지만 그런 두께가 실제로 내려앉는다는 느낌을 지울 수 없다. 우리 모두 그렇다. 화나는 일이나 당황스러운 일에 자신을 어떻게 조절하는가를 보면 안다. 거짓말을 할 때도 척할 때도 마찬가지이다. 이 모든 심리적 변화로도 얼굴에 두께가 앉을 정도이다. 실제로 우리는 어떤 사람을 두고 '얼굴이 두껍다'고 한다. 물론 부정적인 표현으로 많이 사용되지만 이 표현은 분명 내적 삶의 총체적 경험이 물질적 현상으로 남은 것이다.

흔히 우리는 대화하면서 남의 얼굴을 보는 시늉만 하거나 물건 보듯 대충 본다. 잘나다 못나다 또는 피부가 좋다 나쁘다는 식으로 얼굴 보기를 피상적으로 진행한다. 하지만 타인의 얼굴을 진지하게 봐주면 평소 못 보던 표정을 볼 수 있고 상대의 힘들고 어려운 점도 찾아낼 수 있다. 사람들은 자신이 원하거나 관심이 가는 것을 자기 앞으로 끌어오는 데 별 어려움이 없다. 얼굴도 마찬가지이다. 다른 사람들을 만나 대화를 나누면서 얼굴을 보는 일은 자연스럽다. 굳이 눈을 피하거나 고개를 돌리지 않는다. 사람 얼굴을 바로 못 본다면 어딘가에 문제가 있을 것이다.

타인을 하나의 통합된 전체로 대하는 가장 전형적인 행위는 '얼굴을 보는 것'이다. 그게 아니라면 상대의 몸짓이나 자세 또는 신체 부위인 어깨나 손발의 모양새를 보면서 얼굴을 대신한다. 하지만 이런 식의 대체 행위는 전형적인 접촉 경계의 혼란이다. 정신이 건강하면 타인의 얼굴 보기를 피하지 않을 것이다. 그게 건강한 성숙의 모습이다. 얼굴을 피한다는 사실은 사람과 단절을 모의하는 것이며 자신의 내적 미해결 과제를 방치하고 있음을 말해 준다.

얼굴 회피는 역설적이지만 얼굴을 보는 것으로 해결할 수밖에 없다. 어느 정도 자기 노출을 각오할 용기로 상대를 대하다 보면 자기중심에서 자연스럽게 빠져나올 여지가 생긴다. 하지만 스스로 세심한 주의를 기울여야 한다. 누군가가 얼굴 회피의 모습을 지적해 줄때 자신도 모르게 고개를 돌리거나 숙이고 있지는 않은지 스스로 점검하면서 상대의 어색함과 불편을 덜어 줘야 한다. 조금 과장된 느낌이 들더라도 상대의 얼굴을 좀 더 보려고 애써야 한다. "나는 당신의 얼굴을 보는 것이 좋다."라는 식으로 말도 보태야 한다. 얼굴의 두께가 만만치 않기 때문이다.

얼굴 보기는 마술과 같다. 얼굴을 들여다보는 시간이 많아질수록 인간관계는 긍정적으로 변한다. 힘들고 고통스러워하는 사람을 애써 찾아다닐 필요가 없다. 양심이나 동정심을 발동시키려고 힘들게 노력할 필요도 없다. 그저 주위 사람들의 얼굴을 볼 줄 아는 태도와 어느 정도 시간만 내면 된다. 동정심이나 양심도 상대의 얼굴을 보면 저절로 일어난다. 냉정하게 얼굴을 돌리지 않으면 된다. 경청이 중요하다지만 더 급한 일은 관심으로 사람의 얼굴을 보는 데 있다. 얼굴을 보지 않은 채 하는 말에는 책임 소재가 분명하지 않고, 돌아앉아 고개만 끄덕이면 제대로 된 응답이 될 수 없다. 얼굴 보기 하나만으로도 많은 말을 대신한다.

얼굴을 본다는 것은 관심이 있다는 뜻이다. 생활고 비관으로 목숨을 끊은 어느 가족의 비극적 사건으로 '복지 사각지대'라는 말이 등장했다. 사람들은 그 가족이 구청에 직접 복지를 신청하지 않았고 이웃도 도움을 주지 못했고 심지어 힘들게 살아가는 그 가족의 존재조차 몰랐다고 한다. 이웃 중 누군가가 좀 더 적극적인 관심을 주었더라면 그들도 힘든 선택을 하지 않았을 것이다. 도움의 말과 함께 그들의 얼굴을 세심하게 볼 수만 있었다면 숨은 눈물과 감춰진 속사정을 찾아낼 수 있었을 것이다. 기초생활보장 수급자 신청 방법과 지원 요청에 대해 아무리 많이 홍보하더라도 지자체 기관에서 찾아낼 수 없는 이웃의 숨은 눈물은 있기 마련이다. 이 눈물을 찾아낼 수 있는 유일한 길은 섬세한 관심으로 얼굴을 볼 줄 아는 것이다. 얼굴 보는 일만큼 윤리적인 일은 없다. 얼굴은 힘든 상황을 여과 없이 드러내는 곳이며, 그대로 지나치지 않는 데서 빛을 발하는 곳이다. 나 자신이 힘들 때 누군가가 또 그렇게 하지 않겠는가.

낯섦의 얼굴

타인은 기본적으로 '낯선 이'며 내가 알 수 없는 존재이다. 그들은 모두 나와는 일정한 거리를 둔 채 나의 삶에 포섭될 수 없는 자로 살아간다. 이 낯섦은 꼬리를 물고 이어져 지금 나와 마주한 사람에 끝나지 않고 제삼자, 곧 '그'라고 불리는 내가 모르는 사람들로 끊임없이 이어진다. 어떤 누구도 낯섦의 연속에서 예외일 수 없다. 낯섦은 무관심으로 번져 나가면서 항상 제자리로 돌아온다. 이런 '윤리적 제자리걸음'에서 빠져나오려면 타인과의 분리 그리고 자기중심적 점유 상태에서 벗어나야 한다. 물론 분리와 자기중심적 점유에도 긍정적인 면이 있다. 분리는 자신을 타인이나 사물로부터 일정한 거리를 두게 하고, 점유는 세계 속에 자신이 설 수 있는 자리를 갖게 한다. 분리와 점유로 자기를 보호하고 방어하며 합리화할 수 있다. 하지만 이런 상태는 타인과 함께 있지 못하는 상황을 고착시키며 자기 소외를 증폭시킨다. 윤리적 실종 상태가 발생하는 것이다. 윤리적으로 되려면 분리와 점유를 넘어서 낯섦의 물살을 헤집고 타인과 관계 맺기를 실천해야 하는데 그러지 못한다.

윤리가 나를 넘어 타인에게로 가야 하고 타인을 향한 관심으로 옮겨 가야 하는 것이지만, 이것은 무조건 타인을 나와 한 몸처럼 생각하라는 의무적이고 강요된 공감의 요구가 아니다. 타인도 나와 같아야 한다는 무조건적 동일화도 아니다. 오히려 타인은 나와 다른 낯섦의 존재이기 때문에 윤리적일 수 있다. 앞서 말한 타인 분리와 자기 점유의 원시성을 인정하고, 동시에 원시성을 극복하고 낯섦에 마주할 수 있을 때 윤리적으로 된다. 분리와 점유가 해소되고 타인으로 넘어가고자 하는 관계적 욕망이 진정한 윤리다움이다.

분리와 점유가 아늑한 공간을 제공할 수 있을지 모른다. 하지만 안정성이나 균형 감각을 진정으로 지속시키려면 자기중심에 머물러서는 안 된다. 머무는 순간 관계 욕망의 상실로 불안이 커지고 타인에게는 의도하지 않은 피해와 강요를 준다. 그러므로 '윤리적 거리'라는 사다리가 필요하다. 분리와 점유를 그대로 둔 채 자기중심의 동질성과 편향성에 빠져 버리면 낯섦이 주는 '모험적 만남'이 생겨날 수 없다. 익숙한 사람마저 마치 처음 본 사람처럼 대하려는 모험이 없는 것이다. 낯선 사람을 '어렵고 조심스럽게'라도 만나면서 멈칫하고 머뭇거리면서라도 타인에게로 다가서려는 태도가 낯섦의 얼굴을 대하는 방식이다.

그에게 얼굴이 있네

나에게 '말을 건네 오는' 얼굴로 만남이 이루어진다. 즐거움이나 행복은 함께 하지만 외로움이나 고독은 혼자 겪는다는 말처럼 만남이 없다면 즐거움도 행복도 없다. 살아오면서 좋았던 일을 회상해 보면 거기에는 반드시 누군가의 얼굴이 함께 있었을 것이다. 그런 얼굴은 어떤 보호막도 매개도 없이 자신에게 말을 건네 왔을 것이다. 우리는 서로 얼굴을 보며 만났고 얼굴 보는 일을 게을리하지 않았다. 나의 얼굴을 그에게 보이고, 그는 그런 나의 얼굴을 보면서 만남을 지속했다. '보이고 보는' 얼굴 보기의 집합이 우리의 만남의 실체였으며 그 속에서 서로에게 관심과 책임을 만들어 왔다.

우리는 서로 얼굴을 보면서 개입하고 간섭하며 또는 그의 부름이나 요청에 응답하면서 조금씩 책임을 진다. 책임 의식은 "여기 내가 있어."라고 나서는 태도이고 나 자신을 내어놓는 행위이며 "나를 봐, 여기 내가 너를 위해 있어."라는 말이기도 하다. 우리는 자신을 타인에게 내어놓은 채 타인의 관심을 기다리며 그의 일에 적극적으로 나서기도 한다. '나서고 간섭하는' 방식은 문제를 해결하기 위해 팔을 걷어붙이는 것이며 자기 일이 아님에도 마치 자기 일인 듯 여기는 것이다.

얼굴은 자신의 개성을 드러내며 어떤 문화 체계로도 환원될 수 없는 자신만의 고유한 의미를 드러낸다. 얼굴은 '열려 있고 깊이를 얻으며' 이 열려 있음을 통해 자기의 내면을 상대에게 내비치며 살아간다. 특히 그런 얼굴은 타인에 의해 나타나고 타인이 확인해 준다. 얼굴은 나의 사유지를 떠나 공적 장소로 이전된 지 오래되었다. 얼굴은 타인에게 노출되는 순간 '공적 상관물'이 된다. 도덕적 호소력이 나오며 윤리적 관계 맺기가 싹트기 시작한다. 얼굴 표현의 펼쳐짐, 그리고 얼굴로 말하고자 함이 윤리이다.

얼굴의 노출은 나도 타인도 어쩔 수 없다. 얼굴의 힘없음 때문이다. 그 힘없는 투명성 때문에 도움의 명령으로 이어지고 공유될 수 있다. 레비나스의 얼굴 윤리학에서 얼굴의 두 가지 상대되는 모습도 '무력함'과 '주인 됨'이지 않았던가. 도움 요청의 과정도 얼굴이 지닌 무력함 때문이고 그 무력함을 확인시켜 주는 것도 얼굴이다. 얼굴에는 무력한 주인의 모습이 숨어 있는 동시에 누구도 침범할 수 없는 자신만의 고유하고 당당한 주인의 모습이 있다. 도움을 요청하면서도 동시에 아무도 그를 침범할 수 없는 그만의 당당함을 보여 준다. 그 어떤 누구도 노골적인 태도로 도움을 요청하지 않지만, 얼굴의 무력한 노출 때문에 도와주지 않을 수 없다.

지상의 도덕 명령은 내가 아닌 타인에게서 나온다. 지고지순의 도덕이 정체불명의 이성에서 나오지는 않을 것 같다. 도덕의 일반화나 보편성을 이성으로부터 출발시키려는 의도는 불순하기까지 하다. 오히려 도덕이나 윤리는 개인의 얼굴 노출로 특화되어 그 얼굴에 '사로잡힌' 구체적인 관계 맺기 때문에 이루어진다. 그의 얼굴이 아니었다면 나의 윤리적 개입이 불가능했을 것이다. 나의 도덕 행위도 내가 아닌 그가 정당화시켜 준 것이다.

네가 있기에 내가 있다

사람들이 말 그대로 혼자 살 수 있다면 윤리는 필요가 없다. '내가 있다'고 말하는 순간 나는 누군가와 같이 있어야 한다. 타인이 있어야 나도 있는 것이다. 각자 자기 사는 일에 빠져 의식하지 못할 뿐 현실은 항상 타인에 의존되어 있고, 좋든 싫든 자신의 생명 유지나 욕구 충족의 근거를 자기 밖에서 가져온다. 삶의 방식은 이렇게 사람들 속에서 발생하므로 자기 혼자만의 행위로 내버려둘 수 없다. 이런 방식은 사람들에게만 제한되지 않고 사물에도 해당한다. 생존의 필수 요건인 음식물과 의복, 주택 등은 모두 나의 밖에서 얻어 온다. 그러므로 순수한 의미에서 나는 없고 어쩔 수 없이 세상과 같이할 수밖에 없다. 존재한다고 말하는 순간, 타인을 포함하여 세계와 함께하는 것이다. 윤리도 자신 안에 이미 들어와 있는 타자와의 관계를 발견하는 과정이다.

'나 그 자체'는 없다. '나'라고 말할 때 사람은 나와 너 둘 중 하나가 되고, 이때 이미 관계의 상황에 들어간다. 나와 너의 만남은 결코 의도적이고 의식적인 찾음의 과정이 아닌 일종의 '공동체적 예정론'에 들어가 함께 어울릴 수밖에 없다. 나는 너와의 직접적인 관계를 매개로 해서 '온전한 나'가 된다. 사랑이나 미움의 감정도 내 안에 본래 있었던 것이 아니라 '나와 너 사이'의 관계에서 만들어지며, 이런 감정이 지극히 개인적일지라도 표현되는 과정은 항상 나와 너 사이의 어떤 곳에 있다. 관계를 전제하지 않으면 개인의 내밀한 감정조차도 설명할 수 없다.

'나와 너'라는 통합 개념은 내가 생겨나기 이전부터 존재했다. 그리움이라는 것도 사람들이 진정으로 원시적 연결을 이루려는 모습이다. 돌아가신 부모나 옛날 살던 집을 그리워하고 옛 친구나 옛 노래를 그리워하듯이 그리움의 감정은 사람들과 관계를 추억하고 그들을 맞아들이려는 준비로 나타난다. 과거 어떤 시점에서 사람과의 만남, 사물이나 사건과의 만남은 한순간이었지만 그것을 추억하는 행위는 늘 관계의 모습이다. 수많은 사건이나 사물, 그리고 타인에 대한 기억도 항상 관계를 통해 유지되고 완성된다.

만남은 일상의 실천적 기호이다. 만남은 그 순간의 명확한 그림을 우리에게 제시하지 않고, 성격도 모호하며 끊임없이 설명이나 해석을 요구할 수 있다. 만남은 관계라는 이름으로 경계 짓지 못할 수도 있다. 하지만 각각의 만남에 밀도 높은 관계성을 부여할 수 없는 경우에도 만남 이후의 어떤 시점에 이르면 그 만남을 '관계했음'으로 재인한다. 그리움도 예외는 아니다. 그리움은 만남의 현재 상황을 떠나 있지만 그것으로 따라 나오는 부수적인 감정으로 관계 맺기에 더 매달리게 된다. 주위를 돌아보면 사람들은 항상 누군가를 만나고 있거나 아니면 지나간 만남을 추억한다. 세상에 좀 더 밀착되고자 하기 때문이다.

책임이라는 말도 타인의 존재를 의식하지 않으면 고유한 가치를 상실한다. 만약 누군가가 "나는 책임질 대상이 없어도 책임을 지겠다."라고 말한다면 그 말을 어떻게 받아들여야 할까. 책임질 주체는 분명 나이지만 책임질 대상인 상대가 없다면 이 말은 공허해질 수밖에 없다. "나는 나의 말과 행동에 책임을 진다."라는 말이 비록 책임에 대한 일반적 어법을 변형시킨 것이기는 하지만 이 또한 과거 어떤 시점에서 일어난 누군가와의 관계 회복을 위한 자기 표현일 것이다. 그러므로 책임지고자 하는 전후 상황이나 맥락은 항상 다른 사람들과의 관계 때문이다. 누군가와 어떤 문제로 갈등이나 다툼이 있었을 것이고 사람들을 잘못 대하는 자기 태도를 곱씹을 수 있기 때문이다. 이렇게 '닫혀 있어' 지극히 개인적으로 보이기까지 하는 책임에도 타인과의 관계가 있어야 한다. 책임은 타인을 전제로 하지 않으면 현실성이 없다. 도덕 원리나 개념이 인간다움의 주체적 표현이며 올바른 삶을 끌어 나가기 위한 지극히 개인적인 잣대일 수 있지만, 타인이 없이는 이런 상황이 지속되지 못한다. 자율, 자유, 이성과 같은 개념은 시간이 흘러가면서 머릿속에서 조금씩 희미해져서 언젠가는 사라지고 만다. 강요나 억압, 지시가 없었다면 자율이나 자유도 없었을 것이고, 남들과 대화나 의사소통이 없었다면 이성적일 이유도 없었을 것이다.

타인의 존재를 부정하려는 태도는 낡고 오래된 습관과 비슷하다. 붉은 해가 지는 해변, 야자수 나뭇잎으로 비 가림 움막을 지어 놓은 곳, 부싯돌로 불을 지피고 잡아 올린 물고기로 저녁을 해결하는 무인도에서 책임, 자율, 자유, 이성을 의식화하는 것은 아무런 쓸모없는 습관에 가깝다. 이런 습관에 젖어 있으면 오늘 하루 타인들과의 현실 관계 속에서 부딪히고 해결해야 하는 '구원의 목소리'를 들을 수 없다. 네가 없다면 나도 있을 수 없다.

타인 지향

윤리적일 수 있는 최소 기준은 타인에게 피해나 손해를 끼치지 않는 것이다. 그렇다면 최대치의 윤리 기준은 무엇일까. 우리는 살아가면서 나름대로 윤리 기준을 체득한다. 남을 도울 능력이 충분하지 않더라도 어렵고 힘든 이웃에게 도움의 손길을 주어야 한다고 생각할 수 있다. 도움에는 개인이 자기 안정에만 안주하지 않고 '나'라는 좁은 문을 박차고 나아가려는 잉여적인 특성이 있다. '좋은 사회'도 개인이 지닌 타인 지향적 특성의 적극적이고 긍정적인 집합이다.

윤리적 사회는 타인 지향의 수준에 달려 있다. 타인을 존중하고 배려하는 정도에 따라 사회는 긍정적인 순기능을 하며, 특히 사회적 약자를 어떻게 대하느냐에 따라 사회적 결합의 강도가 달라진다. 타인 지향의 절정은 약자를 보는 태도에 있으며 나아가서 '약자의 약함'을 보는 태도에 달려 있다. 그리하여 실행 여부와는 상관없이 약자라는 주체, 그리고 약함이라는 현상 둘 다 보호와 옹호의 대상으로 취급할 때 윤리적인 사회가 된다. 어떤 사회든 약자는 존재한다. 다만 약자는 유동적이고 상대적일 수 있으므로 정확하게 구조화하기가 어렵다. 예를 들어 장애인, 노숙인, 독거노인, 미혼모 등으로 사회적 약자를 정할 수 있지만, 이렇게 되면 타인 지향의 윤리는 항상 관습적인 수준으로 떨어지거나 제도적으로 고착될 수 있다. 그러므로 '약함'이라는 좀 더 일반적인 특성에 초점을 맞추는 것이 낫다. 약자가 아닌 약함을 윤리적 기준으로 세우는 게 더 효과적이다. 누구나 약해질 수 있기 때문이다.

사람들은 경험을 통해 정체성을 습득해 나간다. 잠, 식사, 쇼핑 등 지극히 개인적인 경험에서부터 즐김과 누림, 또는 자신의 본능과 생존, 그리고 모임과 교제의 사회적인 경험으로 확장하면서 자신만의 정체성을 만들어 간다. 그러나 나를 넘어 타인과의 관계를 적극적으로 만들지 못하면 정체성은 말 그대로 정체되고 만다. 타인의 일에 어떤 식으로든 개입해서 얼굴을 '마주하는 공동체'의 조건을 만들지 못한다면 정체성은 지극히 자기중심에 빠지고 만다.[141] 레비나스가 말한 '가까운 이웃 자아'(soi prochain) 개념도 사람들이 "서로 인격적으로 마주 보는 사회"이며, "서로의 얼굴을 마주 보는" 데 있다.[142] 타인과의 인격적인 직접 만남이야말로 건전하고 완전한 의미의 자기 정체성을 만들어 준다. 사회 안의 '약함'을 본다는 것도 직접 대면하여 마주해야만 가능하다.

타인 지향은 폐쇄적이고 제한적인 개인이 아닌 관계적 자아로 거

---

141. 모리스 블랑쇼·장-뤽 낭시, 『밝힐 수 없는 공동체, 마주한 공동체』, pp.103-137.
142. 윤대선, 『레비나스와의 타자철학』, pp.285-286.

듭나게 하며 '문화적 자아'가 될 수 있게 한다. 문화적 자아는 자기중심의 자아가 아닌 관계 맺기를 적극적으로 펼치려는 자아이며, 사회성이 개발되어 타인의 출현을 강하게 의식하고 받아들이는 자아이다. 예를 들어, 복지 문화나 기부 문화도 개인적 자아가 문화적 자아로 전환될 때 나타나는 현상이다.

흔히 우리는 타인 때문에 자신이 누려야 할 즐거움이나 자유 영역의 몫이 줄어들거나 상실된다고 생각하기 쉽다. 하지만 현실은 타인의 고통을 발견하고 이웃을 사랑하고 책임지는 삶을 통해 개인 삶의 의미가 풍부해지는 경우가 더 많다. 왜곡되고 남용된 경쟁의식이 자신을 정신적으로 피폐하게 하거나 소외시킨다는 사실을 알면 오히려 타인을 찾게 된다. 앞서 언급한 "세계를 엿본다."라는 표현도 불필요한 경쟁으로 원하지 않는 사회적 소외를 벗어나려는 상징적인 모습이다. 사람들과의 경쟁과 갈등에 지칠 때 우리가 온전하게 희망하고 소원하는 것은 무엇인가. 혼자만의 휴식이 필요할 수도 있지만 언젠가는 서로 챙겨 주고 관심을 줄 타인에게로 돌아가는 것이다.

다시, 고독으로

원하지 않는 인간관계를 억지로 강요하거나 고취할 수는 없고 타인에 대한 적극적 관심을 사회적 합의로 끌어낸다는 것도 무리이다. 하지만 같이 살지 않으면 고독이나 관계 상실에서 오는 불안을 어떻게 할 것인가. 인간관계에 실패해 마치 애벌레 같은 삶의 방식을 취하는 고독의 모습을 마음 편히 두고 볼 수 있을까. 애벌레는 단단한 껍질 속에 들어앉아 밖의 공기를 최소한 섭취하면서 한겨울을 난다. 사람들도 잠시는 이런 방식으로 살아갈 수 있겠지만 그런 생존 방식이 아름답지도 않고 견뎌 내기도 쉽지 않을 것이다.

젊은 시절, 박물학적 즐거움으로 겨울 산을 헤집고 돌아다닌 적이 있다. 한번은 마른나무 가지에 붙은 두꺼운 애벌레 껍질을 집에 가져와 유리병에 넣어 두었다. 거의 한 달을 잊어버리고 있다가 늦은 밤 우연히 책상 불 밑에 껍질을 꺼내 종이 위에 펼쳐 놓았다. 호기심으로 딱딱한 껍질을 깨보니 그 속에서 하얀 애벌레가 나왔다. 당연히 죽었으리라고 생각했는데 살아 있었다. 그새 숨은 어떻게 쉬었으며 햇빛은 제대로 볼 수 있었을까. 벌레의 목숨이 참으로 질기다고 생각했지만 정말 외로웠을 것이라는 생각이 들었다. 우리네 고독도 이런 모양을 하고 있지 않을까. 누군가가 그것을 밖으로 드러내 톡톡 두드려 주는 최소한의 자극만 있다면 더 이상 외롭지 않을 것이다.

타인이나 세상에서 오래 격리될수록 상처받을 확률이 높아지고 그 상처도 치명적이다. 고독은 타인이 부재하기 때문에 생겨나는 흔적이다. 타인이 나에게 상처를 줄 수 있지만 더 큰 상처는 있어야 할 타인이 없었기 때문에 생긴다. 고독을 지나치게 자신에게만 몰두한 탓이라고 생각해 본 적은 없는가. 고독은 타인과의 소통이 정지된 상태이며 그 결과는 '잃음'이다. 나의 잃음이며 너의 잃음이며 동시에 나와 너의 관계를 잃음이다. 김현승 시인이 그의 연작 〈고독〉에서 말했듯이 고독은 견고하면서도 그 색은 검다. 고독의 모든 원인은 자아를 너무 좁게 설정한 탓이다. 그러므로 개인적 자아의 '좁은 문'에서 빠져나와 자신을 타인과의 관계 속에서 찾아야 한다.

　사람에게 왜 얼굴이 있을까를 다시 생각해 보자. 몇몇 유인원을 제외하고는 얼굴이라고 할 만한 것을 갖춘 동물이 없다. 조개나 해삼에게는 얼굴이 없다. 불가사리는 어떠한가. 얼굴이 분명하지 않은 동물이 살아가는 방식은 어떠한가. 상상력을 발휘해 보자. 얼굴 없는 '그런 것'은 아마 외로움이 없을 것이고 얼굴이 없으므로 관계 맺기도 할 수 없다. 바닷가 해변 모래에서 바닷물에 밀려온 불가사리를 주워 민박집 옥상에 말려 둔 적이 있다. 갯바람에 몸이 말라 가고 조금씩 비틀어지기도 하면서 불가사리는 박제되어 벽의 장식이 되었다. 하지만 한번도 이 불가사리 박제를 안쪽이 나오도록 뒤집어 놓고 싶지는 않았다. 안쪽이 나오는 순간 그 한복판에서 말라 비틀어진 얼굴을 볼 것만 같아 두려웠기 때문이다.

　자신의 안쪽을 드러낼 수밖에 없는 것이 얼굴이다. 얼굴은 숨어 있지 않으며 불가사리처럼 뒤쪽 또는 아래쪽에 있지도 않다. 얼굴에는 눈이 있어 그 속을 들여다볼 수 있고 그 생각 안까지 보게 한다. 얼굴은 사람의 가장 약한 곳을 여과 없이 드러낸다. 위장할 수 없다. 누군가를 만나 대화하려면 그 사람의 얼굴을 봐야 한다. 얼굴의 직접적인 드러냄 때문에 시선을 피하기가 쉽지 않으며 혼자 말하도록 내버려둘 수도 없다. 최소한의 관심은 얼굴을 들여다보는 데 있는데 앞이 아닌 뒷모습에서 그의 생기를 찾을 수는 없을 것이다. 누구는 사람의 뒷모습에서도 쓸쓸함을 볼 수 있다고 하지만 그것은 환유에 지나지 않는다. 혹 뒷모습에서 얼굴에 대한 기억의 여운 또는 흔적이 엷게나

마 남는다고 하더라도 우리는 이내 달려가 그의 얼굴을 보고 싶어 한다. 이렇게 얼굴이 우리의 관계 욕망이라면 얼굴 보는 행위 하나로도 고독에서 벗어날 수 있지 않겠는가.

관계 욕망

먹고 사는 일이 아무리 중요해도 그것은 개인의 일이지 남들에게 칭찬이나 존경을 받을 일은 아니다. 먹고 살아가는 행위에는 어떤 도덕적 가치 판단도 없고 끊임없는 자기중심적 욕구로 가득 차 있다. 그저 그렇게 생존하기 위한 최소한의 의무를 다하고 있을 뿐이며 자기 일로 남고 자기 현실에서 끝난다. 그것은 지극히 개인적 행위여서 타인에게는 관심의 대상이 되지 못한다. 생존하는 삶이 아무리 비장하게 느껴져도 개인의 '닫힌' 즐거움에 지나지 않는다. 우리가 각자의 자기 경계를 넘어설 수 없는 이유이기도 하다. 각각 닫힌 모나드(monad)가 되어 다른 누구도 관심을 두지 않으므로 그 폐쇄성에 만족하는 것으로 끝날 수밖에 없다. 그리하여 먼지처럼 가벼워진 자신의 몸을 진중하게 해줄 타인을 욕망하게 된다. 먹고 사는 만족감만으로는 안정감을 느끼지 못하기 때문이다.

생존은 어찌하든 혼자만의 삶의 방식이므로, 이런 생존의 '악적(vicious) 무한'에서 깨어나려면 관계에 대한 욕망에 눈을 떠야 한다. 실제로 갇힌 자아에서 벗어나 타인에게로 향하는 관계 욕망은 지극히 건전하다. 여기에는 자기중심적이고 이기적인 욕구에서 벗어나려는 태도가 무의식적으로 깔려 있다. 자신만을 위한 삶이 온갖 허무감

으로 마무리되는 것을 보았기에 타인을 욕망하지 않을 수 없다. 허무
감을 없애는 데는 사람들과 함께하는 것만큼 현실적인 방안이 없다.
사랑과 우정이 왜 그렇게 큰 힘을 발휘하는지를 생각해 보라. 자기
밖에 있는 사람들은 언제든지 소통되고 공유되며 자기 삶을 점검하
고 허무감을 없애기 위해 소중하게 활용된다. 타인으로 향하는 관계
욕망이 요청될 수밖에 없는 이유이다.

타인에게로 넘어가고자 하는 것은 초월의 욕망이다. '나 중심'에
서 벗어나 사람들과 만나고 자기의 유한에서 빠져나와 타인이라는
무한을 기대하는 초월의 모습이다. 레비나스도 "자기에 대한 제한 밖
으로의 탈출이 무한이다."라고 했다.[143] 이 말은 우리가 타인에게 눈
에 띌 정도로 가까이 다가갔음을 의미한다. '초월이 현실이 되는' 타
인은 우리가 혼자였거나 자기 안에 갇혀 있었다면 상상조차 할 수 없
었다. 타인인 '나 밖'의 존재는 내게 외재적이고 외부인 어떤 것이다.
"초월은 접근 가능성 못지않게 거리를 뜻한다."라는 말처럼 레비나스
는 초월의 외재성을 지시했다.[144] 초월하는 행위는 관념도 추상도 아
닌 물리적 거리에 있는 타인일 뿐이다. 예를 들어 나의 밖에 있는 이
웃은 어느 정도 떨어져 있어도 언제든지 다가갈 수 있는 여지를 남긴
다. 친절한 말 한마디를 건넬 수 있다면 그것이 초월이다.

레비나스의 초월이 인간적인 이유는 타자에게 건네는, 타자에 대

---

143. 에마뉘엘 레비나스, 『타자성과 초월』, P.79.
144. 에마뉘엘 레비나스, 『타자성과 초월』, p.26.

한 질문으로 가득하기 때문이다. 그리하여 "타자는 자신의 얼굴을 통해 어떤 매개도 거치지 않은 채 단순하고도 직접적으로 자신을 입증한다."[145] 말을 건네고 대화할 때의 얼굴이야말로 초월을 현실적으로 또는 세속적으로 가능하게 한다. 얼굴은 초월의 가시적 장소이다. 얼굴이 있어서 자기 안에 머물지 않으며 혼자일 수 없다. 초월의 진정한 목적은 혼자 있지 않기 위해서이다.

자기 너머로 도달하려는 노력이나 시도야말로 개체의 유한성이나 상대성에서 벗어나 무한성 또는 절대성으로 나아가는 길이다. "인간은 언제나 그 자신 너머에 있다."라는 말이 그러하듯이 초월의 결과는 타인을 책임지는 데 있다.[146] 초월의 기제가 얼굴이 되고 책임으로 나타나면서 얼굴의 윤리가 만들어지는 것이다. 그러므로 타인의 얼굴을 제대로 볼 수만 있다면 초월은 어렵지 않다. 얼굴은 한 인간을 사물화하거나 피상적인 상태로 놓아두지 않고 무한을 선택하게 한다. 얼굴이 지닌 고유함이 전체성을 거부하기 때문이다.[147]

세상에 나만 있고 다른 사람이 없다면 자신의 위치도 없다. 비교 대상이 없어 자신이 어디에 놓여 있는지 어떤 시점에 와 있는지도 모른다. '자기를 넘어'라는 말도 이해되지 않고 자신이 어느 쪽으로 기울어져 있는지도 알 수 없다. 마치 자물쇠로 굳게 채워진 어두운 방에 갇힌 듯한 느낌만 있을 뿐이다. 문을 열고 나가고 싶은 초월의 욕

---

145. 에마뉘엘 레비나스, 『타자성과 초월』, p.9.
146. 에마뉘엘 레비나스, 『타자성과 초월』, p.7.
147. 에마뉘엘 레비나스, 『타자성과 초월』, p.15.

망은 자기로부터 탈출하고 싶은 관계 욕망이다. 마치 오랫동안 들어앉아 있던 방을 나와 바깥의 맑은 공기를 쐬고 사람들을 만나고 싶은 외부 지향의 욕망이다. 여기서 얻어 내려는 욕망의 정체는 삶의 멈춤과 갇힘에서 헤쳐나와 밖을 엿보고자 하는 데 있다. 그리하여 자신의 삶이 '흐르고' 있음을 만끽하고자 함이다. 그렇게 만나는 얼굴은 계시이며 은혜일 수 있지 않을까. 혼자만의 삶에서는 어떤 자유도 없다. 만남이 우리를 구원해 주고 영적인 삶으로 안내할 것이다.

3. 얼굴의 윤리

누구나 얼굴을 드러내고 싶고 어둠 속에 있지 않으려고 하지만, 어떤 이는 두려움이나 슬픔으로 얼굴을 감추고 대낮의 밝은 빛을 피한다. 내세울 게 없거나 먹고 살기가 어려워도 대낮의 빛이 싫을 것이다. 얼굴이 없는 듯이 살아가는 얼굴은 몇몇 인상적인 부분을 빼고는 대충 그려진 밑그림처럼 흐릿하고 밝지 않다. 한두 가지 힘들고 고통스러운 선으로 얼굴 윤곽을 드러내는 정도이다. 가난 혹은 늙음과 질병의 인상이며 의지의 상실이자 약함의 표현이다. 그들은 그렇게 얼굴을 감춘 채 고개를 숙여 걷거나 상대와 시선을 맞추지 못한다.

얼굴의 윤리는 얼굴을 보면서 관심을 가지고 주의를 기울이는 데 있다. 주변에서 일어나는 수많은 윤리적 사건의 특성은 무엇이며 어떤 경로를 통해 윤리가 되는지를 보자. 양심이 우리를 구원할 수 있

는지, 타인은 또 어떻게 내게 와서 우리를 윤리적으로 살게 하는지를
살펴보자.

관심과 얼굴 보기

타인에게 관심을 가지려면 용기를 내어 가까이 다가갈 수 있어야
한다. 가까이 가지 않으면 얼굴에서 묻어나는 정서와 감정을 볼 수
없다. 얼굴을 보려면 시각을 포함해서 촉각, 청각 등 온갖 감각이 동
원되어야 한다. 무조건 사람을 사랑하거나 도와야 한다는 도덕적 관
념은 잊고, '타인을 보면서' 거기에 따라 발생하는 온갖 감정을 있는
그대로 받아들여야 한다. 그저 얼굴을 본다고 해서 윤리적일 수는 없
다. 얼굴 보기에는 애정과 관심, 정직함이 있어야 한다.

사람들이 자신의 얼굴 드러내기를 일찌감치 포기하는 이유는 위
선적이어서가 아니다. 남들이 그렇게 하니 자신도 그렇게 할 뿐이고
그게 습관이 되고 예의가 되었을 뿐이다. 싫은 얼굴이나 미운 얼굴에
는 얼굴 보기가 잘 안된다지만 그것도 자신의 편견이나 오해일 수 있
다. 얼굴 보기를 잘하려면 상대의 '있는 그대로'의 모습 앞에 서면 된
다. 어떻게 하면 얼굴 하나로 서로를 만날 수 있을까.

아마 관심일 것이다. 얼굴은 관심만 있다면 어쩔 수 없이 보게 되
고 볼 수밖에 없다. 작은 관심으로도 보이는 게 얼굴이다. 어느 정도
의 관심이어야 할까. 그 정도를 수량화할 수는 없을 것이고 대신 얼
굴을 보겠다는 다짐이면 된다. 얼굴이 내 눈앞의 전경으로 다가올 정
도이면 얼굴은 스스로 자신을 보여 준다. 언제나 처음 온 듯, 딴 세상

에서 온 듯, 그리고 비밀스러운 듯 자기를 표현한다. 마치 길가에 핀 작은 꽃 하나에도 '꽃의 얼굴'을 볼 수 있듯이 자기만의 신비를 드러 낸다. 관심만 있다면 얼굴은 '지금 여기'에서 있는 그대로의 모습을 보여 준다.

자동차에도 얼굴이 있다. 자동차의 앞면은 사람 얼굴과 닮은 점이 많고 자동차의 사이드미러는 마치 얼굴의 귀와 같다. 사이드미러를 귀에 비유한 김선굉 시인의 시를 감상해 보자.

> " (…) 나는 오늘 먼 길을 달려왔다. 구룡포에서 감포 쪽으로 길게 이어지던 그 바닷가, 출렁이는 물결을 옆으로 하고, 바람에 은빛 갈기를 날리던 암컷, 엉덩이가 실한 대견한 놈임이 틀림없다. 두 귀를 접은 뒤 툭툭, 엉덩이를 쳐주고는 지친 몸을 엘리베이터에 얹는다. 좁은 엘리베이터 안, 작은 거울에 얼굴을 비추며 귀를 접 어 보았다. 접히지 않는 내 귀, 이건 슬픔이며, 또한 세상을 다 잊 고 잠들 수 없음이며, 또 잠들어서도 안 되는 (…)." (김선굉, 〈두 귀〉, 일부)

자동차 사이드미러가 귀에 비유되듯이 이 시의 화자는 자동차를 사람의 얼굴처럼 마주하고 있다. 요즘은 거의 모든 차에 자동 사이 드미러가 장착되어 있지만 시인이 이 시를 쓰던 때만 해도 그런 차 가 드물었다. 늦은 밤, 시인은 멀리 동해 바닷가에서 돌아와 피곤한 몸으로 아파트 주차장에 차를 주차한다. 그리고 자동차의 사이드미

러를 접는 순간 그것을 자기 귀와 연결하면서 하나의 각성을 얻어 낸
다. 자동차의 귀는 접을 수 있어도 사람의 귀는 세상을 향해 한순간
이라도 닫아 놓을 수 없다는 것, 어쩔 수 없이 세상의 일에 관심을 두
고 귀를 세워 놓아야 하는 피곤함을 보여 준다. 조금의 휴식도 없이
파도처럼 밀려오는 세상일에 개입하지 않으면 안 되는 초조함을 보
여 준다. 마침내 자동차의 얼굴은 엘리베이터 거울에 비친 시인의 얼
굴로 옮겨 온다. 그 순간 외재적이고 비물질적이며 낯선, 그리하여
자신의 두 귀를 돌아보게 하는 그런 얼굴로 변형된다.

사람의 얼굴만큼 직접적이고 현실적인 것은 없다. 얼굴은 너무나
노골적이고 즉물적으로 나를 마주한다. 숨겨져 있지 않고 전면적이
어서 굳이 힘들게 찾아내는 수고를 덜어 준다. 시인의 눈이 아니라면
자동차에서 얼굴을 발견하고 귀를 찾아내는 일은 쉽지 않다. 비록 얼
굴을 찾았다고 하더라도 그것은 마치 스냅 사진처럼 일시적이고 제
한적이었을 것이다. 예를 들어, 책상 위의 가장 환하고 넓은 부위나
벽에 걸린 시계의 둥근 모습을 얼굴이라고 해보자. 책상의 얼굴은 이
내 무미건조한 나무 재질의 모습으로 바뀔 것이고 시계는 여전히 시
침과 분침 그리고 초침의 분주함으로 되돌아갈 것이다. 그러나 앞의
시 〈두 귀〉에서는 자동차의 얼굴이 시인의 얼굴로 이어져 엘리베이
터 거울까지 따라온다. 거울에 비친 얼굴은 누구의 얼굴이었을까. 아
마 귀를 가진 자동차의 얼굴에 관심이 없었다면 이날 늦은 밤 시인은
자기 얼굴을 볼 수 없었을지도 모른다.

얼굴은 심장처럼 스스로 일한다. 우리가 굳이 얼굴을 '사용하지'

않는 이유도 얼굴이 자기 할 일을 스스로 알아서 하기 때문이다. 얼굴은 가끔 주인인 나를 제쳐 두고 자기 멋대로 자신의 이야기를 풀어 놓으며 나를 대신한다. 하물며 타인의 얼굴을 내가 어떻게 할 수 있을까. 그 얼굴은 내가 쉽게 넘을 수 없는 벽이며 속내를 들여다볼 수 없는 '밖'이다. 우리가 힘들고 불편함을 감수하면서도 타인을 조심스럽고 진지하게 만날 수밖에 없는 이유가 여기에 있다. 지금 여기 이 순간 오래 보아야 보이는 얼굴 보기이다. 나태주 시인이 〈풀꽃〉이라는 시에서 "자세히 오래 보아야 한다. 오래 보아야 사랑스럽다. 너도 그렇다."라고 했듯이, 타인의 얼굴은 짧은 시간으로는 보이지 않는다. 얼굴은 과거인지 미래인지 알 수 없을 정도로 한순간도 멈춰 있지 않다. 잠시 스치는 그 순간에 볼 수 없으면 다시는 볼 수 없는 얼굴이다. 관심을 줘야 보이는 얼굴이다. 세심하게 살피지 않으면 절대 볼 수 없다. 아주 짧게 드러나는 고통과 외로움의 얼굴을 '오래' 붙잡아 두려면, 고은 시인이 〈거기 그대와 나〉에서 말했듯 아주 '지긋이 따뜻한 눈으로' 봐야 하는 것이다.

얼굴 보기로 드러나는 타인의 얼굴은 나에게 '윤리적 요청'으로 다가온다. 만약 누군가가 불안과 무기력으로 힘들어하고 그 얼굴을 내가 볼 수만 있다면 그의 얼굴은 내게로 와서 외면할 수 없는 힘을 갖는다. 그의 힘든 모습은 부정하거나 거부하기가 쉽지 않다. 병으로 고통받는 얼굴, 마음의 상처로 어두운 그림자를 드리운 얼굴, 가난으로 하루하루를 긴장과 두려움으로 살아가야 하는 얼굴을 볼 수 있다. 그런 얼굴은 순간 '나를 보시오, 나는 이렇게 힘들게 살아가고 있소.'라고 말한다. 웃을 일도 자신의 주장을 강하게 드러낼 힘도 없이 피곤하여 무너질 듯 걷거나 앉아 있다. 그런 얼굴에 무언가 작은 도움의 손길을 줘야 한다고 생각이 드는 것은 지쳐 있는 모습 때문일 것이다. 의무라는 말도 필요 없고 도움을 줘야겠다는 의식도 들지 않을 정도로 마냥 그렇게 지쳐 있는 모습에 공감할 뿐이다. 사랑과 배려의 속성이 수동적인 까닭도 여기에 있다. 그 순간의 무언가에 끌려 도움을 준 것이지 나의 친절과 도움의 능동적 의지는 부수적일 뿐이다. 돕는 주체는 나였지만 도움의 시작은 그의 얼굴을 내가 본 것 말고는 없다.

얼굴 보기는 강요할 수 없다. 얼굴 보기의 긍정적인 윤리적 개연성을 어떻게 설득할 것인가. 이 지점에서 얼굴 보기는 좋고 선한 행위이므로 윤리적이라고 말해야 할 필요가 있을지도 모른다. 하지만 이렇게 되면 레비나스의 윤리학도 기존의 도덕과 똑같은 어려움에 빠져서, 얼굴 보기라는 새로운 형태의 도덕률을 주입해야 하고 그것에 익숙해지도록 의무감을 잔뜩 심어 줘야 한다. 그리고 이런 식의 관념적 부담을 줄 바에는 차라리 지금껏 해왔듯 옳은 행위의 의의를 말해 주고 선한 행동을 학습하게 하는 것이 더 낫다. 도덕적 자각을 일깨우거나 도덕적 자율을 주입하는 식이라면 얼굴 보기는 윤리적 장식으로 끝나고 말 것이다.

윤리적 사건

사람들에게 낯섦이 계속되는 한 인간관계는 편안할 수 없다. 낯섦을 해소하려면 사람들 사이에서 '윤리적 사건'을 찾아내야 한다. 윤리적 사건이 없으면 낯섦의 문제는 영원히 해결되지 않는다. 윤리적 사건에는 타인을 더 깊이 이해하고 그들의 힘듦과 고통을 알게 해주는 공감의 자원이 있으며 관계 맺기의 숨은 덕목이 있다. 책임, 배려, 존중 등의 덕목도 타인을 제대로 만나려는 의지가 없으면 작동하지 않는다. 그리고 이런 덕목도 실제로는 타인에게서 온다. 타인에게 관심을 주고 타인이 누구인가를 물어야 생긴다. 그런 면에서도 인간관계의 무게 중심은 나에게 있지 않고 타인에게 있다. 나 중심이 아닌 타인 중심의 좋은 예화가 있다.

> "사람이 온다는 건 실은 어마어마한 일이다. 그는 그의 과거와 현재와 그리고 그의 미래와 함께 오기 때문이다. 한 사람의 일생이 오기 때문이다." (정현종, 〈방문객〉 일부)

시인은 사람이 나에게 오는 일을 '어마어마한' 일로 생각하며 일상에서 늘 대하는 만남을 하나의 사건으로 간주한다. 평소 우리는 다른 사람을 그렇게 대단히 여기지 않는다. 늘 보는 것이 사람이기 때문에 사람의 의미를 크게 생각하지 않는다. 그러나 시인은 '한 사람의 일생'이라는 타인의 무게를 생각하고 있다. 사람은 지금 보이는 모습 이외에 그의 과거와 미래가 함께 오기 때문에 그 무게는 대단하다. 거기에 더해 그의 상처와 힘듦, 이 모든 게 덩달아 오기 때문에 함부로 대할 수 없다. 만남의 크기와 무게는 장중하게 다가와 두려울 수 있으며, 크고 무거워 외경과 숭고함의 감정으로 가득 차게 한다. 만남이 서서히 윤리적 사건으로 자리 잡을 수 있는 이유이다.

방문객은 누구인가. 그는 나를 찾아왔다가 영원히 머무는 사람이 아니라 잠시 머물다 언젠가는 떠나갈 사람이다. 만남은 이렇게 한시적이고 제한적일 수밖에 없다. 그가 가족이든 친구든 아니면 사랑하는 사람이든 그는 내게 영원히 머물 수 없는 존재이다. 마치 '지는 꽃처럼' 언젠가는 내 옆에서 사라지고 말 존재이기에 아쉽고 애절하며 귀할 수밖에 없다. 조금만 주의를 기울이면 나의 삶을 가득 채울 수 있는 만남이 이렇게 엄청난 무게로 다가선다는 것을 알 수 있다. 만남의 의미가 절실한 이유는 만남이 우리의 일상을 반김과 환대의 향연으로 채워 주기 때문이다.

진실 찾기

우리가 일상적으로 살아가는 모습을 자세히 들여다보면 의식하든 하지 않든 우리는 자신도 모르게 삶에 대한 진실 찾기를 하고 있다. 삶의 방향이나 목적을 정하고 관계를 유지하며 세상일에 관여하는 속에서도 끊임없이 진실을 찾는다. 무엇이 옳고 그르며, 어떻게 하는 것이 바람직한가를 따진다. 생각이 많아지고 말이 많아지는 이유도 그러하다. 일어나는 일에서 진실 찾기를 포기한다면 이것은 삶에 대한 절망이나 포기를 의미하고, 진실 찾기를 포기하면 삶의 지향에 대한 불안을 잠재울 수 없다. 진실을 회피했을 때 오는 장애와 고통은 만만치 않다.

무엇이 진실 찾기에 힘을 보탤 수 있을까. 아마도 애정일 것이다. 진실 찾기는 대상에 대한 애정이 동반되지 않으면 이내 쉽게 멈추고 만다. 어느 더운 여름날, 아파트를 빠져나와 동네 정자에 앉아 있다가 비둘기 한 마리가 아주 이상한 모습을 하고 있는 것을 보았다. 비둘기가 모이를 먹을 때는 보통 두 다리를 가지런히 놓고 머리를 이리저리 돌린다. 주위를 끊임없이 주시하면서 종종걸음으로 움직이는 것이 정상이다. 그런데 이 비둘기는 한자리에 오랫동안 비를 맞으며 돌처럼 서 있었다. 그것도 다리 한쪽을 약간 삐딱하게 한 채로 말이다. 사람으로 치면 마치 다리를 꼬고 앉아 있는 식이다. 덕분에 비둘기를 바로 눈앞에서 편안한 마음으로 오랫동안 볼 수 있었다. 왜 다리를 저렇게 하고 서 있을까. 한참 시간이 흐른 후에 비둘기가 움직이기 시작했는데, 가만히 보니 다리 한쪽을 절고 있었다. 어디선가 다리를 다쳤던 모양이다.

내가 비둘기의 이상한 모습을 궁금해한 이유는 그 모습에 대한 호기심 내지는 관심 때문이다. 평소에 알고 있던 것과 다르기 때문이다. 비둘기는 빗속에서 전혀 있지 말아야 할 곳에 있고 사람이 보고 있는데도 움직이지 않고 있다. 나는 비둘기가 다쳤다고는 미처 생각하지 못했고, 다만 그 이상한 모습을 통해 미세하나마 가련함 또는 측은함을 느꼈다.

비둘기에 대한 애정의 정체가 어디서 왔는지 모른다. 비둘기가 다리를 다쳤다는 사실은 나중에 그가 움직였을 때 알았을 뿐이다. 비둘기를 그렇게도 오랫동안 볼 수 있었던 것은 관찰 이상의 관심이 아니었을까. 비에 젖은 채 불안한 상태로 주위를 끊임없이 돌아보며 날개를 조금씩 펼쳤다가 모으고 하는 행위 때문일 것이다. 이 관심을 무엇이라고 불러야 할까. '윤리적'이라는 표현 말고는 설명할 길이 없다. 윤리는 세상의 다른 것을 향한 관심에서 나온다. 진실 찾기도 사물이나 사건에 대한 관심이 애초부터 없었다면 시작되지 않는다.

애정은 관심의 가장 적극적인 표현이며 관계 맺기의 출발이 된다. 아무리 인간을 관계적 존재라고 해본들 관심이 없다면 관계 자체가 형성되지 않을 것이다. 이것은 관계 형성의 미세함 또는 배경을 섬세하게 들여보지 않으면 알 수 없다. 윤리가 추상적이고 개념적인 듯해도 실제로 작동하는 양식은 너무나 작고 고요하다.

관계는 그저 주어지지 않는다. 관심을 두지 않고는 관계를 맺을 수는 없다. 관심을 주지 않는다면 세상은 죽은 장식에 불과하고 의미도 없다. 관심이라는 역동적인 기제가 작용했을 때만 발생할 수 있다. 마찬가지로 서로에게 호기심을 자아내고 그 호기심만큼이나 오래 대면할 수 있어야 한다. 오래 자리를 잡고 앉아 온갖 관심을 펼쳐 낼 수 있어야 한다. 스쳐 지나가듯 해서는 윤리가 만들어지지 않을 것이다.

관계의 장소

만남의 무게를 타인에게 두려면 장소를 이해해야 한다. 사람은 주위의 사물들과 관계하면서 동시에 자신만의 시공간적 상황을 갖고 있다. 마치 사물에 초점이 주어질 때 그 초점을 이루는 배경으로 장

(field)이 함께 생성되는 것과 같다. 초점만 있고 장이 없는 상태는 없다. 존 듀이는 "의자를 경험한다."라는 명제를 다음과 같이 풀어냈다. 의자를 설명하거나 보았다는 것으로는 의자를 경험했다고 할 수 없으며, 의자를 제대로 경험하려면 그 의자에 앉아 책을 읽거나 잠을 자면서 어느 정도 시간을 보내야 한다. 의자와 나 사이에 '어울림'이나 조응이 발생하기를 기다려야 한다. 이 경우 의자가 초점이 되고 의자에 앉는 경험 전체가 장이 되는 것이다.[148] 나무 재질의 질감 하나가 앉는 자세를 편안하게 하고 의자에 오래 앉아 있게 한다. 사람의 관계도 길을 가다가 우연히 만난 것 또는 누군가가 말을 걸어온 것 하나로만 성립되지 않는다. 관계 맺기에는 시간이 흘러야 하고 서로 반응하고 대응하는 구체적인 몸짓이 따라 나와야 한다.

설치미술 '관계항' 시리즈의 작가인 이우환은 "'세계는 신체라는 옷감으로 지어진 신체의 연장물'이라고 했다."[149] 인간은 세계의 짜임 속에 '박혀' 있고 세계의 퍼짐으로 열려 가는 존재로서, 세계 속에서 자신의 촘촘한 옷감을 신체를 통해 풀어낸다. '박혀 있다'는 말은 한곳에 오래 자리했다는 뜻이고, 세계가 흔들리거나 하면 자연스럽게 그 박힌 자리가 노출될 수밖에 없다는 뜻이기도 하다. 만남을 만드는 구조도 이와 같다. 그는 이 구조에 장소가 있다고 보고 다음 칠기 그릇의 예화를 통해 그런 장소를 보여 준다.

---

148. Dewey, *Art as Experience*, Chapter 3.
149. 이우환, 『만남을 찾아서』, p.212.

"처음 칠기를 살 때도 여러모로 기호나 기질에 따라, 서로가 서로를 고르고 골라지는 양의적인 관계가 성립할 것이다. 그러나 그것을 쓰면서, 동시에 쓰이는 관계가 생겨서, 마침내는 다른 것으로 대신할 수 없게 되는 것이다. 칠기는 차츰 칠이 벗겨지거나 속살이 드러나면서 점점 윤기 나며 빛나고 숨을 쉬며, 하나의 가풍, 하나의 역사적 공간을 뚜렷이 부각시킨다. 그와 같은 상태성에서 그 칠기는 선명히 보이게 된다. 즉 그것은 어떤 신체성을 지닌 것이 되었다고 하겠다. 칠기는 단순히 용도나 기능, 그리고 대상의 윤곽으로 보이는 것이 아니라 쓰이고 닦이면서 나타나는 시간의 두께나 퍼짐과 같은 외부성을 지닌 것으로 보이는 것이다." (이우환, 『만남을 찾아서』, pp.222-223, 부분 인용.)

작가가 구매한 칠기 그릇은 시간의 흐름과 함께 칠이 벗겨지고 속살이 드러나면서 그릇이 아닌 하나의 인격체로 다가온다. 그는 그것을 '신체성'이라는 말로 대신했다. 이제 그에게 칠기 그릇은 보통의 그릇이 아니다. 자신과 조응하는 강력한 외부가 되었으며 자신을 둘러싼 장소가 되고 만남이 된 것이다.

또 다른 예화를 보자. 조선 순조 때의 〈조침문(弔針文)〉에서 부러진 바늘은 바늘을 얻은 경로와 그 바늘과 함께 지샌 세월, 그리고 유씨 부인의 처지 등이 녹아나는 바늘이었다. 부인의 바늘은 제사를 지낼 정도로 각별했으므로 그에 얽힌 모든 사연이 자신과의 관계를 성취한다. 바늘의 귀와 바늘의 허리는 처음에는 초점이었지만 이내 주변으로 퍼져나가 부인의 한 많은 사연의 장소가 된다. 조침문의 마지막 구절은 이러하다. "네 비록 물건(物件)이나 무심(無心)하지 아니하면, 후세(後世)에 다시 만나 평생동거지정(平生同居之情)을 다시 이어, 백년 고락(百年苦樂)과 일시생사(一時生死)를 한 가지로 하기를 바라노라. 오호애재(嗚呼哀哉)라, 바늘이여." 바늘과의 인연 한때가 바늘을 소유한 자와 함께하고 바늘의 죽음이 소유자의 죽음과 하나가 된 것이다.

감정 이입과 공감이 최대화되면 바늘과 바늘을 보는 자가 따로 있지 않다. "퍼짐과 두께 및 깊이를 지닌 신체성"을 가진 존재로 변화된다.[150] 유씨 부인은 '바늘과 동시에' 만남을 이루어 냈고 이 만남의 장소에 유씨 부인의 몸이 있다. 유씨 부인이 부러진 바늘을 두고 슬퍼하는 까닭은 자식도 없이 홀몸으로 늦은 밤까지 지샌 자신의 몸이 바늘에 감정 이입되었기 때문이다. 부러진 바늘에 대한 슬픔이나 신체성의 극점은 바늘이 지닌 인격적 얼굴이다. 바늘의 귀와 허리는 바늘의 신체 일부이면서 신체의 외부를 극적으로 드러낸다. 이우환은 "만남은 신체 그 자체가 아니지만, 신체 없이는 만남이 일어나지 않는다."라고 했다. "인간이 만남 없이는 진정 살지 못하는 존재"이기 때문이다.[151] 그가 "관계에 의한 장소만이 대상을 진정으로 자립시켜서 그 존재를 자유롭게 한다."라고 했듯이 관계가 윤리의 길이 된다.[152] 관계는 장소가 되었다가 다시 윤리로 거듭나는 것이다.

---

150. 이우환, 『만남을 찾아서』, p.223.
151. 이우환, 『만남을 찾아서』, p.229.
152. 이우환, 『만남을 찾아서』, pp.236-237.

얼굴 붉어짐과 양심

이우환의 낡은 칠기 그릇이나 유씨 부인의 부러진 바늘이 흔해 빠진 그릇이나 바늘이 될 수 없었던 까닭은 그것에 감정 이입이 되면서 자신들의 양심을 자극했기 때문일 것이다. 미안한 감정이 일어나 혼자서 얼굴이 붉어졌을 수도 있다. 무안해지고 낯부끄러울 때, 체면이 깎이고 면목이 없을 때도 양심은 일어난다. 물론 양심으로만 얼굴이 붉어지지는 않는다. 얼굴이 붉어지는 현상은 불안하거나 긴장되는 순전히 생리적인 몸의 변화로도 일어나므로 얼굴 붉어짐을 양심과 일대일의 대응 관계로 몰아갈 이유는 없다. 다만 여기서는 양심으로 얼굴에서 발생하는 붉어짐의 현상만을 살펴보자.

얼굴은 구체적인 하나의 장소로서 여기에는 관계에서 발생하는 상호적이고 시공간적인 상황이 집약되어 있다. 얼굴은 자신도 모르게 반응한다. 이 반응의 속도는 너무 빨라 '얼굴을 붉혀야지' 하는 생각이 미처 들지 않는다. 얼굴이 붉어지는 현상은 내가 지어냈다기보다는 특정 상황에서 타인으로 인해 생겨나기 때문에 내가 어떻게 해 볼 수가 없다. 그런 현상은 나의 의도 때문인 듯해도 실제로 얼굴 붉어짐의 원인은 생각이 아니라 얼굴이 붉어진 윤리적 상황 또는 현장에 있다. 물론 얼굴 붉어짐에 대한 동기나 원인을 '희미하게' 반추하며 잠자리에 들었다가 낮에 있었던 사건에 얼굴이 달아오를 수 있지만, 이 경우도 어디까지나 생각 외부의 특정된 사건을 되살리고 기억했기 때문이다. 그러므로 얼굴 붉어짐의 의도를 뒤늦게 분석할 수는 있어도 그 의도 자체를 얼굴 붉어짐의 원인이라고 할 수 없다.

의도는 얼굴 붉어짐 현상의 논리적 근거가 될 수는 있어도 원인은 될 수 없다. 얼굴 붉어짐의 동기를 제공한 미안함은 눈으로 볼 수도 없고 어떤 방식으로도 확인할 수 없다. 굳이 알고자 한다면 얼굴이 붉어진 상황을 두고 조금씩 '되돌아가' 추상할 수밖에 없다. 그리고 얼굴 붉어짐으로 벌어지는 상징은 주위의 모든 장소적 의미를 모두 포함한다. 예를 들어 '당신 얼굴이 붉어진 것을 보니 미안한 마음이 있구나.' 또는 '그런 마음이 있다면 당신은 조금 전에 한 말을 취소해야겠어.'라는 말처럼 얼굴 붉어짐의 현상 하나가 주위로 한없이 커져 나간다.

붉어진 얼굴은 책임으로 이어질 수 있지만 절대 개인의 생리적인 얼굴 붉어짐으로 환원되지는 않는다. 혼자만의 미안함으로만 돌아가지 않는다. 얼굴이 붉어진 모습을 보고 사람들은 '이제 네가 책임을 진다는 뜻이지.'라고 말하면서 그 미안함을 나누고 소통할 수 있기 때문이다. 다만 여기서 주의할 것은 얼굴의 붉은 상태가 책임이 될 수는 있지만, 책임을 선제적으로 가져온 후 얼굴이 붉어지지는 않는다. 얼굴 붉어짐은 개인적 의도나 사회적 평가와는 전혀 무관하다. 그것은 책임 앞에 있거나 아니면 적어도 같이 있다.

누구는 '양심에 찔려' 얼굴이 붉어질 수 있다고 할 것이다. 하지만 양심의 경로를 순조롭게 따라가더라도 미안함이 얼굴의 붉어짐으로 정확하게 도출되지 않는다. 오히려 얼굴 붉어짐은 개인의 양심에 찔려 나온 것이 아닌 그것을 만든 상황에 있다. 굳이 양심을 개입시키고자 한다면 일이 일어난 상황과 개인의 얼굴 붉어짐의 중간에 둘 수

는 있다. 그러나 이런 개입은 습관이나 도덕률에 의해 아주 짧은 순
간에 이루어지기 때문에 어떤 누구도 개입 여부를 확인할 수 없다.
그런데도 얼굴 붉어짐을 너무나 쉽게 양심에 근거한 것이라고 말한
다. 아마 얼굴 붉어짐에는 양심의 작동이라는 지극히 사적이고 도덕
적인 훈습이 전제되어 있으리라는 믿음 때문일 것이다. 하지만 양심
과 얼굴 붉어짐의 인과 관계를 추적할 방법은 없다.

얼굴 붉어짐의 현상이 의도도 아니고 양심도 아니라면 남은 것은
관계 맺기의 과정인 자극에 의한 반응뿐이다. 얼굴 붉어짐을 상대와
관계 맺을 때의 반응으로만 몰고 가면 행동주의가 지닌 한계에 부닥
칠 수는 있겠지만, 그렇다고 양심을 뇌과학적인 화학적 물질화로 환
원할 수도 없다. 또는 양심을 하늘이 준 것으로 볼 수도 없고 사회행
위의 흔적 또는 잔해로 취급할 수도 없다. 이 모든 것은 우리가 양심
을 잘못 이해할 수 있는 덫에 가깝다.

양심의 위치 설정의 곤혹스러움을 작가 카를로 콜로디는 그의
『피노키오의 모험』에서 현명하게 처리했다. 나무 인형에 불과했던
피노키오가 사람이 될 때 요정은 피노키오에게 양심을 그의 가슴에
직접 넣어 주지 않는다. 대신에 피노키오를 인간답게 지켜 주는 양심
은 옆에 있던 귀뚜라미 제미니의 몫이었다. 요정이 피노키오의 양심
을 귀뚜라미에게 이양한 것은 양심을 개인의 내부에 두지 않으려는
장치였다. 작가는 적어도 양심의 출처가 몸 밖에 있다는 사실을 알고
있었을 것이다. 양심에 찔리는 주체는 피노키오도 아니며, 얼굴 붉어
짐의 원인도 피노키오 자신의 양심이 아니었다. 피노키오의 양심은

발생학적으로나 인과적으로나 그의 것이 아니고 그의 얼굴이 붉어지는 직접적 원인도 아니다. 오히려 피노키오의 양심은 그를 둘러싼 할아버지 제페토, 고양이 피가로, 붕어 클레오, 요정, 그리고 귀뚜라미 제미니로 이루어진 다른 캐릭터들의 자극과 반응 행위의 집합이다. 귀뚜라미 제미니의 휘파람은 피노키오에게는 윤리적 기호가 되어 나무 인형에 불과했던 소년은 진짜 인간 소년이 된다. 만약 이들의 도움이나 수고가 없었다면 피노키오의 양심은 생겨나지도 않았을 것이다.

너는 나의 미래

지금 여기의 나는 순간에만 관계할 뿐 미래를 내 손에 거머쥘 수 없다. 미래는 소유권이 없는 나의 것이라고나 할까. 미래가 오는 순간 그것은 어느새 새로운 현재가 되어 버리기 때문이다. 미래는 아직 오지 않았는데 나의 것인 듯 나에게 들러붙어 있다. 그러므로 미래는 아직 '나의 시간'이라고 할 수 없다. 미래는 알려져 있을 뿐 실제로 나와는 아무런 관계가 없을 정도이다. 가까이 가면 갈수록 희미해지고 옅어지며 그 안으로 들어서면 사라지고 만다. 현재와 미래 사이의 심연을 메울 능력이 우리에게는 없다. 미래는 영원히 경험할 수 없으며 인식 불가능한 것이다.

양심이 타인들의 몫이듯 나의 미래도 타인에게 더 가까이 있는 듯하다. 사람을 만나는 순간 자기만 자주 남듯이 타인은 미래와 닮았다. 타인은 시간을 건너뛰어 존재하는 탓에 나와는 격차가 심하다.

그렇다면 우리는 진정으로 타인을 만날 수 있을까. 한 가지 희망은 얼굴의 관계적 가능성을 숙고하는 데 있다. 미래가 나의 것이 아닌 채 텅 비어 있음에도 마치 내 것처럼 생각되듯, 타인도 내가 전혀 알 수 없는 미지의 세계이지만 내 안에 들어와 있다고 생각할 수 있다. 타인의 세계는 비록 어둡고 가늠할 수 없어도 그가 내 속에 있을 것 같은 기시감을 얼굴이 대신한다. 그의 얼굴이야말로 내가 그를 만날 가능성을 열어 주는 곳이다. 얼굴과 마주하는 현실은 현재 속에서 미래를 경험하는 것과 비슷하고, 얼굴이 수반된 만남은 마치 미래의 시간과 대화하는 것과 같다. 그의 얼굴을 거쳐 나의 미래를 경험할 수 있기 때문이다.

타인을 통한 미래 경험은 그와 섞여 하나가 된다는 뜻은 아니다. 1988년에 나왔던 영화 〈파리(The Fly)〉는 생명체를 동시 공간에서 전송하는 기계를 개발한 세드 브런들의 비극을 다룬 것이다. 동시적 공간 이동은 현실의 물리적 세계에서는 불가능하다. 서로 다른 시공간에 두 물질이 동시에 있을 수 없기 때문이다. 어쨌든 버튼 하나를 누르면 한 장소의 인간이 다른 장소로 순간 이동할 수 있다는 사실은 매력적이다. 하지만 이 영화의 비극은 공간을 이동할 때 기계 안에 먼저 들어와 있던 파리 한 마리가 주인공의 상처에 붙은 데서 시작한다. 이동하는 과정에서 파리의 유전자가 인간에게 들러붙어 괴물 같은 '파리 인간'이 태어난 것이다. 이런 섞임은 파리와 인간이 '하나가' 되면서 비극을 만든다.

사람들도 하나로 섞이면 같은 문제가 발생한다. 비록 섞여 만날 수 있을지는 몰라도 말 그대로 하나가 되면 앞의 영화처럼 괴물이 될 수밖에 없다. 한쪽의 지배 또는 희생이라는 섞임의 괴물, 곧 하나 됨의 괴물이 되는 것이다. 그러나 타인을 무의식적인 단순한 섞임이 아닌 공유지에 둘 수 있다면 언제든지 타인을 만날 수 있으며 그 속에서 타인은 서로에게 미래가 될 수 있다. 영화의 맥락과는 조금 다르지만 우리는 현실 세계에서 끊임없이 타인을 만나기 위해 공간 이동을 감행한다. 얼굴을 마주하고 대화를 나누면서 시간을 초월하면서 끊임없이 타인과 넘나들기를 한다. 얼굴로 서로의 틈을 메꾸어 주면서 서로의 미래가 되는 것이다.

'보는' 윤리학

"얼굴을 보면 윤리적으로 된다."라고 할 때 '본다'라는 뜻을 다시 되새겨 보자. 서양철학사에서 '봄'은 그럴듯한 의견 또는 믿음(doxa, opinion, belief)에 지나지 않았다. 이에 반해 '앎 또는 생각'은 사물의 참모습, 진리, 사실 등과 같이 눈에 보이는 현상 이면의 진실(aletheia, truth, reality)을 드러내는 것이었다. 보는 행위가 결함이 있고 미완결된 것이라면 앎은 진실을 밝혀내거나 드러내는 행위였다. 소크라테스가 활동했던 그리스 아테네의 시대 상황은 정치적 혼란기라고 할 수 있는데, 당대 지식인들의 문제의식은 옳고 바른 앎을 통해 모두가 지지할 수 있는 객관적이고 확실하며 영원불변한 진리를 찾는 데 있었다.

베이컨을 시작으로 서양 근대철학을 지배했던 이성, 지식, 실재,

판단, 선험 등은 객관적 진리 찾기를 위한 것이고 현대의 이해, 소통, 대화, 분석 등의 개념도 '알기 위한' 철학의 연속선상에 있다면, 상대적으로 감각, 지각, 직관, 경험, 감성 등은 열등한 수준의 '보는' 행위에 지나지 않았다. 그러나 보는 행위는 항상 아는 행위에 저항하는 모습을 보여 주었다. 최근 서구에서 벌어진 철학 경향을 보자. 논리 실증적 분석철학에서 일상 언어적 분석철학으로, 객관적 현상학에서 주관적 현상학으로, 역사적 해석학에서 화용론적 해석학으로, 그리고 물질, 사건, 서사로의 변화 등은 전통적인 앎의 흐름과는 확연히 다른 모습이다. 감각적이고 지각적인 보는 행위가 이성적이고 합리적인 아는 행위를 압도하는 모양새이다. '존재자를 통한 존재 찾기'가 시작되면서 존재자의 자리 잡기, 장소, 현재, 순간 등 개인의 일상적 삶의 조건이 전통적 진리 찾기를 대신한다. 아는 자의 '객관적 빛'은 보는 자의 '주관적 빛'의 이미지로 바뀌고, '보는 주체'가 '보이지 않는 빛과 세계'를 주도한다.

'봄'은 사물에 대한 이미지적 간섭이다. 봄은 간접적이고 추상으로 나타나며 명사처럼 '굳어진' 것처럼 보이지만, 그 이미지는 직접적이고 구체적으로 마치 동사처럼 흐르며 유동적이다. 언어발생학으로 봐도 명사는 동사에서 나왔다. 보는 행위는 사물의 변화 모습을 유연하게 그려 내고, 물질과 사건 이해에 미세함을 더하고 감각적이다. 사물을 더 오래 기억하게 하며 가끔은 관념적 인식마저 한꺼번에 경험적으로 처리하고, 가정과 추론의 이론적 앎의 도식도 그림처럼 체험하게 하며 사물의 실체를 해석해 낸다.

찰스 퍼스는 수리적 추론에도 봄의 기능인 관찰이 필요하다고 했다. 그는 대수적 기호가 기하학적으로 도식화되거나 배열될 때 그 배열 사이에 관찰될 수 있는 이미지적 관계가 있다고 보았다. 이는 이미지가 추론에도 적용되며 관념을 경험으로 매개할 수 있음을 말해 준다. 퍼스에 따르면 보이지 않는 도상의 성질도 이미지로 이해된다. 사물의 질이나 변화의 전체 과정이 '이미지의 연속'으로 설명되어 보이지 않는 실체와 객관을 가시화하는 것이다. 그렇다면 이처럼 윤리를 앎의 행위가 아닌 보는 행위로 가져오지 못할 이유가 없다. 얼굴 보기의 위상도 바로 여기에 있는 것이다.

'생각 또는 아는 윤리학'은 윤리 행위의 동기나 의도를 항상 관념에서 추출하고자 했다. 그것은 깊은 사색과 자기 성찰로 무장되어 생각의 꼬리를 물고 물다가 마침내 감히 아무도 넘볼 수 없는 도덕법칙을 낳는다. 전통 윤리학은 늘 이런 방식을 취해 왔다. 유교의 천성(天性), 불교의 불성(佛性), 도교의 도성(道性), 아니면 플라톤의 이데아, 아퀴나스의 이성적 신앙, 칸트의 몰개성적 이성이 그러하다. 이런 종류의 형이상학은 사람들 사이에서 만들어져야 할 윤리를 '주어진' 것 또는 순전히 개인적인 것으로 취급한다. 칸트는 자유라는 명목으로 이성을 가져왔고 또 그것으로 인간성을 마무리할 수 있는 역사학을 전개했다. 과연 그가 말하는 이성으로 타인에 대한 사랑과 자비 같은 윤리 덕목을 끌어낼 수 있을까. 개인의 고유하고 즉흥적이며 우연적인 타인에 관한 관심이나 타인에 대한 여분의 도덕성을 설명할 수 있을까.

생각하는 윤리학은 한때 실존적일 수 있었다. 인간이 문명화된 집단이나 공동체를 이루고 살아가려면 거대 규모의 사유가 필요하고 그 과정에 이론이나 세세한 규범이 필요했을 것이다. 하지만 그 결과로 윤리는 거의 실천하기 어려운 수준이 되었다. 지금까지 실천 불가능하거나 정체불명의 의무감을 요청하지 않는 윤리, 법적 정의나 경제적 공리나 사회적 계약이 없는 윤리가 거의 없을 정도이다. 이 모든 것이 '생각하는 윤리학'이다. 이런 윤리는 자신을 수양하고 닦아나가야 한다는 조급함이나 강박증을 만들어 낸다. 그리고 혼자서는 도저히 실현 불가능한 거대 규모의 이성이나 지성을 끊임없이 요구한다.

퍼스는 윤리학을 논리학이나 미학처럼 규범학의 하나로 보았다. 윤리학은 삶의 특정한 상황에서 일어나는 행동의 하나이므로 흔히 생각하듯이 이론적인 것이 아니다.[153] 그것은 전통과 체계를 따르는 실습 이상의 것으로서 늘 '구체적이고 현실적인 이상'을 추구한다. 윤리는 마치 사진을 찍듯이 사회공동체 구성원들의 양심을 모아 놓은 합성물과 같기 때문이다.[154] 굳이 말한다면 윤리학은 연역이 아닌 귀납에 더 가깝다.

퍼스에 따르면 윤리는 집단 양심의 전체로서 모둠의 삶을 지속시키는 힘을 지닌다. 윤리가 가르치고 배우는 수준의 평범함에서 벗

---

153. Peirce, *Collected Papers of Charles Sanders Peirce*, 1.281
154. Peirce, *Collected Papers of Charles Sanders Peirce*, 1.574

어나려면 그것은 앞선 윤리(antethics)여야 하고, 상투적인 규범성에서 빠져나오려면 규범의 중간 지대에 놓인 규범 윤리(mid-normative science)여야 한다. 도덕적 인간이 된다는 것은 머뭇대거나 따질 것도 없이 자신의 공동체에서 내려오는 전통적인 격언에 복종하는 데 있다.[155] 윤리가 개인의 생각이나 이론을 넘어서는 까닭은 공동체에 주어진 다양한 삶의 양식과 함께 모여드는 과정에서 직관적으로 얻어지기 때문이다.

윤리가 최고선(summum bonum)이 되려면 "자기 조절적이고 신중한 행위 이론"이어야 한다.[156] 퍼스는 생각의 학문이라고 하는 논리학조차 올바른 추론이어야 할 정도로 윤리적이어야 한다고 말한다.

> "논리학자는 적어도 최상의 목적이 무엇인가라는 물음을 제대로 물어야 한다. 최상의 선은 윤리학자가 찾아야 할 물음이고 논리학자는 윤리학의 이러한 가르침을 받아들일 준비가 되어 있어야 한다." (Peirce, *Collected Papers of Charles Sanders Peirce*, 1.611)

순수 이론의 학문인 논리학조차 그 사명은 윤리학의 수행에 있다는 사실, 이는 왜 우리가 올바른 추론을 해야 하는가를 다시 생각하게 한다. 퍼스는 "추론을 잘하려면 지적으로 정직하고 성실해야 하며

---

155. Peirce, *Collected Papers of Charles Sanders Peirce*, 1.666
156. Peirce, *Collected Papers of Charles Sanders Peirce*, 1.191

진리를 사랑할 수 있는 덕성에다가 높은 도덕감을 갖추어야 한다."라고 했다.[157] 논리학도 윤리학에 '의존'해야 하는 것이다.[158] 그의 말처럼 윤리는 결코 이론이 될 수 없으며 생각의 산물일 수도 없다. 윤리는 공동체 구성원들의 관심사가 존중과 배려 속에서 나누는 긴 서사이기 때문이다.

윤리는 '보는 윤리학'이 되어야 한다. 보는 윤리학은 타인에 대한 현실적이고 직접적인 관여나 관심을 통해 만들어지는 윤리학이다. 타인이 내게 와서 나의 양심과 동정심이 작동하며 타인의 힘들고 어려운 상황을 발견해서 이루어지는 윤리학이다. 자기 의식 고양을 통한 도움의 수준이 아니라 타인의 고통에 나 자신이 직접 노출되어 자리를 잡는 윤리학이다. 윤리적일 수 있는 마지막 지점에 남은 일이 있다면, 왜 도와야 하는가에 대한 자기중심의 도덕적 의식화나 관습적인 사회 가치의 수용이 아니라 관심의 의식화이다.

'보는 윤리학'은 타인과의 관계에서 발견되는 윤리학이다. 우리는 오랫동안 윤리를 이야기하면서 마치 타인이 부재한 상황을 무의식적으로 전제하고 있었는지 모른다. 겉으로 의식하는 척했지만 실제로는 타인을 의식하지 않고 있었다. 윤리는 말 그대로 타인들과의 관계 속에서 만들어져야 하는데도 윤리를 마치 섬에 홀로 두고 구경하고 있었는지 모른다. 많은 경우 생각하는 윤리학은 타인에 대한 의식의

---

157. Peirce, *Collected Papers of Charles Sanders Peirce*, 2.82
158. Peirce, *Collected Papers of Charles Sanders Peirce*, 2.199

정도를 이론화하거나 도식화하는 정도였다. 윤리적 경험으로 들어가려고 하지 않고 멀찌감치 물러앉아 객관화하거나 정형화된 윤리의 딜레마적 예화에 매료되어 끝없는 논쟁을 즐겼다. 그것도 아니면 정체불명의 윤리적 예화에 불필요한 감동을 자아내려고 했다.

생각하는 윤리의 부정성은 타인을 진정으로 자신의 문제로 가져오지 못한다. 윤리를 자신의 실존적 상황에 대입하려는 수고스러움도 원하지 않는다. 이는 게으름의 윤리학이지 않은가. 타인을 나의 관계 안으로 끌고 오려는 노력 없이 윤리를 먼발치에서 보고만 있다면 그런 윤리가 무슨 소용이 있겠는가. 윤리를 바싹 마른 흙덩어리처럼 만들지 않으려면 타인과의 관계에서 윤리를 시작해야 하고 가까이 있는 이웃을 만날 수 있어야 한다.

4장

이웃

ETHICS

ETHICS

'동거 고독사'는 가족 중 한 사람이 죽어 며칠이 지났는데도 그 죽음의 순간을 가족이 보지 못한 경우를 말한다. 고독사는 무관심이 낳은 비극이다. 죽어 가는 사람 옆에 가족이 둘러앉아 두려움과 고통을 같이할 수 없기에 말 그대로 외롭고 쓸쓸한 죽음이다. 고독사 문제는 무관심이 점점 더 심화하고 있음을 보여 준다. 우리가 얼굴을 이야기하면서 관심을 강조하지만, 사회 현실은 점점 반대로 되어 가는 것 같다.

잠시 전통 사회로 돌아가 보자. 오스트레일리아 북쪽 섬인 뉴기니는 소규모 사회여서 서로 모르는 사람이 없다고 한다. '한 집 건너 아는 얼굴'이기 때문에 가족이 아닌 이웃도 책임을 공유한다. 그곳에서는 모르는 사람을 어떻게 취급할까. 정글에서 낯선 사람과 마주쳤을 때 뉴기니 원주민은 상대가 누구인지 좀 더 알기 위해 경계심을 늦추지 않고 두세 시간 대화를 나눈다. 그러다 아는 사람 이름이 나오면 더 이상 타인이 아니므로 경계심을 푼다고 한다.[159] 뉴기니 전통 사회와 비교했을 때 우리의 도시적 삶은 매일 낯선 사람과 만나면서 알게 모르게 서로를 위험인물로 인식하면서 살아간다. 도시에서는 삶

---

159. 유발 하라리 외, 『초예측』, pp.83-84.

의 피로와 긴장감이 증대될 수밖에 없어 시간을 두고 경계심을 풀 여유나 관심을 둘 여지가 없다. 공정이나 정의와 같은 고차원적인 사회 윤리는 기대할 수 없다.

얼굴의 윤리학이 실질적으로 이루어질 수 있는 사회는 어떤 모습일까. 우리네 삶의 터전을 관계 윤리로 실현하고 서로에게 관심을 가지며 이를 위해 사회의 물적 또는 제도적 조건을 바꿀 수는 없을까. 세상이 변해야 윤리적인 사회도 가능할 것이다. 윤리의 외부 조건인 이웃을 만나 보자.

1. 책임과 양심

사람은 태어나는 순간 엄청난 의미를 갖는 존재가 된다. 거기에 제도적인 존엄성 교육이 보태지면 말할 수 없는 고귀함이 만들어진다. 하지만 인간에 대한 존엄과 고귀함은 현실에서는 자주 미사여구가 되며, 그런 덕목은 현실 세계에서는 실현되지 않을 것만 같다. 그래도 주어진 공동체를 영위하기 위해서는 최소한의 윤리가 있어야 하고 서로를 함부로 해치지 못하도록 하는 도덕적 규약이 있어야 한다. 이마저 없다면 사회적 혼란과 갈등은 끊임없이 계속될 것이고 어떤 공동체도 정상적으로 유지될 수 없다.

도시의 빈 곳을 따뜻하게 메우려면 잃어버리고 살아왔던 이웃이라는 말을 다시 소환할 필요가 있다. 우리가 지금까지 얼굴을 말했던 이유도 바로 얼굴이 이웃을 만들고 사회생활에서 실제적이고 역동적인 기제가 되리라는 희망 때문이었다. 삶의 구체적이고 직접적인 만남의 기회를 높일 얼굴 보기를 기대한 것이다. 이를 위해 책임과 양심, 그리고 공감이 얼굴 보기의 상징을 어떻게 강화해 가는지를 살펴보자.

실존적 책임

사르트르는 인간은 자신이 지금 어떤 것에 책임이 있다고 하면서 책임의 실존성을 말했다. 인간은 자신의 행위에 책임을 져야 한다. 그리고 그때 개인의 책임은 "인류 전체를 선택하는 입법자"로 확대된다. 개인의 책임이 이웃으로 무한대로 확산되기를 바라는 것이 사르트르가 말한 '책임'이었다. 그에 따르면 인간은 누군가와 같이 살아야 하는 '세계 내 존재'로서 한쪽이 다른 쪽의 힘듦을 거부하기가 쉽지 않다고 한다. 그가 "스스로를 선택함으로써 나는 인간을 선택하는 것이다."라고 한 말은 실존의 가장 건전한 모습을 보여 준다.[160]

잘 알려져 있다시피 사르트르는 자유에는 책임이 따른다는 조건을 단다. 그 조건의 속성은 불안이다. 스스로 선택하고 결정하는 일이 쉽지 않기 때문이다. 솔직히 말해 누군가에게 책임지는 일이 마냥 좋다고 한다면 그것은 자기기만일 것이다. 그렇다고 선택하며 살아가야 하는 삶의 양식을 벗어나기는 더욱 어렵다. 당연한 일이지만 책

임은 자기가 혼자 지는 것이며 남들에게 미룰 수 없다. 자신의 감정에 충실하면서 할 일을 다해야 한다. 사르트르가 책임의 독자성을 우리의 "본능에 의존하는 수밖에 다른 도리가 없는" 것으로 보는 까닭도 인간의 고독하고 외로운 책임의 속성 때문이다.[161] 책임지는 행위가 실존적인 까닭이 여기에 있다. 책임은 자신이 결정하고 선택하느냐에 달렸고 책임의 마지막에는 홀로 남겨진 인간 개인이 있을 뿐이다.

그런데 책임지는 일은 왜 불안이 될까. 책임의 끝을 알 수 없고 자신의 선택에 확신이 서지 않아 오로지 "개연성의 모임에만 기대할 수"밖에 없기 때문이다. 어디까지나 확률과 추측일 뿐이지 기대고 의지할 게 없다는 점에서 거의 절망에 가깝다. 그 어디에도 확실한 것은 없다. 세상은 개연성으로 가득 차 있을 뿐 어떤 확실성이 없다는 사실로 절망이 따라 나온다. 그래서 그는 우리에게 "희망 없이 행동하라."라고 주문하지 않았던가.[162] 세상 어떤 것도 확신할 수 없음이며 관여하되 희망 없음이기 때문이다. 책임지는 일은 누구에게도 기댈 수 없고 의존할 수 없다.

책임지는 일에 불안이 따르는 것은 어쩌면 당연하다. 인간에게 본래 "자유로우며, 또 자신이 기초할 수 있는 그 어떤 인간 본성이란 것이 없기 때문"이다. 자신의 책임에 확신할 수 있는 희망이나 기대도

---

161. 장 폴 사르트르, 『실존주의는 휴머니즘이다』, p.49.
162. 장 폴 사르트르, 『실존주의는 휴머니즘이다』, pp.53-54.

없이 자신에게 개입하고 세상일에 개입할 뿐, 오직 남은 것은 자기 행위 전체와 삶의 일치밖에 없다. 다른 어떤 누구도 개입할 수 없으므로 불안하고 절망으로 다가오며 어떤 누구의 도움도 없이 자신을 만들어 가야 하는 것이 책임의 전체적인 모습이다. 그리하여 인간은 "자신의 삶 속에서 자신의 모습을 그려" 내야 한다.[163] 지금 나의 모습이 나의 모든 것이며 나의 행동에서 나의 가치가 드러날 뿐이다. 어떤 본질도 없고 선천적인 것도 없다. 불안하고 절망할 수 있어도 그것이 나의 책임지는 진정한 모습이다. 이런 모습이 나이지 별다른 내가 있지 않다. 책임의 전형적인 실존적 태도이다.

사르트르는 다행히도 이렇게 불안과 절망으로 책임지는 인간의 모습을 비관적으로 보지 않는다. 그가 실존주의를 '낙관적인 엄격함'으로 보는 이유도 여기에 있다.[164] 역설적이지만 인간은 불안하고 홀로 남겨지고 절망할 수 있어야 자유로울 수 있기 때문이다. 이것은 인간 자신이 자유롭게 선택하고 책임지며 살아가는 존재라는 뜻이며, 이때 책임의 실존성은 책임을 함부로 다른 이들에게 전가하는 것을 방지할 수 있다. 우리가 레비나스의 책임 수준에 다다르기 전에 먼저 사르트르가 말한 책임의 실존성을 살펴봐야 하는 이유가 여기에 있다.

---

163. 장 폴 사르트르, 『실존주의는 휴머니즘이다』, pp.55-59.
164. 장 폴 사르트르, 『실존주의는 휴머니즘이다』, p.60.

책임의 수동성

　책임은 의무와 달리 개인의 자율성이 더 강조되는 말이다. 의무가 세상에 주어진 도덕률이나 주위 사람들의 영향력으로 지켜지는 것이라면, 책임은 개인의 자기 역동에서 이루어진다. 책임과 의무가 닮은 점도 있다. 둘 다 타인을 전제로 한다는 점이다. 타인이 없다면 책임질 일도 없고 의무감을 가질 필요도 없다. 혼자 사는 일에 익숙하다면 책임과 의무가 모두 거추장스럽기 때문이다. 하지만 책임은 의무에 비해 좀 더 복합적이고 입체적인 윤리 개념이다. 이를 레비나스는 다음과 같이 기술한다. "책임이란 본래 다른 사람에 대한 것이다. 그의 책임을 내가 져야 한다는 것이 책임성이다."[165] 의무가 내 쪽에서 나와서 타인에게로 향하는 단선적이고 일방향의 것이라면, 책임은 타인에게서 먼저 나와서 그에게로 다시 돌아가는 중첩적이고 쌍방향적이라는 것이 다르다. 윤리의 수동적 특성이 책임에만 유효한 근거이면서 동시에 '책임지는' 속성을 지니는 이유이기도 하다.

　레비나스는 타자를 향해 가는 "인간성은 (자기) 존재에 구멍을 내는 것"이라는 말로 표현했다. 책임을 지면 우리는 한순간 자신을 잊어버리고 타인에게 몰입하게 된다. 적어도 책임지는 순간만큼은 내가 나를 잊어버리고 타인과 하나가 되며 또 다른 내가 될 수 있다. 그는 이런 책임의 수동성을 "타자에 대한 책임은 나의 자유 이전에 온

---

165. 박남희, 『레비나스, 그는 누구인가』, p.56, 재인용.

다.”라는 말로 심화한다.[166] 물론 우리는 자기를 잊고 타인에게 몰입하기가 쉽지 않다. 자기 존재의 무게로 인해 타인에게 관심을 주기가 쉽지 않다. 하지만 자기 존재의 무게를 의식할 때 바로 타인과의 관계가 성립되며 이때가 바로 윤리적 관계가 움트는 순간이다. 윤리적 관계는 말 그대로 ‘나’라는 중심적 자리를 가질 수 없기 때문이다. 타자를 향해 가는 존재는 자신의 존재에 구멍을 낼 수밖에 없다. 자기 삶에 일정 정도의 생채기가 나고 부스럼이 난다. 이것이 누군가와 관계를 맺고 있다는 증거이기도 하다.

레비나스는 “나는 모든 사람보다 더 책임이 있다. (…) 우리는 모든 것과 모든 사람에게 책임이 있지만 나는 다른 모든 사람보다 더 책임이 있다.”라고 했다.[167] 이것이 레비나스 윤리의 황금률이자 관계 윤리의 골수이며 여기에서 윤리의 비대칭이 나왔다. 책임의 시작은 수동적이었지만 그 끝은 적극성에 있다. 마지못해 누군가와 관계를 맺는 수준을 넘어 다른 어떤 사람들보다 더 적극적으로 누군가의 문제에 발 벗고 나선다. 책임에 입체감이 더해지는 이유이다. 그에 비해 어쩔 수 없는 의무감으로 타인의 어려움에 개입한다면 그것은 눈치 보는 행위이고 게으름이 되고 만다.

이렇게 책임의 적극적 속성이 가능한 까닭은 무엇일까. 책임이 순전히 자율적이라면 어떤 식으로든 학습해서 얻어 낸 세속적인 의무

---

166. 에마뉘엘 레비나스, 『우리 사이』, p.176.
167. 에마뉘엘 레비나스, 『우리 사이』, pp.162-166.

감과 다를 바가 없다. 그리고 그런 순수한 자율적 의지의 정체를 의심할 수도 있고 혹 책임지기 싫다는 '기분'을 참기도 쉽지 않다. 레비나스는 바로 이 지점에서 책임의 시작을 자율 이전에 타율에 둔다. 그가 "책임적인 사람의 주체성은 처음부터 명령받은 주체성"이며 "이 경우의 타율은 자유보다 더 강한 것이다."라고 한 이유이기도 하다.[168] 이런 타율은 신의 부름에 가까운 것으로서 나의 게으름과 기분, 감정에 휘둘리지 않고 타인과 윤리적 관계를 맺으라는 "거룩함의 요청"이다.[169] 자율적 윤리로는 타자에게서 오는 '책임짐'을 감당할 수 없기 때문이다.

우리는 흔히 타인이 나만큼이나 귀하고 유일한 존재라는 등가성의 원칙에 따라 책임이 나온다고 생각한다. 그러나 타인이 그렇고 그런 존재라는 이유만으로 책임이 따라 나오지는 않는다. 관념적으로 사람은 모두 귀한 존재라는 사실을 모르지 않지만, 그것이 곧장 '책임짐'이라는 실천으로 이어지지 않는다. 또한 자기가 귀한 만큼 타인을 소중히 여겨야 한다는 것을 알면서도 그런 실천을 게을리할 수 있다. 레비나스도 이런 상식에서 타인의 유일성을 언급하지만 사실 그의 속내는 다르다. 책임이 타인의 유일성인 '개체화의 원리'를 따르기는 하지만 그는 다른 경로의 책임을 말한다. 다시 말해, 인간은 유일한 개체라는 전제에서 책임을 진다는 논리가 아니라 오히려 책임

---

168. 에마뉘엘 레비나스, 『우리 사이』, p.171.
169. 박남희, 『레비나스, 그는 누구인가』, p172, 재인용.

을 질 수 있기에 타인이 유일한 개체가 된다고 본다. "타인에 대한 책임을 통한 개체화"를 주장한 것이다.[170] 책임지는 존재가 되는 것은 책임질 수 있는 능력에 있고 지금까지 이야기해 왔던 얼굴 보기의 역량에 있다.

레비나스는 "사람답게 사는 삶은 다른 사람에 눈뜨고 거듭 깨어나는 삶이다."라고 했다. 책임지는 삶은 "내가 있을 권리가 있는가? 세상에 있으면서 나는 다른 사람의 자리를 차지하지는 않는가?"라는 물음을 통해 조금씩 이루어진다.[171] 책임은 존재할 권리를 타인과의 관계 맺기로 받아들일 때, 그리고 우리의 존재 자체만으로 상대에게 피해가 되지는 않을까 조심스러워할 때 더욱 커진다. 타인은 내가 있고 난 뒤가 아닌 내 존재의 선결 조건이기 때문이다.

동정심에서 윤리적 불면으로

레비나스의 책임은 '타율적 책임'이다. 타인의 부름에 응답해서 '수동적으로' 그 앞에 내가 세워지면서 생기는 책임이다. 책임이 수동적일 수 있는 이유는 그 안에 타인에게서 오는 동정심 같은 속성이 들어 있기 때문이다. 동정심은 사람들과의 윤리적 사건이 없다면 생겨나지 않으며, 비록 그것이 우리 안에 있다고 믿어도 적절한 외부 조건이 없다면 만들어지지 않는다. 동정심을 지어내는 쪽은 나이지

---

170. 에마뉘엘 레비나스, 『우리 사이』, p.167.
171. 박남희, 『레비나스, 그는 누구인가』, p173, 재인용.

만 동정심을 제공한 쪽은 타인이므로 동정심은 철저히 타인과의 관계적 산물이다. 책임은 이처럼 타율적이고 수동적일 수밖에 없다.

동정심은 공감 능력의 가장 원초적인 형태이다. 먼 하늘에서 만들어져 내가 수고로움 없이 그저 드러내는 것이 아니며 높은 수준의 도덕 교육을 통해서 만들어지는 것도 아니다. 동정심을 일깨우는 것은 타인의 고통을 들여다볼 줄 아는 것, 그 고통이 표출되는 얼굴을 바라보는 것에서 시작한다. 이를 예시하는 것으로 한때 풍뎅이와 얽혔던 이상한 개인적인 체험이 있다.

"이른 아침 뜨거운 햇살이 내리쬐는 숲 가장자리에서 거미줄에 걸려 넘어진 풍뎅이를 보았다. 풍뎅이는 하늘을 향해서 온 힘을 다해 다리를 흔들고 있었고 가까이에선 거미 한 마리가 풍뎅이가 지쳐 죽기만을 바라고 있었다. 보통 때이면 그냥 지나칠 상황이었다. 작고 못생긴 까만 풍뎅이가 말라비틀어져 거미의 밥이 되는 게 대수인가. 거미의 밥이 된다고 해서 그게 그렇게 슬픈 일인가. 모두 자연의 법칙이다. 거미도 먹고 살아야 하니까. 평소라면 이렇게 생각했을 것이다. 그러나 이날만은 그 풍뎅이를 '자세히 들여다보고' 그의 고통에 개입하게 되었다.

나는 풍뎅이를 본래대로 뒤집어서 살짝 들어 하늘로 날려 보냈다. 내가 그를 하늘로 날려 준 이유는 별 게 아니었다. 그냥 그 풍뎅이를 자세히 들여다봤을 뿐이다. 기적은 그 이후 나타났다. 첫 번째 기적은 사람인 내가 하나의 작은 벌레에 지나지 않는 풍뎅이를 구해 줬다는 사실이다. 두 번째 기적은 내가 도저히 이해할 수 없는 방식으로 일어났다. 풍뎅이가 곧장 가지 않고 내 주위를 돌아다녔다. 손사래를 치며 못 오게 했음에도 고맙다는 인사를 하려는 듯 내 주위를 돌다가 높은 나뭇가지로 휑하니 날아가 버렸다.

이 사건은 뜨거운 여름날 아침에 일어났다. 두 번째 기적을 사람들이 믿으리라고 생각하지는 않지만, 첫 번째 기적은 그렇지 않다. 나도 모르게 그 풍뎅이를 뒤집어 손으로 뒤적거려 하늘로 날려 보냈다는 사실! 나의 이 행동은 도대체 어디서 왔는가. 이날 내가 한 일이라고는 그냥 그 풍뎅이의 고통을 밝은 햇살 아래에서 자세히 들여다본 것뿐이다."

책임은 한순간 우리 속으로 침투한다. 동정심처럼 책임도 우리 안을 수시로 드나든다. 어떤 일에 후회하고 잘못을 반성하는 것도 우리에게 들어오는 타인 때문이다. 타인이 내게 들어와 내 자리를 차지하다가 결국 나의 동정심을 키워 내는 것이다.

윤리적 불면도 누구나 경험하는 것 중 하나이다. 강남역을 지나다가, 서울역을 걷다가, 또는 전철 안에서 초췌한 모습으로 손을 벌리는 사람을 보고 외면한 경험이 있을 것이다. 온종일 잊고 지내다 집에 돌아와서 잠이 들려는 순간, 그에게 천 원 한 장이라도 건네주지 못한 것이 마음에 걸린다. 나는 그새 피자 가게에 들렀을 수도 있고 커피 가게에서 카푸치노 한 잔을 홀짝거릴 수도 있었다. 적은 돈이라도 줄 수 있었는데 그러지 못했다. 그러나 이런 후회도 진실이 아닐 수 있으며 사람들의 눈에 냉정하게 비치지 않기를 바라는 도덕감의 찌꺼기일 수 있다. 후회는 내 의도와는 상관없이 밀려온다. 잠이 들려는 순간 그 모든 힘든 모습을 외면했던 것, 그게 아니라면 그들의 얼굴을 잠시 들여다봤다는 것처럼 그런 인상이 잔상으로 남을 수 있다. 윤리적 불면은 그렇게 갑자기 머릿속을 스치듯 온다. 다음 예화도 내가 경험한 것이다.

"여행을 시작한 지 한 달이 다 되었다. 늦은 밤, 잠이 오지 않을 때는 숙소 앞 보리수나무의 가로등 아래에서 휴식을 취하곤 했다. 그때쯤이면 나타나 내 주위를 어슬렁대거나 길 건너 주차해 놓은 차 밑에서 가만히 웅크리며 나를 바라보던 검은 새끼 고양이가 있었다. 고양이는 사람을 상당히 경계하지만, 새끼들은 그렇지 않다. 하지만 길거리 고양이라 마구 예쁘다고 해줄 수가 없어 내 옆에 오는 걸 꺼리고 내게 애교를 부리는 모습을 못내 무시했다. 가까이 와서 드러눕고 하는 놈을 쫓아 버리고 배가 고픈 듯 보였는데도 애써 무시했다.

여행을 마치고 공항으로 가기 위해 숙소를 나왔다. 주택가를 빠져나와 차가 도로로 들어섰는데 도로에 고양이 한 마리가 차에 치여 죽어 있었다. 그때 거리에서 죽은 고양이는 내가 한 달 동안 자주 보곤 했던 그 고양이였다. 귀국하고 며칠 지난 어느 날 갑자기 죽은 고양이가 생각났다. 왜 발밑에 와서 누우려 했던 그 애를 좀 더 애정을 갖고 대하지 못했을까, 간식 통조림이라도 따서 내밀지 못했을까. 이른 새벽 길거리에서 그렇게 죽을 줄 알았더라면 그 전 날 밤 내 옆으로 오고 싶어 할 때 좀 더 따뜻하게 대해 주었어야 했다. 후회는 점점 눈덩이처럼 불어났다. 잠시라도 같이 놀아 주었더라면 그 애는 편안히 늦잠을 자느라 길거리로 나갈 일도 없었을 것이라는 생각마저 밀려왔다. 나의 외면과 무관심이 그 고양이를 죽게 한 것이다.”

동정심은 윤리적 사건의 전형이다. 윤리적 사건은 원인과 결과의 묶음을 넘어 후회나 반성, 미안함 같은 개인적 감정으로 가득 차 있다. 앞과 같은 사건에 대한 후유증, 그에 따른 신체 반응으로 쉬이 잠들지 못하는 상태를 윤리적 불면이라고 부르고 싶다. 그것은 답답함과 지각의 둔화로 눈을 뜬 채 어둠을 응시하는 것과 같다. 인내하고 수용하기가 힘들며 맑은 정신으로 대응하기가 쉽지 않다. 연민이나 미안함으로 가득 차게 한다.

양심, 그 위치와 속도

살을 꼬집으면 아프듯이 자극이 있으면 반응이 있다. 비슷한 맥락에서 ‘윤리적 자극과 반응’도 가능하다. 고통이 윤리적 자극이라면 도움을 주고 싶은 마음은 윤리적 반응이라고 할 수 있다. 이런 반응이 책임이고 이때 책임은 자극에 의한 반응 행위로서 거의 즉각적이고 직접적이어서 깊이 생각할 겨를이 없을 정도로 빠르다. 도울지 말지를 고민할 시간도 없이 순간 자동적이고 무의식적으로 일어나 실천적이며 책임지는 기회를 절대 놓치지 않는다.

윤리는 자극과 반응의 행위 그 자체로 수렴되어 타인에 대한 '섬세한' 관심으로 나타난다. 누군가에게 연민의 감정이 일어났다면 내가 그의 말을 주의 깊게 듣고 있었거나 그의 힘들어하는 얼굴을 자세히 들여다보았기 때문이다. 상대의 미세한 감정을 읽어 내고 작은 한숨 소리에 귀를 기울이며 평소 못 보던 것을 본다. '연민'에 생각할 여유를 주면 연민이 될 수 없다. 자극에 반응된 연민의 감정이 그 자리에서 새어 나올 수밖에 없듯이 책임다운 책임은 내가 즉각적이고 실천적으로 질 때 만들어지는 것이다.

책임도 자극에 순수하게 반응하며 순간 저절로 지는 것이다. 타인의 얼굴을 보라는 명제도 책임의 즉각적인 효과 때문이다. 얼굴은 그런 순간적 자극을 주는 곳이다. 연민을 보려면 연민의 얼굴을 보면 되고, 고통을 보려면 고통을 지어내는 얼굴을 보면 된다. 얼굴 보기를 증폭시킬수록 더 많은 것을 본다. 결과적으로 자극에 반응하고 응답하는 사람만이 실질적인 책임의 전면에 나설 수 있고 정체불명의 도덕감과 실정법에 기대지 않아도 된다. 책임다운 책임은 얼굴을 보고 빠르게 응답하는 데 있다.

동정심과 연민만큼 양심도 즉각적 책임을 지게 한다. 흔히 양심은 어떻게 살아야 하는가에 대한 자기 물음에서 시작하듯이 독일의 철학자인 마르틴 하이데거도 양심을 "자신을 자신 앞으로 불러 세우는 침묵의 소리"라고 말했다.[172] 자신이 제대로 살고 있는지에 대한 불안, 하지만 지극히 건전하고 정상적인 불안의 목소리를 듣는 행위이다. 그 목소리는 반응하고 응답하는 데 있다. 영어에서 응답은 동사로는 'respond'이고 명사로는 'response'인데, 영어에서 책임은 이런 응답에서 나온 'responsibility'이다. 이를 보면 책임은 응답할 수 있는 능력이자 반응에 대한 응답의 표현이라고 할 수 있다.

양심은 앞서 잠시 언급했듯이 동서양을 막론하고 오랫동안 윤리적 논쟁의 한가운데에 있었다. 천성(天性)으로서 하늘로부터 받은 것이든 아니면 아테네 신들이나 이스라엘의 하느님이 준 것이든 관련 없이 양심은 시대를 관통하며 인간성의 한 징표로 자리해 왔다. 하지만 의문이 꼬리를 물고 이어진다. 양심은 어디에서 와서 인간의 마음에 들어앉았으며 그 작동과 기능을 물으면 뭐라고 대답할 것인가. 양심이 감정인지 느낌인지 아니면 복잡하게 계산된 이성적 또는 도덕적 행위인지, 거기에 더해 양심이 마음의 어디에 있는지 물으면 어떻게 대답할 것인가. 도대체 양심이 대뇌 전두엽의 어떤 현상으로 있는지, 심장 근처 어딘가에 있는지, 아니면 대뇌와 심장 사이 어디쯤 있는지 알 수 없다.

이들 질문에 명확히 답할 수 없다면 우리는 양심을 다른 곳에서 찾아야 하며 작동 방식이나 출처에 대해서도 달리 생각해야 한다. 양심을 찾아야 하는데 찾기가 어렵다. 분명히 현상적으로 존재하는데

---

172. 이기상, 『존재와 시간』, p.291, 재인용.

그 실체가 손에 잡히지 않는다. 이 어려움을 풀려고 양심을 개인들 간의 합 또는 개인들 사이에 둔 예화가 앞서 언급했던 피노키오 이야기였다. 피노키오의 양심을 할아버지 제페토, 요정, 그리고 귀뚜라미 제미니의 합작품으로 본 것이다. 비록 양심이 개인의 인격이나 품성의 성숙 그리고 성장을 위한 자격 요건이지만 그것은 어디까지나 집단의 사회적 구성물이다. 피노키오 이야기는 동화적 상상력에 지나지 않지만 나무 인형에게 생명과 함께 양심이 주어졌다는 사실, 그리고 그 양심이 주위 인물들과 함께 나누어졌다는 사실이 놀랍다.

양심은 자극과 반응으로 나타났다가 사라지기를 반복한다. 타인에게서 나와서 또는 타인의 고통에 대한 반응으로 와서 공감하거나 도움을 주게 한다. 양심은 없는 것처럼 보이다가도 불을 피우면 없던 불씨가 금세 살아나듯 한순간 타인과의 관계 상황에 따라 다시 살아나 자리를 잡는다. 만약 양심이 개인의 내밀한 추상이나 개념이 아닌 타인들과의 관계에서 작동하는 것이라면 책임도 같은 경로를 밟을 것이다. 나무 인형으로 남아 있던 피노키오의 얼굴은 한때 물고기의 눈처럼 초점이 없었다. 하지만 그가 사람이 되기를 간절히 소원한 제페토의 염려와 관심이 요정을 끌어들였고 그 일로 굳어 있던 얼굴이 살아 있는 얼굴로 바뀔 수 있었다.

책임은 타인을 배려하는 구체적이고 실천적인 힘으로서 거기에 양심이 더해져 타인과 관계를 맺게 한다. 그리하여 타인의 힘들고 어려운 상황에 간섭하고 개입하고 관여할 줄 아는 '응답하는 주체'로 나서게 한다. 책임은 온몸으로 응답하는 몸짓이 되고 양심과 함께 터져 나오는 응답의 소리가 된다. 그런 응답은 공감이 되고 공감은 감정 이입을 통해 같이 울고 웃게 한다. 윤리적으로 되려면 응답하는 능력을 키우는 것 말고 방법이 없다. 감정을 이입하고 상대의 처지에 깊이 들어가 그의 어려움을 회피하지 않고 거기에 개입하는 것이다. 타인의 얼굴을 보려고 하지 않으면 이 모든 덕목이 비현실이 된다.

외면은 어렵다. 타인의 힘든 상황을 외면하는 것은 자기를 속이는 일일지도 모른다. 레비나스는 "나의 의무를 다했다고 할 때 나는 거짓말을 하는 것"이라고 했다. 그는 책임지는 이 방식을 '무시무시한 어떤 것'이라고 한다.

> "당신이 한 인간 존재를 만났을 때, 당신은 그를 내버려둘 수 없다. 그렇지만 거의 언제나, 사람들은 내버려둔다. 사람들은 말한다. 나는 다했어! 그렇지만 우리는 아무것도 하지 않았다." (에마뉘엘 레비나스, 『타자성과 초월』, p.125.)

자신이 어떤 도움도 주지 않았음에 대한 자각이 '착함'이다. 양심의 선함도 이 자각에서 나오며, 정의도 마찬가지로 무한 책임의 도움에서 나온다. 비록 레비나스가 양심의 선함을 직접적으로 언급하지는 않았더라도 책임에는 이미 양심이 전제되어 있다. 누군가가 힘들 때 어떤 보답도 없이 도와줄 수 있는 것이 양심이며 착함의 상태이다. 이런 상태는 지극히 개인적인 사랑과 자비의 모습으로 지속된다.

"선함은 체제로서, 조직 체계로서, 사회제도로서는 불가능하다. 인간적인 것을 조직하려는 모든 시도는 실패한다. 생명력을 지닐 수 있는 유일한 것, 그것은 일상적 삶에서의 착함·선함이다." (에마뉘엘 레비나스, 『타자성과 초월』, p.129.)

레비나스는 거대 규모의 책임이 아닌 개인의 직접적이고 관계적이며 미시적인 책임을 말한다. 정의도 마찬가지가 아니겠는가. 정의로움은 한 인간의 착함과 선함에 있지 눈덩이처럼 불어나서 제도화되는 데 있지 않다. 개인의 순수한 생명력 그 자체이며 일상의 양심에서 출발하기 때문이다. 양심은 누군가가 검증하거나 확인해 줄 수 없는 '증인 없는 선함'이고 '모든 이데올로기를 피해 가는' 선함이며 '사유 없는 선함'이다. 이런 선함은 '초라한' 선함이고, '미친'(folle) 선함이기까지 하다.[173] 양심은 개인이 지닐 수밖에 없는 작고 소박한 무력함임에도 인간을 가장 인간답게 하는 것이다.

공감의 시대

양심과 마찬가지로 공감도 개인의 내적 능력만이 아니다. 이런 점은 융 분석심리학자이지 명상가인 아놀드 민델이 일찍 지적한 바가 있다. 그에 따르면 공감은 "마음의 프로그램 속에 있었던 것이 아니

---

173. 에마뉘엘 레비나스, 『타자성과 초월』, pp.130-131.

라 자연스럽게 우러나서 심화하여 가는" 것이다.[174] 민델은 자애나 사랑이 그러하듯이 지금까지 공감을 대처하는 방식이 잘못되었다고 한다. 공감은 처음부터 프로그램화되어 변하지 않는 하나의 관념으로 인간관계의 목표로만 생각되었다. 하지만 실제로 공감은 양심, 자애, 또는 사랑처럼 타인들과의 관계에서 '자연스럽게 우러나' 시간이 지나면서 무르익어 가는 것으로 사람들과 어울리면서 생겨난다. 만약 타인이 없다면 앞서 언급한 덕목은 작동을 멈추고 흔적도 없이 사라질 것이다. 마찬가지로 자신에게 공감 능력이 있는지조차 알 수 없을 정도가 된다. 공감은 타인이 없으면 따라 없어지고 타인의 얼굴을 보지 않으면 생겨나지 않는다. 대신에 누군가가 힘들어할 때 그를 이해하려는 노력과 도움의 손길을 주고자 할 때 나타난다.

공감 능력의 발휘는 멀리 있지 않다. 자기중심에서 벗어나 타인도 나와 마찬가지로 감정과 욕망이 있다는 사실을 인정하는 것, 그에 더해 그 감정과 욕망의 색깔이 다르다는 사실을 알면 된다. 주의할 것은 동기나 의도가 옳지 못하면 항상 실패하고 만다는 것이다. 진심으로 상대를 돌보고자 하는 의도가 없다면 공감은 오히려 관계를 파괴하기 쉽다. 특히 공감이 자기와 닮았거나 비슷한 사람에게만 일어난다고 생각하면 그처럼 비극적인 것도 없다. 그러므로 좋은 의도와 함께 무차별적인 태도로 타인을 이해하려는 따뜻함이 필요하다.

우리는 지금 공감의 시대에 살고 있다. 제러미 리프킨은 그의 책

---

174. 아놀드 민델, 『명상과 심리치료의 만남』, p.41.

『공감의 시대』에서 공감 능력은 어린 시절부터 시작하는 인간의 보편적 조건이라고 한다. 어린아이들은 다른 아이들이 아파할 때 같이 아파하다가 2~3세가 되면 공감 능력이 확장된다고 한다. 부모와의 좋은 애착 관계가 공감 능력의 시작이듯 공감에 조금씩 익숙해져 가는 것이다. 그에 따르면 공감은 적극적인 참여로서 "자아를 넘어, 더 큰 공동체에 참여하고 소속되며 보다 더 복잡한 그물에 끼어 묻히는" 과정이다.[175] 다시 말해, 타인 경험의 일부가 되고 느낌이 공유되면서 타인의 역할을 떠맡고 적절히 대응한다. 타인을 읽어 내고 타인의 감정을 자신의 것으로 경험하며 타인의 상황에 더 잘 맞춤하려는 총체적 반응이라고 할 수 있다.

리프킨은 자율성이 확립되어야만 자의식이 갖추어진다는 생각은 잘못되었다고 한다. 자의식은 자율, 즉 혼자만의 섬을 마련하는 것이 아니라 타인들과 관계를 맺고 살아가면서 만들어진다. 이는 양심이 타인들과의 관계에서 생겨나는 것과 같다. 프로이트 이후 대상관계 이론가들은 관계의 중요성을 지적하면서 사회성을 일차적 충동으로 보았다. 그들 중 한 두 사람의 말을 들어 보자. 도널드 위니콧은 아이들에게는 "개인적이라 할 만한 자아가 없다."라고 하면서 개인은 관계를 통해 만들어진다고 본다. 메리 에인즈워스도 말했듯 "당신이 어떤 관계에 있다면 그 관계는 당신의 일부"인 것이다.[176] 이 모든 말들

---

175. 제러미 리프킨, 『공감의 시대』, p.30.
176. 제러미 리프킨, 『공감의 시대』, pp.72-82.

은 공감이 타인과 관계를 맺는다는 뜻이다.

인간의 자기중심적인 한계를 메꾸어 주는 공감은 다양한 경로를 통해 발견된다. 다른 사람의 얼굴에서 고통의 표정이 나타날 때 자신도 똑같은 고통의 감정을 느끼는 것, 놀이할 때 서로에게 몰입하는 것, 또는 타인의 슬픔에 손을 잡고 위로할 줄 알고 자신을 도와주는 행위에 대한 감사할 줄 아는 것이 모두 그러하다. 누군가의 행동을 모방하고 따라 하는 것도 마찬가지이다. 이처럼 공감은 타인의 행위를 자기 방식으로 재현하거나 눈을 보고 타인의 관심을 읽어 내며 상대의 고통을 자기 고통처럼 연상하고 추리하는 과정에서 일어난다. 타인을 향한 관심에서 시작하기 때문에 윤리적인 관계를 맺어 나갈 수 있는 기제가 된다. "공감의 성숙과 도덕심의 발달은 같은 문제"[177]이며 "인간이 서로 돕는 것은 서로에게 책임을 느끼기" 때문이다.[178]

공감은 얼굴 보기에서 어떻게 작용할까. 얼굴을 보는 것이 보지 않는 것에 비해 공감 능력을 더 많이 가져올 것은 분명하다. 누군가가 힘들어하는 모습을 보고 연민의 감정이 생겼을 때, 그 감정이 부담스럽다면 그저 외면해 버리면 된다. 그리고 연민의 감정이 일어났더라도 마음먹기에 따라 곧장 도움으로 옮겨 가지 않으면 된다. 하지만 이렇게 지체하는 동안 공감의 감정은 점점 약해진다. 그러므로 공감 능력은 관심의 실천 상징인 얼굴 보기에 비례한다고 할 수 있다.

---

177. 제러미 리프킨, 『공감의 시대』, p.148.
178. 제러미 리프킨, 『공감의 시대』, p.154.

얼굴을 보면 공감이 생기고, 공감이 생기면 자기중심에서 벗어나 자연스럽게 윤리적으로 된다. 공감으로 얼굴 보기의 윤리가 정당화될 수 있는 것이다. 이기주의를 없앨 수 있을 때 "윤리적이 되는 길"이 열리는 것이다.[179] 레비나스도 공감에 앞서 먼저 얼굴을 볼 것을 요구했고, 얼굴 보기에서 윤리적 행위가 만들어지기를 희망했다. 얼굴을 보지 않은 채 처음부터 공감을 강요한다면 그 근거는 빈약하고 불순하기까지 할 것이다. 오히려 얼굴을 보는 것만으로도 공감이 일어날 수 있다.

공감은 친밀도와 관련 없이 전혀 모르는 사람에게도 나타난다. 만약 공감이 아는 사람에게만 나타나는 것이라면 이는 진정한 공감이 아닐 것이다. 공감이 원초적인 인간관계의 시작이더라도 그 정도가 타인과의 친밀함에 따라 달라진다든지, 아는 사람이나 특정인에 따른다면 그것은 윤리가 되지 못한다. 김기현은 공감이 친밀도에 따라 달라지면 객관성, 합리성, 정당성을 상실한다고 보고 이를 보완하기 위해 '이성'을 제안했다.[180] 이성의 역할로 공감을 보완하고자 한 것이다. 하지만 굳이 공감과 이성을 이분화해서 논의할 필요는 없어 보인다. 공감의 부족을 보완하려면 아는 사람과 모르는 사람의 차이를 해소할 수 있는 얼굴 보기로 돌아가는 것이 더 낫지 않을까. 얼굴 보기의 온전함만 갖춘다면 굳이 이성적 처치를 하지 않고도 공감이 지

---

179. 김기현, 『인간다움』, p.182.
180. 김기현, 『인간다움』, p.46.

닌 한계를 극복할 수 있다.

공감의 시대에 어떻게 하면 공감의 농도가 옅어지지 않게 할 수 있을까. 그 농도는 사회 조건에 따라 적정 수준에서 조절될 수 있다. 공감은 사회의 경제 수준이나 문화 의식이 높을수록 갈무리될 확률이 높다. 그렇지 못하면 공감 역량은 집단의 안녕과 생존을 담보할 수 없고 흔적도 없이 사라질 것이다. 우리에게 이웃이 필요한 것도 바로 이것 때문이다.

실체적 경험

공감 능력이 인간관계를 좋게 만든다고 해도 현실이 그렇지 못하면 아무 의미가 없다. 우리의 현실을 보자. 조금의 방심도 허용되지 않는 인간관계에서 서로 어려움을 챙기거나 살피지 않는다면 어떻게 될까. 모두 주머니에 깊게 손을 넣고 먹을거리를 노리면서 자기 삶에만 몰두해 있다면 누가 감히 타인의 일에 따뜻한 관심을 가질 엄두가 나겠는가. 사람들과의 불화나 갈등을 그대로 두고 서로를 비껴가듯 살아간다면, 현실에서 타인에게 공감의 감정을 가질 수 없다. 공감이라는 말은 장식적이고 수사적인 표현으로 끝나 버리고 말 것이다.

공감하기가 쉽지 않은 것은 사회 분위기가 받쳐 주지 못하기 때문이다. 적정 수의 사람들이 오랫동안 유대감을 가지면서 살아온 작은 마을을 머릿속에 그려 보자. 이들에게는 밤낮으로 마주하는 사람들이 낯설지 않다. 낯섦에서 오는 불편함이 없다. 서로 신체적 행동이나 습관에 익숙해 있고 감정과 느낌도 친숙하다. 이 조건이라면 리프킨이 말하는 '실체적 경험'(embodied experience)도 충분히 가능하다. 실체적 경험은 큰 어려움이나 불편함이 없이 서로 참여하고 교류하는 곳에서 충족되고, 타인이 경험하는 것을 나도 경험할 수 있는 조건에서 활성화된다. 그러므로 공감의 외부 조건은 적정 규모여야 한다. 공감은 몸으로 부딪치는 경험이 가능한 곳에서 현실감을 얻기 때문이다. 실체적 경험이 작동되는 사회에서 비로소 공감이 윤리의 외부 조건이 될 수 있다.

윤리는 모르는 낯선 사람들 사이에서도 활성화되어야 한다. 비록 윤리의 시작은 철저히 개인과 개인 사이였지만 언젠가는 '모르는 사람들'의 사회 윤리로 비화해야 의미가 있다. 익숙함과 친숙함이 좋다고 해서 언제까지 작은 규모의 사람들로 자족하며 살아가는 사회를 기대할 수 없다. 윤리는 모르는 사람, 처음 만나는 사람, 낯선 얼굴을 가진 사람, 외부인, 이방인, 외국인, 나아가서는 적대국의 사람들까지 포함한다. 가족을 벗어나 아파트 주위, 동과 구를 크게 가로질러 밖으로 더 멀리 나가야 한다. 문제는 윤리적 지향의 외연이 이렇게 넓고 큼에도 현실은 낯선 사람들로 조금만 붐벼도 윤리가 이내 실종된다는 것이다. 돌아앉고 외면하고 피해 버리며 '모르는 사람'이라는 핑계로 서로 무시하고 혐오한다. 낯선 사람이라는 이유로 돌아서고 소외시킨다. 윤리가 아무리 작은 규모로 시작해도 모름과 낯섦을 익숙함과 친숙함으로 바꿀 외부 조건이 없다면 불가능하다.

외연을 넓혀 나가는 실체적 경험도 역시 익숙함의 경험이다. 한쪽에 서서 대상을 객관적으로 보는 것이 아니라 그 대상과 몸으로 부딪치면서 교감하는 경험이다. 그러므로 관심을 가지고 관계를 맺을 수 있어야 한다. 심리치료사인 존 로완과 믹 쿠퍼는 말한다.

> "우리 '내면'의 삶의 내용은 개인으로서 우리의 '내부'에 철저히 감추어진 것이 아니다. 그 내용은 우리의 삶을 사는 '가운데' 있고, 우리가 우리 주변에서 일어나는 모든 다른 것에 대해 그때 그 순간 대응하는 방식 '속'에 있다." (제러미 리프킨, 『공감의 시대』, pp.186-187.)

우리는 세계 속 '저 어딘가' 의미 있는 표현을 지니는 곳에 있다. 관계가 우리를 있게 하고 우리의 정체성을 만든다. "나는 관계한다. 그러므로 존재한다."라는 말에 동조할 수 있으려면 우리의 몸이 다른 사람과의 끊임없는 나눔의 경험으로 변화되어야 한다. 관계 경험이 많아질수록 현실에 더 가까이 다가갈 수 있고 자기실현의 완성도가 높아진다. 그리고 남은 일은 삶이 '부유하거나 아니면 박리되어' 쉽게 흩어지고 부스러지지 않도록 노력하는 것뿐이다.

우리는 자주 자기 밖의 사람들을 거대한 집합으로 인식하는 경향이 있다. 한 사람이 많은 사람을 상대한다고 생각하며 항상 자기보다 큰 집단을 마주하고 있다는 착시 현상을 갖는다. 그런 집단에 거인의 이미지를 붙여 놓고 두려워한다. 이런 상황에서는 개인끼리의 친화나 소박한 만남 자체가 힘들고 어려우며 공감의 눈길이나 손짓도 불가능하다. 도시의 혼잡함과 거대함은 개인 간의 친숙함이 어떻게 시작될 수 있는지 알려 주지 않는다. 도시가 가끔 친숙함의 기회를 줄 때가 있지만 그것은 순간에 지나지 않는다. 친숙해질 틈을 주지 않는다. 버스나 지하철 안에서 잠시 눈길을 주었던 사람도 이내 멀어지고, 모였던 사람들도 흩어진다. 시간이 너무나 짧아 서로를 볼 틈이 없다. 도시의 거대함은 개인에게 함부로 개입하지 말 것을 요구하는 동시에 마음 편히 머물 수 없게 만든다. 거대함과 복잡함을 마주하며 살아가는 것이 도시적 삶의 숙명이라면 개인적 관계 맺음은 불가능할 것이고 간섭, 참견, 개입과 같은 사소한 관심의 말도 맥없이 주저앉고 말 것이다.

공감이 쉽지는 않다. 공감은 낯선 곳으로 진입하는 것이며 마치 눈앞에 드리워진 장막을 걷어 내고 어두운 방 안으로 발을 내딛는 것과 같다. 그렇다고 해서 사람들 속에서 이루어지는 실체적 경험을 포기해서는 안 될 것이다. 공감은 자신의 외부에 관한 관심이며 자기 신체 너머의 낯선 사람과 함께함이다. 이제 우리에게 주어지는 물음은 "어떻게 나는 나의 외부로 들어갈 수 있는가."에 있다. 이것의 가능성이 사람의 얼굴이지 않겠는가. 구체적이고 개인적인 얼굴을 통해 타인의 고통이나 어려움을 실체적으로 직접 느끼며 서로의 얼굴을 보고 관심을 가질 '외부 조건'을 만들어 가는 것이다. 얼굴을 통한 실체적 경험은 낯선 현실을 친숙하게 만들어 가는 의식화 과정으로서, 세상은 서로의 얼굴을 볼 수 있는 장소가 되어야 한다. 이 속에서 우리는 나 아닌 다른 사람에게로 들어갈 수 있다.

희생의 조건

낯선 현실을 친숙함으로 변화시킬 수 있는 유일한 통로는 타인의 얼굴을 보는 데 있다. 그리고 얼굴을 보면서 그를 위해 내가 나설 수 있는 또 하나의 '윤리적 일거리'인 희생을 마련하는 데 있다. 희생은 쉽지 않다. 도대체 무엇 때문에 자신을 희생해야 하는가, 또 그것이 왜 나여야 하는가라는 물음에 이르면 회의적으로 될 수 있다. 타인을 위할 때 분명한 반대급부가 없다면 희생의 정도는 약해진다. 자신의 경제적 추구와 존재 유지 노력을 포기하면서까지 타인의 고통을 위해 자기 먹을거리를 타인에게 내놓는다는 것이 말처럼 쉽지 않다. 남들도 나를 위해 그렇게 할 것이라는 신뢰가 없다면 불가능하다. 이렇게 되면 모든 문제가 공리적으로 회귀할 수 있다. 네가 나에게 무언가를 줄 수 있을 것이라는 기대치가 없다면 나도 주지 않겠다는 것이 공리적 태도이기 때문이다.

희생을 주고받기의 공리성으로 치환시키지 않으려면 적극적으로 나의 외부에 나서야 한다. 타인을 위해 자리를 바꾸며 나의 위치를 능동이 아닌 수동으로 놓고 자율이 아닌 타율로 장치해야 한다. 타인을 위해 무한적인 관심이 있어야 하며, 그의 잘못까지도 나의 염려로 짊어질 수 있어야 한다. 나는 그를 아래에서 떠받친다. 누군가가 도움을 요청할 때 내가 선택받을 수 있고 그의 약함을 보고 공감하며 순간 고난을 함께할 수 있기 때문이다.

희생을 하려면 타인을 나와 동등한 존재 이상의 존재로 보려는 자세가 있어야 하고 '함께하는 삶'의 의식 수준도 높아야 한다. 만약 자기중심적인 공리적 계산에서 벗어나 타인을 나보다 더 높게 설정하지 않으면 이내 미끄러져 내려와 불평등으로 떨어진다. 손익을 따지면 '나 중심'으로 미끄러져 내려올 것이고 그 미끄러짐의 속도나 세기는 더 기울어질 수밖에 없다. 그리하여 희생을 하려면 타인을 중심으로 관계가 놓여 있어야 하고 타인을 나보다 나은 사람으로 의식할 수 있어야 한다. 나 중심의 의식으로는 팽팽한 상태의 긴장이 계속될 수밖에 없으며 갈등이나 불화를 잠재울 수 없다. 희생은 타인을 회피하고 거부하고 버려두는 데 있지 않으며 타인을 환대하면서 받아들이는 데 있다.

희생에는 구체적인 행위가 개입되어야 한다. 희생은 인간다움을 의미하는 실존적 현상으로서 그것이 촉발되고 진행되는 과정에서 인격의 모든 것은 타인을 향해 있다. 희생을 우리의 윤리적 몸짓에 두자. 희생의 결과가 무엇일지는 아무도 모르지만, 윤리는 항상 그런 지향을 가질 수밖에 없다. 희생은 나의 것을 덜어내어 타인에게 '주는 데' 있다. 무언가를 주지 않으면서 희생했다고 할 수 있을까. 이런 차원에서 주는 행위는 거룩하다. 희생의 현실성과 구체성은 나의 것을 덜어내어 타인에게 주는 데 있다. 자신을 '비우는' 것이며 타인의 고통을 위해 자신을 내어놓는 것이다.

희생의 이 모든 아름다움을 실현할 조건은 무엇일까. 아마 믿음일 것이다. 자신이 힘들 때 다른 사람이 나에게 무언가를 줄 것이라는 믿음은 항상 기대치 이상의 효과를 가져온다. 서로의 입장에 공감하고 이해하는 정도가 높을수록 제대로 된 믿음을 끌어낸다. 이런 믿음은 오직 타인과의 친숙함에 의존한다. 그리고 친숙함은 어느 정도 시간을 확보해야만 가능한데 다행인 것은 실제로 믿음 형성의 시간이 생각만큼 오래 걸리지 않는다는 점이다. 믿음은 인간적 접촉이나 만남이 생겨나고 얼굴 보기가 성공하면 얼마든지 생겨날 수 있다. 문제는 우리가 그런 믿음의 사회를 어떻게 만들 수 있느냐에 달려 있을 것이다.

2. 이웃 정의

레비나스는 "얼굴이 타인을 이해하는 가능성의 시작이다."라는 말로 관계 윤리학의 시작을 알렸다.[181] 타인을 이해하려면 그의 얼굴과 마주해야 한다. 얼굴을 마주할 때 상대의 고독이나 약함에 대해 응답할 수 있기 때문이다. 이 말은 타인을 홀로 내버려두지 말라는 뜻이며 적극적 책임의 자세이다. 얼굴을 대한다는 것은 책임을 진다는 의미이다. 얼굴을 보아야 그의 소리를 들을 수 있고 "자신 안에 갇히지" 않기 때문이다.[182] 얼굴 보기를 통해 책임의 윤리가 만들어진다.

얼굴은 타자를 규정하는 실질적인 상징이다. "모든 타자는 타인의 얼굴에 현재한다."라는 말처럼 얼굴이 사람을 대표한다. 그러므로

---

181. 에마뉘엘 레비나스, 『우리 사이』, p.159.
182. 박남희, 『레비나스, 그는 누구인가』, p.100.

얼굴을 볼 수 없다면 제대로 된 인간관계가 성립되지 않으며 책임도 생겨날 수 없다. 자기보다 "타자에게 우선권"을 줄 수 있어야 한다.[183] 정의가 성립하는 것도 타자를 책임지려는 적극성 때문이다.

책임을 지는 것에서 얻는 가치는 자유에 있다. 자유가 자신 속에 갇혀 있던 선한 속성을 끌어내고 사람과의 만남을 가능하게 한다. 얼굴 보기에서 책임과 자유가 함께 성취되는 것이다. 얼굴 보기에서 얻어 낸 "(타인의 호소는) 나의 자유를 제한하는 것이 아니라 나의 자유를 증진시킨다. 나의 선함을 불러일으킨다."[184]

책임은 어디까지나 개인이 지는 것이다. 집단에 책임을 물으면 책임의 소재가 애매해진다. 집단책임은 단단하고 무심한 바윗돌같이 눈물도 없고 조금의 애정도 없다. 책임은 미시적으로 진행되어야 본래의 목적을 성취할 수 있다. 개인이 책임질 수 있어야 걱정과 염려라는 섬세한 관심이 나올 수 있기 때문이다. 빅터 프랭클도 "자유를 발휘할 수 있고 그로 인해 책임을 지는 것은 오로지 개인뿐"이라고 하지 않았던가.[185] 지금까지 언급한 책임에 관한 여러 담론이 이웃 정의를 어떻게 구현할 수 있는지를 살펴보자.

방관자가 되지 않으려면

관심은 관계 맺기의 가장 큰 자원으로서 사회 윤리의 전형이다.

---

183. 에마뉘엘 레비나스, 『우리 사이』, pp.164-168.
184. 에마뉘엘 레비나스, 『전체성과 무한』, p.296.
185. 빅터 프랭클, 『빅터 프랭클의 심리 발견』, pp.63-64.

하지만 왜 우리는 타인을 무관심으로 대하고 자주 방관자가 되는가. 캐서린 샌더슨은 '책임 분산' 또는 '방관자 효과'를 언급하면서 "희생자가 도움을 받을 수 있는 확률은 함께 있는 사람의 숫자와 반비례한다."라고 했다.[186] 자기 이외에 도와줄 사람들이 주위에 있으면 사람들은 도움을 주려고 선뜻 나서지 않는다고 한다. 실제로 도움을 줄 사람이 자기밖에 없다면 사람들은 기꺼이 도움에 나서지만, 그렇지 않을 때는 쉽게 방관하여 책임이 분산된다는 뜻이다. 나 말고 다른 누군가가 나서겠지 하면서 굳이 자신이 개입할 필요성을 느끼지 못한다. 물론 특별히 정의감이 있고 남 눈치 보지 않고 나설 용기가 있다면 아무리 사람이 많아도 개입하겠지만, 보통은 자신의 도움 행위를 오해할까 봐 나서지 않는다. 그리하여 대부분은 곤란한 상황을 애써 피하거나 못 본 척한다. 이를 보면 도시처럼 사람들이 많이 사는 곳에서 쉽게 서로에게 무관심해지고 냉담해지는 까닭을 알 수 있다. 나 말고도 도울 사람들이 많을 것이라는 생각 때문이다.

책임이 분산되어 방관자 효과가 일어나는 원인은 지나친 눈치 때문이다. 이런 경우의 눈치를 샌더슨은 '관객 억제'로 표현한다. 주위 사람들이 관객이 되어 자기 행동을 억제하는 현상이 일어나거나, 그들이 자신한테 줄 '평가에 대한 우려' 때문이다.[187] 군중의 규모가 커져서 더 많은 이들이 목격하면 의도하지 않은 평판을 받을까 봐 두려

---

186. 캐서린 샌더슨, 『방관자 효과』, p.50.
187. 캐서린 샌더슨, 『방관자 효과』, p.77.

워한다. 평가에 대한 우려나 관객 억제 현상 모두 눈치 때문이다. 물론 주위 사람들이 자기의 행동을 잘 이해하고 받아들인다는 확신이 있다면 이런 눈치를 볼 필요는 없다. 그럴 때는 오히려 더 적극적으로 도움에 나설 수 있다. 아니면 남의 생각에 전혀 개의치 않을 용기가 있거나, 또는 촌각을 다투는 응급 상황이라면 언제든지 행동을 취할 수 있다.

이런 점에서 책임 분산의 원인은 결국 눈치 때문이다. 자신이 나설 상황인지 확신이 없으면 사람들은 자연스럽게 타인의 반응을 살핀다. 즉각적인 행동을 취하려고 해도 사람들이 많으면 누군가에게 미루게 된다. 하지만 "누군가 먼저 반응을 보이면 다른 이도 따를 가능성이 있다."[188] 이 눈치 문제를 해결할 근본적인 방법은 없을 것 같다. 자기 일을 제쳐 두고 어떤 눈치도 개의치 않은 채 나설 수 있는 용기는 어디에서 나올까.

사람들은 서로 모여 군중이 되고 집단이 된다. 자신도 어느새 군중의 일원이 되어 누군가의 관심과 개입에 장애가 되거나 누군가의 용기 있는 행동을 방해할지도 모른다. 군중 속에 있을 때 혼자서는 절대 하지 않을 행동을 하기도 한다. 익명 상태가 되기 때문이다. 마스크 하나만 써도 자신한테 면죄부를 주고 자신을 감춘다. 도덕적 절제를 할 사람마저도 이렇게 '집단적 자기중심성'에 갇히면 타인에게 상처 주는 행동을 서슴없이 한다. 군중이나 집단은 '무관심이 편히

---

188. 캐서린 샌더슨, 『방관자 효과』, pp.83-85.

살기 좋은' 것으로 "그 속에 숨을 수 있고 그 속에 있으면 별다른 사회적 의무감에도 게을러질 수 있다."라고 생각하기 때문이다.[189] 관심은 미뤄지고 마침내 게을러져 다른 사람에게로 넘어간다. 나 말고 누군가가 하겠거니 하면서 집단 속으로 숨어들어 익명이 되고 책임 의식은 무뎌진다. 사람들이 많아서 생겨나는 비극이다.

해결책은 있을까. 만약 군중을 개인 수준의 작은 집단으로 축소할 수만 있다면 관심의 주체인 나와 관심을 받는 사람의 직접적이고 즉각적인 관계로 되돌아갈 수 있다. 최소한 군중 속에 있을 때처럼 '빈둥거리게' 되지는 않을 것이다.[190] 군중은 작은 개인 집단이 되며 개인 간의 관계처럼 '관심의 연속성'이 발생해 불필요한 눈치를 보지 않는다. 집단을 집단으로 인식하지 않으면 구체적이고 직접적인 관심의 연속으로 타인을 도울 확률은 높아진다. 그렇다면 군중을 개인으로 인식할 방법은 무엇일까. 아마 군중 속에서 개인을 찾아내는 힘으로서, 그들을 타자가 아닌 각각의 고유한 얼굴을 가진 인격체로 인식할 수 있는 역량을 갖추는 것일 수 있다. 얼굴 보기의 힘은 세다. 군중 속에서도 얼굴을 볼 줄 안다면 관심에 주저하거나 용기를 내지 못할 이유가 없다. 남의 눈치를 보면서 "부끄럼을 탄다든지 개입이 초래할 부정적인 것들에 대한 두려움"도 없어진다.[191] 얼굴 보기는 집중이자 공감이며 무차별적 개입이 되어 타인의 어려움이 쉽게 나의 어

---

189. 캐서린 샌더슨, 『방관자 효과』, p.59.
190. 캐서린 샌더슨, 『방관자 효과』, p.64.
191. 캐서린 샌더슨, 『방관자 효과』, p.275.

려움으로 바뀔 수 있다.

　사람들은 고통을 겪고 있는 타인을 볼 때 불편한 심리적 각성을 경험한다. 이럴 때 "불편한 감정을 해결하는 방법은 그 사람을 돕는 것"이다.[192] 이는 가장 자연스러운 해결책일지도 모른다. 어려운 상황에 놓인 사람을 돕는 일에 무슨 대단한 정언적 도덕률이 필요하지는 않다. 샌더슨의 말처럼 관심을 기울여 돕는 까닭은 마음의 불편함 때문이라는 것이 솔직할 수 있다. 눈에 보이는 불편함만으로도 윤리를 꾸려 나가는 데 아무 지장이 없다.

　관심은 지극히 개인적이면서도 동시에 사회적 학습 효과의 산물이다. 어떤 사회이냐에 따라 관심의 수준도 달라지기 때문이다. 사람들은 시간이 걸리더라도 관심의 눈길을 주는 사회에 살고 싶어 하며, 자신이 힘들고 어려운 상황에 놓였을 때 도움을 받는 사회를 좋아한다. 이를 위해 사회는 타인에 대한 의식화 또는 개입을 학습시킬 것이고 참견이나 간섭을 시민사회의 미덕으로 삼는다. 만약 이 모든 것이 실패하면 책임 의식은 약해지고 선한 행위는 점점 방치된다. 눈치를 보고 개입하지 않는 것에 익숙해질수록 우리는 어느새 군중의 멀뚱거림에 동조하고 인정하면서 방관자가 되고 말 것이다.

　샌드슨은 우리가 무책임한 방관자가 되지 않으려면 "신체적 용기와 도덕적 용기"가 필요하다고 했다. 이때 용기는 정의감의 다른 표현으로 공리적이고 계약적인 사회정의가 아닌 개인이 만들어 가는

---

192. 캐서린 샌더슨, 『방관자 효과』, p.103.

지극히 소박한 도덕감이다. 이런 도덕감이 높은 사회일수록 그 사회
는 "자존감이 높으며, 자신의 판단, 가치, 능력에 대한 신뢰가 높다."
라고 할 수 있다.[193] 옳은 행동이라는 믿음이 높아질수록 타인에게 관
심을 주고 도움을 줄 확률도 증가한다. 여기에 얼굴 보기 행위로 공
감과 책임을 보태면 사회는 좀 더 안정적으로 변할 수 있다. 굳이 개
인의 수양, 인격, 덕성, 인성처럼 '더디고 더딘' 전통적인 윤리를 요청
하지 않아도 될 것이다.

책임의 실천은 얼굴을 통해 확인할 수 있다. 물론 얼굴을 본다고
책임 의식이 곧장 생겨나지는 않는다. 아무리 얼굴 보기를 한들 싫고
미운 사람, 악하다고 생각하는 사람에게 그것이 통할 리 없다. 또한
나는 열심히 얼굴 보기를 하는데 상대가 똑같이 대하지 않는다면 얼
굴 보기를 포기할 것이다. 그런 일이 현실에서는 얼마든지 일어난다.
그러나 진짜 어려움은 얼굴 보기의 동기 부여가 아예 되지 않는 경우
이다. 다시 말해 왜 자신이 얼굴 보기를 해야 하는가에 대한 이유나
명분이 분명하지 않거나, 얼굴 보기를 할 수 있는 개인적 역량이 부
족할 때이다. 하지만 서로 용기를 내어 대화를 나누다 보면 얼굴 보
기를 할 수 있는 여지가 만들어진다.

얼굴을 보는 데 수반되는 어려움의 현실적 한계를 벗어나려면 타
인의 고통에 응답하고 반응할 수 있는 용기가 필요하다. 용기는 자존
감과 관련이 있어서 누군가의 고통을 살피려면 자신감과 떳떳함이

---

193. 캐서린 샌더슨, 『방관자 효과』, pp.265-267.

필요하다. 자존감이 없는 사람은 상대의 고통을 객관적으로 볼 수 없으며 타인의 힘든 문제에 개입하고 관심을 가질 여유가 없다. 그러므로 자존감은 얼굴을 보는 행위를 윤리적으로 전환하는 데 필수 요건이다. 자존감이 없어 제 몸 하나 제대로 관리할 수 없는 사람이 타인을 윤리적으로 대할 것이라고 기대할 수 없다. 그리고 자존감에 근거한 용기야말로 자연스럽게 정의감을 끌어낸다.

레비나스의 '제삼자'

얼굴 보기는 두 사람이 서로 얼굴을 직접 대한다는 것을 전제한다. 이는 얼굴 보기의 현실성 때문이다. 모르는 사람 또는 한 번도 보지 못한 먼 곳의 사람에게 얼굴 보기는 지극히 현실성이 낮고 아예 불가능하기 때문이다. 본 적도 없고 볼 가능성조차 없는 사람을 '제삼자'(the third person)라고 한다면, 그런 사람에게 지금까지 언급한 직접적이고 즉각적인 얼굴 보기는 적용될 수 없다. 그렇다면 레비나스의 얼굴 보기는 이론적으로 일반화될 수 없을뿐더러 아는 사람 몇몇에 제한된 윤리로 전락해 '쓸모없는 윤리'가 되고 말 것이다. 그는 얼굴 보기의 직접성을 이웃으로 '어느 정도' 확장하기는 한다. 하지만 이웃은 노력 여하에 따라 직접 대면할 가능성은 있어도 상황에 따라 직접 대면 자체가 불가능한 먼 이웃이 되기도 한다. 이런 상황을 어떻게 처리해야 할까.

제삼자에게는 직접 대면의 효과가 나오지 않는다. 하지만 제삼자는 내가 아는 '타인을 통해' 또는 '타인을 경유해서' 나에게로 올 수 있다. 비록 직접 대면하는 사람만큼 직접성의 정도가 떨어지고 시간적으로도 지체되기는 하지만 만남 자체가 불가능한 것은 아니다. 문제는 현실이다. 먼 이웃은 어쩔 수 없이 무시되고 외면되며 아예 잊힌 존재로 철저한 무관심의 대상일 수 있다. 하지만 이 모든 어려움에도 제삼자를 직접 대면의 타인과 같이 마치 직접 대면하듯 의식화할 수는 있다. 유추나 유비로라도 제삼자를 지금 여기 같이 있는 것처럼 할 수 있으며, 나와 이런저런 관계로 엮일 수 있는 관계 또는 그런 가능성을 얼마든지 지닌 존재로 확대할 수도 있다.

레비나스가 직접 대면의 효과가 거의 상실된 먼 이웃인 제삼자의 개념을 가져오는 방식으로 초기 저술에서는 "얼굴은 나를 응시하는 눈을 통해 제삼자와 인류 전체의 현전을 입증한다."[194]라고 했으며, 후기 저술에서는 "제삼자는 타인의 눈 속에서 나를 응시한다."라고 했다.[195] 비록 표현은 달라도 얼굴의 응시가 제삼자에게까지 연결될 수 있다는 점에서는 같다.

> "타인의 얼굴이 우리를 제삼자와 관계 맺게 함에 따라, 타인에 대한 나의 형이상학적 관계는 우리라는 형식으로 흘러들어 가고, 보편성의 원천인 국가, 제도, 그리고 법을 열망하게 한다." (에마뉘엘 레비나스, 『전체성과 무한』, p.451.)

---

194. 에마뉘엘 레비나스, 『전체성과 무한』, p.317.
195. 에마뉘엘 레비나스, 『타자성과 초월』, p.20.

얼굴이 제삼자로 연결되어 '우리'로 그리고 공동체로 확대될 수 있다고 본 것이다. 물론 '얼굴의 눈'을 통해 제삼자를 직접 대면하는 효과를 가져온다고 하지만, 길거리에서 보는 낯선 사람을 나-너의 관계로 끌어온다거나, 본 적도 없고 막연하게 이해되는 먼 나라의 사람을 공동체의 일원으로 삼기는 어렵다. 그렇다면 어떻게 제삼자를 나-너의 관계에 넣을 수 있을까. 그 대안은 친밀성이다. 그러나 '의도된'(intentional) 친밀성이어야 한다. 레비나스가 "친밀한 사회는 두 사람, 곧 나와 너로 이루어진다. 우리는 우리 사이에 있다."라고 했듯이, 전혀 모르는 제삼자도 얼마나 친밀한 관계로 끌어들이느냐에 따라 직접 대면의 효과를 가질 수 있음을 보여 준다.[196]

레비나스에게 친밀성은 사랑으로 설명된다. 사랑은 세상에 둘만 있는 듯한 착각을 일으키며 이때 착각의 속성은 직접적인 친밀성이다. 서로 마주하면서 얼굴을 보는 상황도 직접성이 빚어내는 마술과 같다. 하지만 레비나스는 직접성이 지닌 부정적인 면도 알려 준다. "사랑의 상호주관적 관계는 사회의 시작이 아니라 사회에 대한 부정이다. (…) 사랑의 사회는 둘의 사회, 즉 보편성에 저항하는 고독들의 사회이다."[197] 역설적으로 사랑이 지닌 직접적 상호성이 제삼자를 허용하거나 받아들일 수 없게 한다. 사랑하는 사람들은 자기들 외에 다른 사람들을 볼 수 없기 때문일 것이고, 또한 사랑이 얼굴을 맞

---

196. 에마뉘엘 레비나스, 『우리 사이』, p.39.
197. 에마뉘엘 레비나스, 『우리 사이』, pp.41-44.

대는 관계가 두 사람 사이에서 끝난다면 제삼자는 방치될 수밖에 없을 것이다. 둘만의 관계는 아름다울지는 모르지만 달리 보면 둘만의 이기심으로 똘똘 뭉친 꼴이다. 두 사람의 구조로는 제삼자를 허용할 수 없고 둘만의 사랑으로는 '닫힌 사회'가 되고 만다. 다행인 것은 레비나스의 친밀성이 둘만의 관계를 넘어 인간 전체와의 관계를 포함하는 데 있다. 친밀성이 비유 이상으로 멀리 떨어진 제삼자를 끌어올 수 있는 근거가 되는 것이다.

제삼자를 얼굴 보기에 포함하는 방식이 비록 쉽지는 않겠지만 제삼자 개념은 얼굴의 윤리가 성립되는 데 필수적이다. 예를 들어, 레비나스에게 국가의 속성은 제삼자의 관계적 특성과 밀접한 관련이 있다. "사람 사이의 관계가 불가능한 국가, 사람 사이의 관계가 국가의 특유한 결정론을 통해 미리 통제되는 국가는 전체주의 국가"로 빠질 수 있으므로 사람들의 관계 맺기는 필수적이다.[198] 비록 국가 단위의 수준에서 직접 대면의 관계가 부재하더라도 최소한 얼굴을 마주하는 관계 맺기만 있으면 된다. 얼굴의 직접 대면을 사회라는 추상에 녹이는 한이 있더라도 친밀성의 관계가 유지되면 된다.

작고 사소한 개별적 관심만 있다면 윤리적일 수 있는 최소 조건은 마련된다. 거기에 알지도 못하고 알 수도 없는 제삼자에게 '공동 주의 집중'(joint attention)이 추가되면 사회는 훨씬 더 윤리적일 수 있다. 공동 주의 집중은 앞서 언급한 레비나스의 친밀성과 닮은 개념이

---

198. 에마뉘엘 레비나스, 『우리 사이』, p.162.

다. 장대익은『울트라 소셜』에서 공동 주의 집중을 "대상이나 과제에 자신의 관심(초점)과 상대방의 관심을 일치시키는 사회적 행위"라고 정의했다.[199] 이것은 공감 능력의 하나로서 사람들 사이에 연결감이 형성된다는 것이다. 그 연결이 두 사람의 일대일 관계 맺기에서 끝나지 않고 일정 지역의 사람들에게 관계 맺기를 가능하게 한다. 레비나스의 제삼자 문제도 이렇게 두 사람 이상이 하나의 지정된 대상에 관심을 공유할 수 있는 공동 주의 집중의 조건이 마련된다면 얼마든지 공적 윤리로 풀어 나갈 수 있다. 이는 레비나스 윤리의 결함일 수도 있는 윤리의 체계화와 제도화의 문제를 해결하는 실마리가 된다. '얼굴을 본다'는 행위를 '공통된 목표를 위해 얼굴을 본다'는 명제로 확대해서 제삼자를 끌어올 수 있기 때문이다. 이때 공통된 목표뿐만 아니라 공통된 사유 의식도 작동하여 두 사람 이상의 얼굴이 작동하는 터전이 마련되고, 제삼자 개념도 규모를 갖춘 얼굴 윤리의 틀에 들어갈 수 있다.

레비나스가 공감의 문제를 직접 언급하지는 않았지만, 어떻게 보면 그의 제삼자 논의나 수동성 윤리는 공감의 정신을 잘 구현한 것이기도 하다. 타인의 입장을 고려하는 정도가 아니라 아예 타인의 입장을 우선으로 배치하는 것 자체가 공감 수준의 최고치라고 할 수 있다. "서로 얼굴을 본다."에서 '서로'라는 말이 두 사람 간의 사적 윤리로 비추어질 수 있다. 그러나 만약 이 표현을 살짝 비틀어 "같이 얼굴

---

199. 김찬호,『대면, 비대면, 외면』, p.175, 재인용.

을 본다."라고 한다면 두 사람 이상의 얼굴 보기로 확장될 여지가 있다. 바로 여기에 공감을 위한 관계 조건이 형성된다.

레비나스의 제삼자 설정의 정당성을 위해 다음의 선형적 도식을 제안해 본다. "A: 나는 상대의 얼굴을 본다. B: 그는 내가 모르는 다른 사람의 얼굴을 본다."라는 명제를 가정하자. A의 얼굴 보기나 B의 얼굴 보기 각각에는 직접 대면의 윤리적 효과가 분명히 있다. 하지만 B에서 그의 얼굴 보기를 나는 경험할 수 없으므로 B의 그가 보는 사람에게는 나의 얼굴 보기가 윤리적일 수 있는 길이 막혀 있다. 그는 보았지만 나는 보지 못한 '다른 사람의 얼굴'이기 때문이다. 레비나스의 "얼굴을 보면 윤리적으로 된다."라는 얼굴 윤리의 공리에 따르면 내가 직접 그의 얼굴을 보지 못했기 때문에 그 제삼자에게는 윤리적일 수 없다. 하지만 레비나스의 친밀성 조건을 추가하면 그것이 전달되어 B의 얼굴 보기에도 영향을 미칠 개연성이 높아지고 마침내 내가 모르는 사람에게도 영향을 준다. 비록 B의 '다른 사람의 얼굴'을 내가 직접 대면하지는 않았어도 나의 대면의 효과는 그 제삼자에게 간접적으로나마 영향을 미칠 수 있다.

얼굴 보기가 '한발 건너가면' 얼굴 보기의 정도나 수준이 떨어지지만 시간이 흘러 거기에 더해 서로 얼굴을 볼 수 있는 조건이 형성된다면 분명 긍정적인 효과가 나타날 것이다. 관계의 연결고리가 계속되고 오늘 내가 모르는 사람과 얼굴 보기를 했다는 사건 하나로 세상은 좀 더 가까워질 것이다. 길을 스치며 모르는 낯선 누군가에게 웃는 얼굴로 인사했을 때, 그도 기분이 좋아 '내가 모르는' 다른 누군가에게 웃음을 선사할 수 있다. 내가 모르는 또 다른 누군가에게 '내가 건넸던' 웃음을 또 건넨다면 실질적으로는 나는 그 다른 누군가의 얼굴을 본 효과가 있다. 제삼자가 누구인지 모르고 그의 얼굴을 내가 직접 보지 않았다고 해서 레비나스의 얼굴 보기가 실패하지는 않을 것이다.

이웃 정의

제삼자의 정의에서도 봤듯이 타인과의 관계에는 이인칭의 직접 대면하는 타인 이외에도 수많은 간접적인 삼인칭 타인이 있다. 지금 마주하며 이야기를 나누는 가까운 타인이 있는가 하면 먼 타인, 부재한 타인, 미래의 타인이 있다. 삼인칭의 제삼자는 내가 잘 알지 못하지만 언젠가는 마주할 수 있거나 마주해야 하는 타인이다. 모르고 스쳐 지나가는 사람들도 언젠가 만날 수 있는 삼인칭의 타인이다. 이는 타인의 외연이 확대되고 책임의 실현 가능성이 무한대로 커질 수 있음을 의미한다. 물론 누구에게 먼저 관심을 가질 것인가라는 우선순위의 문제가 있지만, 자기 앞 이인칭의 타인을 대하는 방식의 적절성만큼이나 제삼자로 확대되는 일도 자연스럽게 진행될 수 있다.

정의 사회는 그 규모만큼 무한 책임을 요구한다. 모르는 사람도 배려하고 관심을 가져야 한다. 하지만 정의가 무조건 거대 규모의 정의여야 한다는 것은 아니다. 거대한 사회정의는 관념적이고 도식적이어서 개인의 직접적이고 구체적인 정의감을 전달하지 못한다. 타인의 호소에 귀를 기울이는 정의는 어디까지나 직접 대면이어야 하고, 실핏줄처럼 미세하고 섬세해야 한다. 정의가 직접 대면의 이웃을 생략하고 거대 규모의 계몽으로 변하는 것만큼 무의미한 것은 없다. 정의는 "정의로워야 한다."라는 당위에서 연역적으로 끌어낼 성질의 것이 아니고 정치 제도나 정책으로 처리되지도 않는다. 그것은 가까운 이웃 사람을 넘어 멀리 있는 모르는 사람으로 조금씩 이전되면서 실체를 드러내기 때문이다. 이웃 정의는 지나친 규모를 싫어하므로 처음부터 개인적이고 미시적이며 현장적이고 긴급을 요구한다. 책임 지기 위한 얼굴 보기도 전체나 집단이 아니라 개인을 보는 데 있다. 전체나 집단에는 얼굴이 없다. 얼굴을 보아야 어둡고 그늘진 곳에서 남몰래 흘리는 눈물을 볼 수 있다. 책임은 구체적이어야 좋은 책임이 되고 윤리다워진다.

좋은 정치가 사람들을 더불어 살아가게 하듯이 정의로운 사회도 타인과 같이 살게 하고 이타적일 수 있는 터전을 마련해 준다. 정의는 공리적으로 해결되는 것도 아니고 적절한 배분으로 소임을 다했다고 할 수도 없다. 행복을 골고루 나눠 주려고 해도 항상 소외되는 사람이 있기 때문이다. 얼굴을 마주함에 담긴 직접 대면의 에스프리는 배려와 자비이다. 레비나스가 정의 자체는 자비에서 태어난다고 했듯이, 그의 정의론은 계약과 공리에 근거하지 않는다. 그는 정의를 지극히 개인 간의 직접 대면의 관계에서 시작하는 친절과 가까운 것으로 본다. 정의와 자비는 둘이 아니다. "정의는 사랑에서 나온다."라고 했을 때도 그는 유대 하느님을 정의의 하느님으로 규정했다. 물론 신의 속성이 자비일 때만 가능한 이야기이지만, 적어도 "신의 말은

타인의 얼굴에, 타인과의 만남에 각인되어 있다."라는 말은 신의 속
성인 자비가 타인의 얼굴과 타인의 만남에 노출되어 있음을 의미한
다.[200] 우리가 타인의 얼굴을 봐야 하고 만남의 의미를 중요시해야 하
는 이유도 정의에 따뜻함을 줄 수 있기 때문이다.

타인의 삶에 관심이 없으면 정의는 살아남지 못한다. 정의는 생
활 세계에서 친근히 다가와 구체적인 일상에서 실현되어 우리의 힘
든 삶을 보듬어 준다. '사회정의'로 이론화된 정의 개념이 문제를 해
결하는 듯해도 개인의 일상적 삶을 친근하게 풀어 주는 데는 한계가
있다. 사회정의도 개인 간의 정의를 일차적 토대로 했을 때 설득력이
있는 것이다. 그러므로 '정의감'이라는 구체성이 필요하다. 정의감은
정의에 대한 감성을 키우며 정의롭지 못한 일에 개입하고 간섭할 수
있다. 정의감에 익숙해지면 정의라는 말도 추상에 빠지지 않는다. 정
의는 자기중심을 벗어나 타인을 존중하며 타인의 호소와 부름에 직
접적이고 즉각적으로 응답할 때 실현된다. 타인의 얼굴을 보고 그에
응대하며 '나의 자리를 내주듯' 해야 가능하다.

사회정의라는 거대 담론으로 나의 자리를 타인에게 내줄 수 없다
면 이제 우리는 정의라는 말 대신에 정의감을 새로 가져올 필요가 있
다. 정의감은 타인의 힘듦과 슬픔에 '따뜻하게' 개입하고 그를 맞아
들이고 자신의 것을 나누어 주고 반갑게 맞이하게 한다. 힘들게 사는
이웃을 홀로 내버려두지 않게 한다. 우리가 제대로 된 정치 속에 살

---

200. 에마뉘엘 레비나스, 『우리 사이』, pp.165-167.

고 싶은 이유도 함께 더불어 살 수 있다는 희망 때문일 것이고, 좋은 정치에 대한 그리움도 궁극적으로 사람에 대한 그리움이다. 이웃 정의로 서로 만날 수 있어야 하는 것이다.

평등을 넘어

얼굴을 마주함에는 존중과 평등이 담겨 있다. 레비나스가 "존경은 동등한 사람들의 관계이다. 정의는 이 최초의 평등을 전제한다."라고 했듯이 존중과 평등은 같은 말이다.[201] 존중하면 평등도 성취된다는 것이 레비나스의 독특한 평등론이라고 할 것이다. 타인을 존중할 때 그에 대한 나의 책임은 그의 권리가 되고, 그는 시혜받는 객체가 아닌 시혜를 요구할 권리를 가진 주체가 된다. 올곧은 평등이 이루어지는 것이다. 레비나스가 권리를 주장할 때도 그는 '나의 권리'가 아닌 '다른 인간'의 권리를 주장한다. "인간은 근원적으로 다른 인간의 권리"라는 그의 주장은 권리가 나에게서 나오는 것이 아닌 타인에게서 나온다는 것을 말해 준다.[202] 그에게 평등은 타인을 책임질 때 만들어지는 평등이며 타인에게 '기울어진' 평등이다. 사랑, 희생, 자비, 배려와 같은 덕목이 없다면 제대로 된 평등도 없는 것이다.

거대 규모의 정의는 무차별적인 '평등의 그물'을 펼치지만 사실 여기를 빠져나가는 수많은 상황과 경우가 발생한다. 그런 평등의 그

---

201. 에마뉘엘 레비나스, 『우리 사이』, p.64.
202. 에마뉘엘 레비나스, 『타자성과 초월』, p.172.

물로는 인간의 약함을 구해 낼 수 없고 소외와 빈곤도 구제할 수 없다. 평등이라는 말이 한때는 아름다웠는지 몰라도 지금은 너무나 거칠고 잔인해져 버렸다. 이는 거대 규모의 사회를 대충 수습하고 처리하려는 정치적 조급함 때문이며, 인간의 이기심이나 욕망을 억압하고 잠재우기 위해서였다. 평등으로 개인과 개인의 관계를 섬세하게 챙길 수 없는 이유는 평등이 윤리적이지 못하고 태생적으로 정치적이었기 때문이다. 평등도 한때는 윤리적 감성에서 출발했을 수 있지만 이내 정치적 표현 방식으로 박제된 지 오래이다. 거기에는 상호 이익 또는 호혜성만 가득하고 희생이나 자비와 같은 개인의 덕목을 찾을 수 없다. 불평등으로 쉽게 변질되어 위기감과 피로가 심해진다. 평등해야 한다는 긴장 때문에 한순간도 방심할 수 없다. 실제로 평등해질 수 없는 경우의 수가 너무나 많이 발생해서 사회적 비용만 커질 뿐이다.

윤리는 정치적 평등 이후에 따라 나오는 장식이 아니다. 평등은 규모의 사회를 보장하는 정도로 최소한의 삶의 안전은 지켜 주겠지만, 서로에게 적극적으로 관심을 두고 배려하는 삶을 실현해 주지는 못한다. 그러므로 타인에게 좀 더 다가갈 수 있으려면 '계약의 덫'에 걸린 평등에서 벗어나야 한다. 홉스의 사회계약적 평화도 개인들 사이의 계약을 공고히 하기 위해 국가의 개입을 허용했고, 그 공적 보장을 위해 사람들은 자신의 권리를 국가에 위임해야 했다. 평등에 근거한 루소의 사회계약도 이와 크게 다르지 않다. 개인은 자기의 인격과 자기가 소유한 모든 권력을 공동재산으로 간주하고 이를 '일반 의지'(general will)에 종속시킨다. 일반 의지에 복종하는 방식으로 각자의 자유와 평등을 보증하려고 한다. 그러나 이 복종의 대가가 무엇이겠으며 그 계약이 깨져 지킬 수 없으면 어떻게 할 것인가.

레비나스는 계약으로 인한 개인의 권리 포기가 아닌 다른 대안을 찾고자 한다. 그는 인간의 이기심과 각자의 '계산적 이성'으로 진행될 수밖에 없는 가식적이고 불안정하고 제한된 인간관계가 아닌, 사회적 약자와 소외자가 보호받는 관계 윤리를 원한다. 이로써 타인을 위한 그리고 타인에 의한 책임 의식이 강화되고, 사회의 빈곤 해결과 빈부 격차 해소라는 복지적 관심이 되살아날 수 있다. 개인의 권리를 양보하거나 일반 의지에 복종하지 않고도 평화를 누리고, 각박한 정치 상황에서도 배려와 사랑의 염려 의식을 심어 놓으며, 일시적이고 잠정적인 정치적 평화가 아니라 오래 안정적으로 지속하는 평화를 이루어 낼 수 있어야 한다. 평등이라는 법적 또는 정치적 장치는 사회 갈등과 범죄를 막는 데는 한계가 있다. 그에 앞서 나의 권리에 앞서 타인에 대한 책임을 얼마나 진지하게 고민하느냐가 중요하다. 자기 존재의 유지에 함몰된 나의 자유보다 앞서는 책임 의식이 필요하다. 자유에 책임이 따라 나오는 것이 아니라 "책임에 자유가 따른다."라는 레비나스의 말이 유효할 수 있어야 한다.

책임에도 피로가 생겨날 수 있다. 이웃에 관한 염려와 배려를 지속하는 것도 피로 사회의 한 모습이다. 그러나 이 모든 피로의 원인은 책임 의식을 나에게서 출발시킨 탓이다. 반면에 타인에게서 나와서 지는 책임은 그 피로의 정도가 약하고 거의 없다. 평등도 마찬가지이다. 나에게서 시작하는 평등 의식은 상투적이고 습관적이어서 사회적 억압과 강요가 있기 마련이지만, 타인에게서 나오면 자연스럽게 염려와 배려가 된다. 그리하여 타인을 '따뜻한 관심'으로 대할 수 있고, 타인을 평등하게 대해야 한다는 정체 모를 '평등 강박증'에서 벗어날 수 있다. 타인에게서 오는 평등을 맞이하려는 태도가 최선의 방책일 것이다.

공동체의 삶

대화와 접촉이 없고 의사소통의 의지가 없다면 공동체가 아니다. 혼자만 '게으른' 도덕으로는 사람들과 절대 마주할 수 없다. 타인에게 넘어가기로 마음을 굳히고 섬세한 책임 의식과 정서적 유대, 그리고 친근감을 드러내야 한다. 공동체의 삶은 개인이 놓치기 쉬운 자신의 주변을 얼마나 의식하고 관심을 두는가에 달려 있다. 그래야만 타인들과 더불어 사는 삶이 된다. 지금처럼 개인화된 사회에서는 더불어 사는 삶이 가끔 의도적으로 느껴질 때도 있지만, 실제로 함께하는 삶이 인간 본래의 모습이었다. 혼자 살고자 하는 삶 자체가 더 인위적이고 가식적일 수 있다. 개인의식은 지나치게 살이 덧붙여져 근대성의 이미지가 된 지가 오래되었고 항상 이성적 과잉 또는 정치적 잉여로 남아 있다. 이제 개인은 더불어 살아갈 수밖에 없는 개인으로 돌아와야 하고, 자신을 살리되 타인들과의 관계에 무심하지 않은 개인이어야 한다.

공동체는 서로 얼굴을 볼 수 있으며 '같이 살기' 위해 규모의 적절성을 끊임없이 조율하는 곳이다. '전통의 복원'도 아니고 사회정의를 위한 이데올로기 공간도 아닌, 관계 맺음이 절실한 직접 대면 공간이다. 독일 철학자 테오도어 아도르노는 주체와 객체를 매개하는 존재로서 어떤 고정적이고 실체적인 존재도 아닌 '희미한 보편자'를 말했다.[203] 그는 끊임없이 새로운 관계에서 새롭게 만들어지는 '관계로서의 존재자'를 상정한다. 만약 관계가 한 사람의 '고립된' 관념으로만 환원되면 그 자체가 폭력이며 비윤리적이다. 윤리적으로 되려면 어떤 식으로든 관계를 개인이 자신의 비밀스러운 사적 공간으로 몰래 가져가서는 안 된다.

공동체적 삶에는 항상 사람이 있고 그들 사이에는 적절한 관계가 있다. 공동체는 이 '사이' 관계를 의식화하고 실천하는 작업으로서 우리의 표정이나 몸짓, 움직임을 열리게 하고 닫힌 개인이 아닌 '열린 개인'으로 거듭나게 한다. 사람들과 함께해야 윤리가 성립된다. 윤리적 자아라는 게 있다면 그것은 모여 살기 위한 자아여야 할 것이다. 그리하여 그 속의 사람들은 늘 나보다 먼저 와 있으면서 나를 윤리적으로 살게 한다.

이기심과 이타심의 화해

주어진 공동체에서 얼굴 윤리가 섬세하게 기능하려면 이기심과 이타심의 화해가 필요하다. 이를 위해 코넬 대학교 로스쿨 교수인 린

---

203. 테오도어 W. 아도르노, 『부정 변증법』, p.173.

스타우트는 사람을 대상으로 흥미로운 실험을 한 적이 있다. 그는 이타심의 근거가 될 수 있는 양심을 관찰하기 위해 통제된 실험실에 사람들을 모아 놓고 가상 현실을 구현했다. 합리적이고 이기적인 '호모 에코노미쿠스'(homo economicus) 테제를 극복하고, 서로를 배반하지 않고 협동하면서 더 나은 보상을 얻어 내려는 친사회적 행동이 존재할 수 있음을 재현하며, 서로 모르는 사이에서도 이타적인 행동은 흔하게 나타난다는 사실을 증명하기 위해서였다.

이 실험에서 사람들은 남을 돕기 위해 희생을 마다하지 않기도 하고 반대로 남을 해치려고 자신의 물질적 보상까지 기꺼이 희생하고자 했다. 심지어 자기 손해를 감수하면서까지 남을 해치려고 했다. 그런 사람은 적극적인 개입과 간섭을 통해 공정 또는 정의를 실현한다면서 동기는 이기적이지만 결과는 이타적인 일종의 '이타적 응징'을 하고자 했다. 사람들은 복수를 하기 위해서라도 이타심을 발휘할 수 있다는 역설이 발생했다.[204]

이 실험의 결과는 사람들이 물질적 유인책에 가장 영향을 받는 이기적 행위자라는 가정을 깬다. 비이기적 친사회적 행동은 주변에서 흔하게 찾아볼 수 있다. 사람들은 때로 남이 더 많은 이득을 볼 수 있게끔 자신의 이득을 포기하기도 하고, 남에게 손해를 끼치면서까지도 자신의 것을 포기한다. 자신을 포함해 남들도 비이기적인 행동을 얼마든지 행한다는 사실을 안다. 실험 결과 일반적으로 나타나는 협

---

204. 린 스타우트, 『양심은 힘이 없다는 착각』, 4장

동 비율은 50퍼센트였다. 이 실험은 사람들이 어떨 때 이기적 또는 비이기적으로 행동할 가능성이 큰지, 왜 남들은 협동에 관심이 없는데 자신은 협동하려는지, 혹은 왜 그때는 협동했는데 지금은 하지 않는지, 그리고 우리가 언제 다른 사람을 도우려는지, 언제 해를 입히려는지, 또 언제 내 알 바 아니라는 식이 되는지 등에 대해서는 분명한 답을 내놓지 못했다. 하지만 이 모든 의문에도 사람들은 끊임없이 이기심과 이타심을 조율하면서 살아가고 있음을 보여 주었다.

이타심에 얽힌 수많은 말을 보자. 친절, 믿음, 인정, 자비, 협동, 관용, 배려, 온정 등이 있다. 우리가 사는 세상은 이미 평소에 늘 주변에 있지만 보통 사람들이 눈여겨보지 못하고 지나치는 작은 규모의 이타적인 행동으로 가득 차 있다. 스타우트의 말처럼 "비이기적인 친사회적 행동은 매우 현실적이고. 매우 흔하고, 매우 막강하며, 나아가 매우 중요"하다.[205] 이타적인 착한 행동은 "너무 평범하고 일상적이어서 흥미를 끌지 못해 그냥 넘어가서" 그렇지, 사실은 사회 곳곳에 있으면서 세상을 이만큼이나 돌아가게 하는 것이다.[206] 이제 더는 동네며 친족이 없고 공동체도 사라진 지금, 가끔이라도 이타심이 나오는 이유는 협동해야 해야 살아남을 수 있다는 경험 때문일 것이다. 모르는 사람에게도 친절해야 한다는 습성이 남아 있는지도 모른다. 이런 점에서 사람들은 도움을 주는 능력, 즉 마음 놓고 타인을 배

---

205. 린 스타우트, 『양심은 힘이 없다는 착각』, p.34.
206. 린 스타우트, 『양심은 힘이 없다는 착각』, p.93.

려하고 도와줄 수 있는 상황을 선택하며 친사회적 이타주의자를 찾아 상호 교류를 할 수 있다. 얼굴과 몸짓을 통해 상대가 친사회적인지 아니면 이기적인지를 나름 판별하면서 얼굴 보기에 확신을 갖기도 한다. 사회적 거리를 줄이면서 양심이 잘 작동할 수 있도록 '숨 쉴 공간'의 사회를 꾸며 가는 것이다.

사람을 대할 때 분노, 불만, 미움과 같은 부정적인 감정을 애써 감출 수는 있겠지만, 이런 부정적인 감정을 잡초처럼 취급할 수는 없다. 그런 감정은 사람들의 가슴 깊이 자리 잡고 있다. 밝음과 대조되는 어둠의 한쪽을 차지할 뿐이다. 이기심도 부정적인 감정의 하나로서 그것을 극복하고 이타적으로 되기는 쉽지 않다. 하지만 그런 부정적인 감정을 이해하고 받아들이려는 마음으로 이기심을 마주해야 한다. 이기심은 없앤다고 해서 없어질 것은 아니다. 개인의 무의식이 된 지가 오래이고, 몸짓을 불리면서 욕망이라는 집단 무의식으로 변질한 지 또한 오래되었다. 하지만 이기심은 직면하는 자체만으로도 이타심과 화해할 수 있고 윤리가 성취될 수 있는 길이 열린다.

애덤 스미스는 그의 『국부론』에서 이기적인 '보이지 않는 손'이 좋은 결과를 가져다준다고 했다. 이기심과 이타심의 화해가 쉽지 않은 듯하지만 스미스의 의견을 좀 더 살펴보면 생각이 달라진다. 그는 "우리가 저녁 식사를 기대하는 것은 푸줏간, 술집, 빵집의 자비심이 아니라, 그들 자신의 이해(利害)에 대한 배려이다."라고 했다.[207] 우

---

207. 애덤 스미스, 『국부론』, p.27.

리의 저녁 식사는 그들 각자의 자애심과 이익으로 생긴 것이지 특별히 다른 사람들에게 자비심을 베푼 결과가 아니다. 스미스는 거지조차도 자비심에만 의존하지 않는다고 한다. 거지가 사람들의 자비심으로 돈을 받을 수는 있겠지만 그것으로 옷을 사기도 하고, 헌 옷을 받을 때는 자기에게 더 잘 맞는 옷으로 바꾸거나 먹을 것을 구한다. 스미스가 말하고 싶은 요지는 굳이 이타심이나 자비심을 갖지 않아도 사회는 나름대로 굴러가며 세상은 먹고 사는 데 지장이 없다는 데 있다. 각자 자기 이익을 위해 열심히 사는 모습이 삶의 자연스러움일 것이다. 이때 자연스러움이란 의도적이거나 의식적인 것이 아니며 누구라 할 것 없이 저절로 가진 본능을 말한다.

이와 반대로 타인을 생각하고 배려하는 자비나 공감의 감정도 이기심만큼 자연스러운 것인지를 물을 수 있다. 스미스는 『국부론』에 앞서 인간의 자연스러운 감정으로 공감을 들었다.

> "인간이 아무리 이기적인 존재라 하더라도 (…) 타인의 행복을 필요로 한다. 연민과 동정심이 이 천성에 속한다. 이것은 타인의 고통을 보거나 그것을 아주 생생하게 느낄 때 갖는 종류의 감정이다." (조현수, 『애덤 스미스의 도덕감정론』, p.43, 재인용.)

스미스에게는 이기심만큼이나 연민과 동정심의 공감 능력도 본능적으로 자연스러운 것이다. 그에게 공감은 "인간 본성에 자리 잡은 원초적 열정이며, 공감이 없다면 인간은 홉스적 자연 상태에서 공포

와 두려움 속에서 살아야 하는 운명에 처할 수도 있다."[208] 그가 말한
공감 능력을 이타심이라고 부를 수 있다면 우리는 서로 다른 맥락에
놓인 두 가지 감정을 만나야 하는 모순이 발생한다. 인간은 이기심과
이타심을 동시에 가질 수 있을까. 이 두 가지 감정이 화해할 수 있는
지점이 있을까. 이기심 때문에 이타적 결과가 생기거나 아니면 이타
심이 이기적 행위만큼이나 강해지면 이기심을 억제하거나 통제할 수
있을까. 그리고 이기심과 욕망에 근거한 자유를 주장하는 '보이지 않
는 손'의 입장과 타인에 대한 공감을 통해 공동체의 정의를 형성하려
는 두 생각은 서로 모순 없이 화해할 수 있을까. 조현수는 스미스의
보이지 않는 손에는 방임이 아닌 "임의적, 자의적, 강제적 간섭을 하
지 말라."라는 의미가 있다고 한다.[209] 이 말에는 비록 타인에게 자비
심과 같은 적극적 행위는 하지 않더라도 손해나 피해를 주는 행위는
하지 말라는 뜻이 담겨 있다. 이런 점에서 '스미스의 이기심'은 공정
하기도 하고 타인을 배려하는 수준의 무관심이라고 할 수도 있다. 스
미스의 보이지 않는 손이 '따뜻한 손'이 될 여지는 충분하다.

그렇다면 레비나스는 이기심과 이타심을 화해시킬 수 있을까. 그
가 이런 질문을 받는다면 그는 이기심과 이타심의 화해를 가져오는
방법으로 얼굴을 가져올 것이다. 레비나스의 얼굴 보기는 인간 본성
이 이기적이냐 아니냐의 이분법적 논쟁을 넘어서 있다. 이기심을 없

---

208. 조현수, 『애덤 스미스의 도덕감정론』, p.12.
209. 조현수, 『애덤 스미스의 도덕감정론』, p.13.

애고자 하는 노력이 무의미할 정도로 얼굴 보기 행위를 공감 그 자체로 처리한다. 흥미로운 점은 얼굴의 고유함은 누구도 개입할 수 없을 정도로 이기적인 모습을 취하지만, 동시에 누구나 관심을 두고 개입할 수 있도록 자신의 모든 것을 드러낼 수 있다는 점에서 이타심의 모습이기도 하다는 것이다. 얼굴은 이기심만큼이나 이타적 능력이 실현되고 가시화되는 곳이다. 얼굴은 공적이며 사이 매개로서 사람들 관계에서 작동되기 때문에 비록 자기 얼굴을 고집스럽게 간직한다고 해서 '자기만의' 얼굴로 남을 수 없다. 얼굴은 누군가에게 어쩔 수 없이 들키고 밝혀지고 열리며, 이기심과 이타심이 모두 한곳으로 수렴되도록 관계를 맺게 하고 통합시키는 장소이기 때문이다.

3. 장소와 윤리

책임과 정의의 사회를 실현하려면 이웃이 만들어질 수 있는 장소가 있어야 한다. 장소는 윤리의 실질성을 담보할 수 있는 곳이다. 그런 곳에서는 사람들의 접촉과 대면, 그리고 책임 의식이 살아 숨 쉬고 서로의 얼굴로 구체적인 관계 맺기가 이루어진다. 우리의 얼굴은 장소에서 빛을 발한다. 얼굴과 장소가 만나면 여태껏 잃어 왔던 관계 덕목인 '이웃'이 생긴다. 장소는 이웃을 만날 힘을 주기 때문이다.

도시적 삶의 문제를 짚어 나가다 보면 사람들이 희망하는 이상적인 장소를 그릴 수 있다. 그리고 관심과 책임을 통해 동네가 어떻게 재구성되고, 우리 모두 어떻게 주민으로 다시 태어날 수 있으며, 더불어 사는 삶의 질을 어떻게 높일 수 있는지도 알 수 있다. 지금까지 살펴본 얼굴 보기에 대한 논의가 이 모든 새로운 삶의 양식에 어떻게 영향을 주며, 장소라는 삶의 외부 조건에서 얻을 수 있는 윤리적 성취는 무엇인지 살펴보자.

장소 경험

태초에 장소가 있었다. 신화와 전설도 장소 없이는 시작되지 않는다. 우리의 삶도 세계 안에서 하나의 구체적인 장소를 가지면서 시작되었다. 어린 시절의 추억이나 작은 사건, 거기에서 건져 낸 작은 이야기의 출처도 모두 장소였다. 하지만 지금 우리가 살고 있는 도시의 삶은 자주 이런 의미의 장소와 분리된다. 도시는 우리에게 끊임없는 이야기를 들려줘야 하는데도 말을 걸어 주지 않고 거주 또는 이주의 공간적 삶으로만 다가온다. 법적 주소지로만 서로 존재를 확인하는 정도이다. 우리가 살고 있는 곳에 이웃의 얼굴이 있는가. 대화를 나누고 세상 이야기를 하면서 최선의 삶의 양식을 만들어 내고 있는가.

지금까지 사람들은 장소를 어떻게 설명해 왔을까. 장소는 그 지역에서 살아가는 사람들의 다중성, 고유성, 역사성, 정체성 등 삶터가 드러나고 공동체적 관계성이 회복되는 곳이다. 에드워드 랠프는 "인간답게 산다는 것은 장소로 가득한 세상에서 산다는 것"이라고 말했다.[210] 인간다움이 발견되는 장소는 한곳에 사는 사람들의 욕구를 반영하며 삶의 변화를 이루어 낸다. 과거의 기억과 현재의 이야기, 그리고 미래 삶의 방향을 논의할 수 있는 입체적이고 구체적인 삶의 현장이다. 사람들의 구체적인 이야기가 전개되는 곳으로서 한 개인이 다른 개인들과 끊임없이 일상적인 관계를 맺어 가는 '겹겹의 로컬리티'이기도 하다.[211]

장소는 사람들과 관계를 맺을 수 있는 곳이다. 장소가 지닌 물질이나 사건, 집과 건물의 이야기 속에서 사람들은 한곳에 오래 남고 멀리 떠났던 사람들도 돌아오기 때문이다. 친한 이웃과의 대화는 삶의 서사를 구성하고 우리네 삶의 모습을 문화로 거듭나게 한다. 장소를 강하게 의식할 때 삶이 현실적으로 와닿고, 삶의 모순이나 간격을 줄이고 마음의 안정감과 편안함이 생긴다. 토니 스웨인은 "삶이란 장소와 결합하는 것"이라고 했다.[212] 장소와 인간의 정체성이 긴밀하게 연결되어 있다는 뜻이다. 장소에는 삶이 들어 있다. 제프 말파스가 "인간의 정체성은 장소와 로컬리티로부터 분리될 수 없다."라고 했듯이, 인간 존재는 장소와 필연적으로 연결될 수밖에 없다.[213]

장소는 삶에 현실감을 더해 주는 곳이다. 작은 경험이나 기억과도 밀접한 상관성을 갖게 한다. 장소를 기지로 하여 주체와 객체, 자아

---

210. 이무용, "장소를 통한 문화의 소통: 공간의 문화정치와 장소 만들기", p.291, 재인용.

211. 문성원, 『해체와 윤리』, p.16.

212. 제프 말파스, 『장소와 경험』, p.15, 재인용.

213. 제프 말파스, 『장소와 경험』, p.247.

와 세계가 모두 함께 존재하고 사회성의 양식도 만들어 낸다. 한 개인의 세계 이해나 행위는 주어진 장소 또는 선택한 장소를 떠나 발현될 수 없기 때문이다. 제프 말파스는 "기억과 장소의 연결은 기억과 신체, 정신적 내용의 체현과 가능성의 긴밀한 상관관계를 나타낸다."라고 했다.[214] 이 말은 개인의 주체가 성립하는 순간 이미 거기에 장소가 개입되어 있음을 의미한다.

장소가 마련되면 사람들의 관계가 정의롭게 형성된다. 레비나스는 정의로운 관계 형성의 자격 요건으로 '이웃에 대한 환대'를 제시했다. 환대는 타인을 배려와 염려로 나의 거주 공간에 맞이해 사람들과 적극적으로 관계를 맺게 한다. "자기중심적 삶이 깨지는 것"을 돕는다.[215] 정적 거주 공간을 넘어 윤리적 삶의 방식이 제자리를 잡게 하며 책임의 윤리가 생겨나게 하는 것이다. 장소는 타인을 맞아들이고 그의 힘들고 어려운 상황에 응답하기 위한 최적의 조건이다. 개인의 생존이나 향유를 넘어 '이웃에 대한 체험'이 긍정적으로 발휘되는 곳이다. 장소를 의식하면 살고 있는 곳에 밀접성이나 친근함이 더해진다. 장소에 말을 걸 수 있고 장소 또한 말을 걸어오면서 관계적 삶의 토대가 마련되고 이웃과 서로 환대하는 윤리적인 덕목을 키울 수 있다.

---

214. 제프 말파스, 『장소와 경험』, p.135.
215. 문성원, 『타자와 욕망』, p.27.

장소와 직접 책임

동네를 한 바퀴 천천히 돌다 보면 주민자치센터를 만나고, 재래시장, 가게, 식당, 그리고 온갖 편의 시설도 만난다. 이런 장면은 정도의 차이만 있을 뿐 웬만한 대도시를 비롯해 크고 작은 도시나 군 단위의 읍면 소재지도 거의 비슷하다. 하지만 이런 곳이 앞서 말한 장소가 될 수 있을까. '얼굴 윤리'를 가능하게 할 수 있을까. 서로 이웃이 되어 얼굴을 마주하고 대면한다면 가능할 것이다. 직접 대면하면서 서로 처한 상황을 직접 듣고 빠르게 응대할 수 있는 조건이라면 가능할 것이다.

장소는 한곳에 고정되어 있거나 물리적으로 특정된 지역 또는 공간을 지칭하지 않는다. 장소는 지역이나 공간에 사람들이 살면서 새로운 의미가 만들어진 곳이다. 예를 들어, 한곳에 살다가 새로운 곳으로 이사를 하더라도 그곳이 내게는 장소가 될 수 있다. 다만 내가 먼저 그곳의 성격을 물을 수 있어야 한다. 이곳은 내게 어떤 곳일까 하면서 그곳에 말을 걸고 거기에서 '자기가 될 가능성'을 발견해야 한다.[216] 시간이 지나면 그곳이 내게 물어올 것이다. "당신은 장소가 되었는가"라고. 그곳은 참을성 있게 나의 대답을 기다리고 이어지는 나의 질문에도 끊임없이 응대할 것이다. 이 과정에서 장소와 사람은 서로 유기적인 관계가 된다.

장소는 우리가 그를 위해 무엇을 할 것인가를 원하기 때문에 관계

---

216. 변순용, 『책임의 윤리학』, p.96.

가 성립된다. 타인의 위치에 내가 서듯이 나는 장소의 위치에 선다. 그것은 만남이고 서로 무관심할 수 없음이며 미리 준비함이다. 장소를 만나고 그 장소에서 벌어지는 여러 가지 일에 관심을 두고 행동할 수 있는 동기 부여가 만들어진다. 장소는 우리가 삶과 멀어지고 세상과 괴리가 심해졌을 때 이를 호기심과 체험으로 메꾸어 준다. 동시에 우리는 장소를 강하게 의식하고 장소의 일에 개입할 수 있어야 하고 자기가 사는 곳에 관심을 가져야 한다. 그 현장에 들어가서 삶의 직접성과 관계의 직접성을 확보하도록 노력해야 한다.

직접적인 책임은 장소가 묻고 사람이 답하는 과정, 그리고 장소에 대한 반응으로서 경험과 체험의 과정에서 완성된다. "장소를 재현한다."라는 것도 장소와 묻고 답하는 과정이 얼마나 유기적으로 잘 이루어지느냐에 달려 있다. 자신이 사는 곳의 문제점을 경청하려는 자세나 장소에 적합한 대답을 하지 못한다면 그곳은 항상 자기 경계의 주변으로 전락하고 만다. 대신에 장소 안에서 장소가 묻는 물음에 적극적으로 응답하면 장소 경험으로 들어가고 그 속에서 윤리적 삶의 양식도 구축할 수 있다.

코스가드(C.M. Korsgaard)는 책임을 "관계 속에 자신을 놓는 것"이라고 했다.[217] 관계에 자신을 두는 곳이 바로 장소이다. 장소를 아는 만큼 책임의 수준도 높아진다. 미리 챙길 수 있고 일이 생길 때 미루지 않을 수 있는 책임만큼 중요한 것도 없다. 장소는 바로 이런 책임

---

217. 변순용, 『책임의 윤리학』, p.37, 재인용.

을 가능하게 한다. 서로 얼굴을 직접 볼 수 있게 하면서 배려, 염려, 나눔, 사랑의 실현 가능성을 높여 준다. 장소가 윤리의 큰 밑그림이 되는 것이다.

친밀감

낯선 곳이 친밀하게 느껴질 때 공간은 장소가 된다. 공간이 장소가 되는 데는 사람에 더해 친숙함이 형성되면서 서로 얼굴과 눈을 보고 이야기를 나눌 때이다. 흔히 공간은 도시 규모이거나 동네, 또는 작은 건물 안일 수도 있다. 하지만 시간이 지나면서 지리나 건물 모양새, 방 구조에 익숙해지면 그곳은 장소가 된다. 사람들을 한둘씩 알아가고 친밀감이 더해지면서 장소다워진다. 장소는 관계가 깊어지는 반복적인 체험에서 나온다. 거리의 이정표, 건물, 가로수, 벤치, 거기에 사는 사람들의 움직임, 지나가는 자동차의 소음 등 모든 것이 익숙해지면서 장소로 바뀐다. 편한 느낌으로 능숙하게 길을 건너고 인사를 나누면서 생활의 일부가 된다. 집에 있는듯 친숙해지고 생활의 일부가 된다.

이-푸 투안은 "친밀한 경험은 우리의 가장 깊은 내면에 자리 잡은 것이어서 (…) 표현하기가 어렵다."라고 했다.[218] 아마도 이때 친밀한 경험은 애틋함, 직접성, 포근함, 편안함 등일 것이다. 아이가 부모 품에서 옛날 동화를 듣는다든지 추운 겨울 눈 오는 창밖을 내다보며 따

---

218. 이-푸 투안, 『공간과 장소』, p.220.

뜻한 이불 속에 들어 있는 것도 친밀함이다. 아니면 오랜만에 만나는 이웃에게 따뜻한 미소와 인사를 나누는 것이기도 하다. 그러므로 친밀함은 잠시 정지해야 생겨난다. 멈추는 순간 친밀함은 장소가 되어 가족들이 저녁을 먹으면서 둘러앉아 쉬는 곳이 되고, 나이 든 부부가 서로 바라보면서 애정 어린 대화를 나누는 곳이 된다. 아주 짧은 시간이 영원할 듯한 느낌이 들 때 친밀함의 강도는 더 높아진다.

장소는 인간의 유대가 없다면 아무 의미가 없다. 공간에 사람이 들어설 때 장소가 된다는 의미를 다시 생각해 보자. 아이에게는 아무리 이불 속이 따뜻해도 방 안에서 부모의 목소리가 들리지 않는다면 편하지 않다. 따뜻한 이불에 더해 이불을 덮어 주고 옆에서 이야기를 들려주는 부모가 있어야 한다. 그러므로 "사물과 대상은 지속적이며 기댈 수 있는 곳이긴 해도 사람이 없으면 사물과 장소들이 빠르게 의미를 잃어버려 그것들의 지속은 편안함이 아니게" 된다.[219] 사람이 없으면 친밀함도 우리에게 더 이상 줄 게 없다. 빈집이 집이 아닌 것과 같다.

친밀함에는 믿음이 있다. "인간의 만남은 진실한 앎과 교환의 순간에 타오른다."라는 말처럼 부모와 자식, 또는 부부 사이에 서로 신뢰할 수 없거나 의존할 수 없다면 친밀의 정도는 약해진다.[220] 가까이 있어 서로의 관계가 잘 보이지 않을 정도라야 한다. 집도 사람만큼이

---

219. 이-푸 투안, 『공간과 장소』, p.225.
220. 이-푸 투안, 『공간과 장소』, p.226.

나 친밀한 곳이다. 오랜 날들이 쌓이면서 집은 자신의 일부가 된다. 집처럼 아늑한 곳도 없다. 익숙한 가구로 가득 차 있고 마음대로 휴식을 취하는 곳이며 낯선 곳으로 여행을 떠났다가도 이내 돌아오고 싶은 곳이 집이다. 집은 일상을 사는 곳이며 숨 쉬는 것처럼 눈에 띄지 않는다. 아무리 즐거워도 낯선 여행지는 이내 비실재적으로 보인다. 그에 비해 친밀함에는 마치 자기 몸처럼 하나가 된 듯한 절대 믿음이 있다. 이-푸 투안은 "친밀한 순간에 사람들은 눈이 흐려진다. 생각하는 것은 거리를 만들어 낸다."라고 한다.[221] 친밀함이란 나와 나밖의 것이 최대한 가까이 있음이다. 편하고 정직하게 자기를 드러내며 진실하고 솔직해지는 상태이다. 어빈 얄롬도 "자기 개방은 친밀감을 발달시키는 데 중요한 역할을 한다."라고 했다.[222] 서로를 조금씩 드러내면서 상대에 대한 신뢰와 믿음을 키운다. 이것이 관계 맺기의 실질적인 효과이다. 외로움도 나눌 수 있으면 사라지듯이 관계 맺기가 시작된다. 서로의 곁에 최대한 가까이 있으면 "외로운 나는 우리에 녹아"들 수 있기 때문이다.[223]

장소가 되려면

빈 공간에 한두 사람이라도 있으면 장소의 자격 요건을 갖춘다. 작은 마을에 몇 안 되는 사람들이 모여 있어도 장소가 되는 것과 같

---

221. 이-푸 투안, 『공간과 장소』, p.226.
222. 어빈 D. 얄롬, 『태양을 직면하기』, p.152.
223. 어빈 D. 얄롬, 『태양을 직면하기』, p.236.

다. 지도 위에 지명으로만 있던 곳에 아는 사람이 살면 그 지명이 더 이상 낯설지 않고 이내 친숙한 곳으로 바뀌듯이, 장소는 마음에 정서적 좌표가 형성되는 느낌을 준다.

한곳에 멈춰 서서 오래 볼 수 있어야 장소가 된다. 내가 사는 동네만 해도 그새 자주 눈이 가고 멈춰 서서 보는 곳이 여럿 있다. 대문 색깔이 특이하다든지, 담장 밖 아래로 처진 붉은 장미와 보라색으로 칠해 놓은 지붕도 본다. 무심코 걷다가 이런 장면이 유난히 크게 보이면 눈길이 가고 멈추는 횟수도 늘어나고 친숙함이 증가한다. 눈길을 준다고 해서 모든 게 눈에 들어오지는 않지만 멈춰 서는 행위가 반복되면서 몇몇 사물은 오래 기억된다. 머물지 않으면 절대 들어올 수 없는 거리의 인상이다. 수십 번 반복된 스침으로 낯선 거리가 장소로 가득 차는 것이다. 장소는 반복되면서 조금씩 새롭게 드러난다. 조금씩 변화는 있지만 절대 멈추지 않는다.

장소가 없다면 시간도 없다. 메를로 퐁티도 "시간은 나와 사물들의 관계로부터 태어난다."라고 하지 않았던가.[224] 장소가 시간을 만들어 낸 것이다. 장소는 본래 정적이어서 움직임이나 흐름이 멈춘 곳이었지만, 시간이 지나면서 고요함을 깨고 드러난다. 그에 맞춰 사람들은 습관적으로 일상의 안정과 편안함을 확보한다. 마치 '낡은 슬리퍼처럼' 편안하고 겸손해진다.[225] 내 경우 가장 긴 시간이 흘렀던 곳은

---

224. 이원, 『시간적 인간』, p.27, 재인용.
225. 이-푸 투안, 『공간과 장소』, p293.

초등학교를 졸업하던 시기의 동네이다. 성인이 되어 다른 곳은 모두 사라졌는데도 이 동네에서 보낸 한 해는 마치 늦여름의 해거름처럼 길게 느껴지며 기억에서 사라지지 않는다. 그곳의 모든 풍경이 멈춰 선 듯하다. 그 외에 잠깐씩 살다 떠난 곳은 모두 '얄팍한' 느낌만 남아 있을 뿐 어떤 진중한 무게도 생생함도 없다. 몇 가지 일상의 성취, 물질 형태의 사소한 소유물이 애착과 숭배로만 있다.

도시도 장소가 될 수 있을까. 요즘 일과 중 하나가 아파트 인근의 재래시장을 구경하는 것이다. 큰 마트에서 물건 고를 때와는 달리 낯선 느낌이 있다. 대형마트에 익숙해진 탓인지 물건을 살 때 가게 주인과 대화를 나누는 게 불편하고 어색하다. 집으로 올 때는 곧장 오는 길을 피하고 동네 골목길을 이리저리 의도적으로 둘러 온다. 지나는 코스가 조금씩 바뀌기는 해도 꽤 재미있다. 전에는 차로 이동하느라고 사는 동네를 자세히 볼 일이 없어서 동네 골목의 안쪽으로 난 여러 길이 늘 궁금했다. 꽉 들어찬 빌라들 사이에 있는 옛날식 주택 구경만 하는데도 다행히 궁금증은 많이 해소되었다.

평생 도시에서 생활한 탓인지 지방의 군 소재지 규모의 아담한 주택 단지에 집을 장만하는 것이 꿈이다. 밤이 되면 불빛이나 자동차 소음이 끊어지는 곳, 엘리베이터를 타지 않고 곧장 신발을 털고 현관 문을 열 수 있는 곳, 흙 마당 한구석에 비가 오면 물이 고이는 곳 등 그 외에도 많다. 그러나 막상 집을 구하려고 하니 집 안의 구조나 공간이 문제가 아니라 어떤 동네에 살 것인가가 더 큰 문제로 다가와서 아직도 그런 곳을 정하지 못하고 있다. 고향이 좋을 수도 있고 아닐 수도 있다. 어린 시절, 집의 모양 자체는 별로 기억나지 않지만, 집으로 들어오던 골목길이며 동네 어귀는 눈에 선하다. 내게는 집 자체보다 집을 둘러싸고 있는 장소가 오히려 더 소중하다. 괜찮은 집이 나왔다고 해서 가보면 그곳으로 들어가는 길이나 풍경 또는 인심이 별로라서 쉽게 포기하고 만다.

장소는 거기에 사는 사람들에게 말을 건다고 하는데 이 말이 맞는 것 같다. 집 내부는 들어서는 순간 안락함이나 편안함으로 끝나지만, 집을 둘러싸고 있는 주변은 항상 말을 걸어온다. 내가 사는 아파트 주변의 모습을 보자. 친하게 지내는 이웃은 없지만 주차를 하거나 재활용 쓰레기를 버리다가 마주치는 사람들끼리 가벼운 눈웃음이나 인사를 나눈다. 이른 오후가 되면 왁자하게 아파트 정자를 차지하고 노는 아이들, 또 저녁이면 길고양이들이 어린이 놀이터 주변을 어슬렁대고 비둘기들이 아파트 주위 담장 위를 기우뚱대며 걸어 다닌다. 매화도 피고 개나리며 산수유도 노랗게 꽃을 피운다. 목련도 머잖아 피고 산책로를 따라 수수꽃다리도 길게 꽃을 피울 것이다. 이 모든 것이 멋대가리 없이 키만 자란 아파트 단지를 꾸미는 모습이다.

장소는 공간이라는 좁은 실내를 나와 바깥세상을 볼 수 있게 한다. 어쩌면 이런 장소야말로 진짜로 값진 도시의 문화라고 할 만하다. 메마르고 인정 없는 도시에서 그나마 이웃이나 자연의 얼굴을 실제로 만나게 해준다. 만약 지금 사는 아파트를 떠나 다른 곳으로 이사를 한다면 이곳을 기억하게 할 것은 아파트를 둘러싸고 있는 풍경이지 아파트 건물이나 실내 구조는 아닐 것이다. 정확히 말해 아파트 주변의 24시 마트, 세탁소, 약국 등이고 또 그곳 주인들의 얼굴이다. 아파트 거실을 기억할까. 아마 기억할 이유가 없을 것이다. 엉뚱하지만 내게는 아파트 창문 너머로 밤늦도록 껌벅이는 붉은 신호등이나 단지 입구의 짙고 검은 아스팔트 길이 오래 기억에 남을 것 같다. 아파트라는 건물만으로는 기억할 것도 별로 없고 이야기를 오래 나눌 것도 없다.

도시는 너무 매끈하다. 새로 들어선 빌딩은 더욱 높고 날렵해지고 주변은 너무 깨끗하다. 매끈함과 미끄러움이 거칠고 투박하고 울퉁불퉁한 것을 모조리 없애 버린다. 재래시장 상거래의 대화도 동네 골목길도 매끈함의 문화는 아닐 것이다. 빌딩이나 아파트 건물 자체가 매끈함을 제공할지는 몰라도 그 공간을 둘러싸고 있는 장소는 그럴 수 없다. 장소는 공간과 다르다. 장소는 인위적으로 매끄럽게 하기에는 당연히 한계가 있다. 매끄러우면 장소가 아닐 수도 있다. 처음 장소가 만들어졌을 때 그게 매끄러웠겠는가. 장소는 사람들이 모이고 온갖 관계가 이루어지는 곳이기 때문이다.

도시가 아닌 읍면 소재지의 건물은 대체로 수평적이다. 집이 넓게 늘어져 있고 다른 집들과도 작은 골목으로 절묘하게 이어진다. 집들이 이리저리 흩어져 있어 '관계의 정도'를 조절할 수 있고 친함의 선택지도 다양하다. 이에 비해 도시에서 관계 맺음이 약한 데는 건축물의 수직 구조가 한몫한다. 아파트는 물론이고 빌라도 대체로 높다. 무모할 정도로 수직적이며 다른 건물과는 끊어져 있다. 수직에 더해 직선으로 나뉘어 '관계 맺음과 관계 맺지 않음'의 이분법적 사고가 쉬이 일어난다.

멧돼지와 엘리베이터

아파트 단지에 멧돼지가 내려왔다는 소식을 경비실에서 들었다. 가까이에 산이 있어 단지 내에 토끼가 돌아다닌 일은 있지만 멧돼지는 처음이다. 그날 내내 나는 이게 보통 일인가, 아마 동네는 난리가 났을 것이고 저녁 뉴스 시간에도 이 소식을 전해 줄 것이라며 혼자 들떠 있었다. 멧돼지 흔적이라도 찾아볼 요량으로 단지 안을 기웃거렸지만, 동네는 여느 때처럼 평온했고 뉴스에도 우리 동네 멧돼지 이야기는 끝내 나오지 않았다. 이 일을 돌이켜 생각해 보면, 분명 우스꽝스럽기는 하지만 그날 나는 동네 사람들이 이 일로 여기저기 모여 수군댈 줄 알았고 뉴스도 제일 먼저 이 소식부터 알려줄 것이라고 생각했다. 착각도 이런 착각이 없었다. 이 일로 내가 사는 곳이 순간 공중 분해되는 기분, 분명 한곳에 오래 살고 있는데도 나의 거주에 현실감을 느낄 구석이 사라지는 기분이었다.

도시 사람들은 자신들이 사는 동네 소식을 거의 접하지 못하고 산다. 그마저도 우연히 전해 들을 수는 있겠지만 집 안에서 듣는 소식은 자기들이 사는 동네와는 관련이 없는 정치나 주식 아니면 먼 나라의 전쟁 소식일 것이다. 아파트 실내 공간에 갇혀 사는 모양새라 동네 소식을 들을 수도 없고 정보를 주고받을 이웃도 없다. 멧돼지 출현에 대해 새로운 이야기를 더 듣고 싶었는데 들을 수 없었다. 단지 내를 씩씩대며 돌아다녔을 멧돼지를 상상하기가 어려워진다. 단절도 이런 단절이 없다. 그 원인은 잦은 이사에다가 그나마 이웃을 보더라도 살갑게 대화를 나누지 못한 탓일 것이다. 실제로 아파트 문을 잠그고 나오는 순간 세상은 모르는 사람들로 가득 찬다. 단지 안에서조차 사람들에게 쉽게 말을 걸 수도 없다. 간섭하지 않는 것이 도시적 삶의 미덕이 되고 개입하지 않는 것이 도시적 삶의 세련이 되었는데 누가 내게 멧돼지 이야기를 신나게 해줄 것인가.

멧돼지에 대한 호기심을 충족시키려고 했다면 적어도 한 가지 조건이 있어야 한다. 내가 사는 이 아파트가 동네로 변신했어야 한다. 아파트가 동네가 되면 집 주위를 어슬렁대며 걷는 동안 아는 사람들 몇몇을 만날 수 있었을 것이고, 그들은 너나 할 것 없이 나의 호기심에 불을 지르며 어떤 식으로든 도움말을 주었을 것이다. 멧돼지가 얼마큼 돌아다녔는지, 어느 아파트 아이가 놀라 울었는지, 또 어느 길로 해서 다시 산으로 돌아갔는지 친절하게 설명해 주었을 것이다. 오고 가는 대화에 살이 붙어 멧돼지의 생태며 도시환경 문제도 이야기했을 것이다. 물론 그런 신나는 일은 일어나지 않았다. 여태껏 서로 무관심 아니면 경계심을 가지면서 대했는데 어느 누가 이야기해 주겠으며 나 자신도 새삼스럽게 말을 걸 용기가 없었다.

도시에서 옛날의 자연부락 같은 동네를 기대한다는 것은 거의 불가능하다. 그런데도 도시 사람들의 무의식에는 동네 사람의 정서가 숨어 있다. 도시는 문명 그 자체이고 사람들은 그런 문명의 이점을 누리지만, 그 즐거움 속에서도 마음 한구석 어딘가 허전함을 느낀다. 동네가 사라졌기 때문이다. 동네가 사라지면 사람이 사라지고 도움의 가치도 사라진다. 아무도 서로에게 '당신은 소중한 존재'라고 말해 주지 않는다. 모르는 탓에 인간적인 대접이며 상호 인정도 포기해 버린다. 누군들 이런 결핍을 채우고 싶어 하지 않겠는가. 하지만 서로 외부인이 되어 아무도 먼저 손을 내밀지 못하고 가까이 다가가지 못한다.

동네라는 말이 정겹게 들리는 까닭은 오밀조밀한 집들과 같은 물적 조건에 더해 그 안에 사는 사람들 때문이다. 도시에서도 노력만 하면 복사꽃 가득한 동네를 만들 수 있다고 하지만 '동네 사람'이 되기는 쉽지 않다. 신도시에 대단지 아파트가 들어설 때마다 공원을 조성하면서 한껏 동네 분위기를 내지만, 거기에서 주민의 정체성이라든지 동네 사람 되기 같은 모습은 찾을 수 없다. 처음 보는 사람들끼리 깊이 있게 알려고도 하지 않고 또 그럴 의도도 없다. 그러다 보니 처음 보는 사람 또는 낯선 사람을 대하는 일을 지루하게 반복해야 한다. 이런 반복에 익숙해지려면 '도시적 무관심'으로 재무장해야 할지도 모른다. 그럴 일은 거의 없겠지만 만약 그곳에서도 멧돼지가 나왔다면 똑같은 일이 벌어졌을 것이다. 멧돼지가 질주하는 짜릿한 상상을 더 이상 하지 말자. 그날 멧돼지의 출현보다 더 기억에 남은 것은 사람들의 총체적 무관심이다.

코로나19 이후 사람들은 서로 얼굴을 다시 볼 수 있게 되었다. 코로나19 가 한창일 때는 마스크를 쓰고 걸어가는 사람들의 모습이 마치 로봇 같았는데 그런 어색함도 완전히 사라졌다. 마스크가 아니더라도 도시 사람들은 관계 맺기를 잘 하지 않는다. 도시인들에게 관계 부재는 익숙한 것이 되었고, 관계에 노출되는 것이 낯설고 싫다 보니 '관계 억압'에도 내성이 생겼을 수 있다.

늦은 밤, 아파트 엘리베이터 번호를 잘못 눌러 내가 살던 집 위층에 내린 적이 있다. 비밀번호를 누르고도 문이 열리지 않아 벨까지 힘차게 눌렀다. 처음 보는 사람이 문을 열고 놀란 눈으로 내다보았다. 죄송하다는 말을 어떻게 했는지 모를 정도로 당황스럽고 민망한 얼굴로 머리를 숙이며 부리나케 계단을 내려왔다. 위층 사람은 나를 어떻게 생각했을까. 무엇보다도 비록 한 층 더 올라간 것이 다였는데도 마치 못 갈 곳을 간 것 같았다. 도시에서는 이 한 층이 갖는 두께의 의미가 크다. 관계 부재의 도시에서 남의 집 벨을 누른 행위는 사생활 침해, 무례함, 품행 장애에다가 자칫 범죄가 될 수 있다. 예측할 수 없는 이웃 방문은 위험 그 자체이기도 하다.

주의 깊게 엘리베이터 층수 번호를 누르지 못한 내 탓이 크지만, 한번 잘못 누른 층을 조금의 오차도 없이 곧장 수직으로 올려 준 엘리베이터 탓도 없지는 않다. 물론 6층을 눌렀는데 엘리베이터가 7층이 궁금해 스스로 알아서 잠시 멈춰 서지는 않았을 것이다. 그것은 아날로그적인 기계의 속성을 가졌음에도 하는 짓은 꼭 디지털을 닮았다. 7층까지 올라오는 동안 어떠한 흔적도 남기지 않았고 내가 사는 6층에 조금의 관심도 주지 않았다. 엘리베이터는 무심하게 나를 거의 동시적인 공간 이동의 방식으로 7층으로 끌어올렸다. 아파트 건물은 마치 일본 애니메이션 〈진격의 거인〉처럼 20층이 훨씬 넘는데도 나는 그 거인의 몸속을 뚫고 겁 없이 헤맨 꼴이다. 내가 사는 한

층을 제외한 나머지는 냉정한 접근 금지 구역인데도 말이다.

엘리베이터는 건축물 내부를 선형적이고 수직적으로 만들어 도시인들의 관계 문화를 특징 짓는다. 사실 인간관계는 무작위적이고 우연적이다. 도시에 골목이 사라진 지 오래되었지만 옛날처럼 골목길 안쪽에 자기 집이 있다고 하자. 거기까지 가려면 어쩔 수 없이 이웃집을 거쳐야 하고 사람들과 인사도 나눠야 한다. 그러나 엘리베이터를 타면 그럴 일이 없다. 층 번호를 누르는 가벼운 터치로 내가 원하는 곳으로 갈 수 있다. 마치 시계 알람을 맞춰 놓거나 자동차 내비게이션을 찍어 놓는 것과 비슷하다. 효율적이고 세련된 방식이다. 원하는 것 말고 다른 군더더기의 관계도 필요 없다.

도시에서는 서로 알고 지내는 사람이 따로 있기에 누구를 이웃으로 해야 할지 고민하지 않는다. 자기가 정하는 취향과 필요에 따라 인간관계를 정한다. 관계에 지나치게 중독되지 않도록 자기의 사생활도 굳건하고 적정하게 정해 놓는다. 그 결과 아는 사람과 모르는 사람 둘로 나누어지고 중간 지대가 사라지고 관계도 경직되어, 아래층 사람이 잘못 누른 벨 소리에도 경계심을 가진다. 얼굴 한 번 본 적 없는 사람에게 이해심을 가질 수는 없을 것이다. 엘리베이터에는 이웃들이 서로 느슨하게 여유를 즐길 윤리적 장치가 없다. 조금이라도 부주의하면 팽팽한 강철로 된 엘리베이터 줄이 우리를 낯선 곳으로 데려다주기 때문이다.

아파트 생활

　밤이 되면 아파트는 불이 켜진 집들끼리 적절한 거리를 유지하면서 멋진 콜라주 작품이 된다. 불이 꺼진 집들과 대조를 이루면서 명암을 더해 입체감도 만든다. 이것만 보면 아파트의 삶은 서로를 구원할 수도 있는 관계로 맺어진 듯하다. 하지만 아파트 생활은 항상 경계로 이루어진다. 벽과 층간의 닫힘과 폐쇄 구조가 관계 맺기를 어렵게 하고, 사생활 보호, 안전, 일정한 격리 등이 이웃과의 거리를 멀게 한다. 물리적으로는 가깝지만 심리적으로는 멀다. '최적의 거리'를 유지하면서도 이웃의 개입이나 관심은 꺼린다. 도시인들은 그런 아파트를 닮았다. 실내 구조에 맞춰 팔을 펴고 발을 디딘다. 아파트의 창문, 조명, 거실의 소파, 주방과 화장실의 구도에 익숙해지면서 안정감도 느낀다. 현관의 철문은 세상 밖과의 틈새를 조금도 허용하지 않고, 창문도 지상에서 멀리 떨어져 초현실적인 높이를 자랑한다. 20층, 30층 높이에 사는 것이 정상은 아니다. 한마디로 '관계 맺기 싫음'일 것이다.

　도시적 삶의 진실은 무엇일까. 사람들은 개인의 사생활을 보호받고 싶으면서 동시에 마음 깊이 같이 어울려 살고 싶어 한다. 아마 이 두 가지 방식이 서로 교차할 것이다. 어떤 생활 환경이 두 가지 생활 방식을 적절히 조화시켜 줄까. 이 두 조건을 충족시킬 수 있는 적정 규모의 도시를 생각해 볼 수도 있다. 하지만 아파트는 개인의 사생활을 지지하고 보호할 수는 있어도 어울려 사는 지지 체계가 갖추어져 있지 않다. 도시에서는 같이 어울리려면 날과 시간을 잡고 차를 타고 멀리 이동해야 한다. 이웃에 '마실' 가듯이 갈 수가 없다. 이게 가능하려면 아파트 아래위층이나 옆집과 인사부터 나누고 어느 정도 경계를 허물어야 할 것이다. 그러나 이 지점에서 사람들은 포기하고 남들 간섭 없이 사는 일에 위안을 삼으면서 자기 생활 양식을 합리화할 것이다. 어울려 사는 생활이 아무리 그립고 좋아도 사생활을 놓치고 싶어 하지 않는다.

새 동네에 이사를 가서 떡을 돌리던 일은 아득한 옛날 이야기가 되었다. 지금 생각해 보면 어떻게 그런 일이 가능했을까 싶다. 이웃이 이사를 왔는데 인사가 없다고 해서 뭐라 하진 않았지만 그래도 그때는 그렇게 했다. 동네는 골목이나 큰 길이 다채롭게 나 있었고 길 한쪽에는 어김없이 넓은 놀이터가 있었다. 아이들은 밤늦도록 놀았고, 가끔 잔치가 있을 때는 천막을 치고 사람들이 모여들었다. 이런 분위기에서 이사 온 사람이 떡 돌리기 인사를 하지 않는다면 되레 이상했을 것이다. 하지만 지금의 아파트 생활에서 이웃과 인사를 나누려면 상당한 용기가 필요하다. '절대 불가'라고 말할 사람도 있을 것이고 예의가 아니라고 생각할 사람도 있겠다.

독립적이고 자율적인 삶을 존중한다면 이웃과 관계 맺는 삶은 나약하거나 심지어 의존적으로 비치기까지 한다. 어울려 살아야 한다는 생각 자체가 '병적 집착'으로 보인다. 왜 이렇게 되었을까. 아마 아파트 생활이 짧고 얼마 지나지 않아 언제든지 이사할 수 있기 때문이다. 우리 모두 그러하다. 그런 상황에서 정을 줄 수 있겠는가. 정이 들려면 시간이 걸린다. '우리'라는 공동체 감이 들려면 시간이 더 많이 걸린다. 정은 이런저런 일을 겪으며 들고 쌓이기도 해야 하는데 그렇지 못하다. 벽 하나를 사이에 두고 붙어 살면서도 마음은 한없이 멀다. 아파트 실내로 들어오는 순간 이웃이라는 존재와 세상을 다 잊어버린다. 서로 얼굴 볼 일 없는 이 아파트 생활을 어떻게 할 것인가. 물론 관계를 억지로 만들려고 하다가 쉽게 절망할 수 있겠지만, 그래도 좀 더 느긋하게 여유를 가지고 이웃을 대하고 아래위층에 '같이 산다'는 정도의 마음은 가져야 할 것이다. 이 마음의 여유란 좋고 나쁜 관계를 모두 아는 여유이며, 잃어버렸거나 잊힌 관계도 기억할 수 있는 여유이다.

도시 사람

사람들은 바쁘게 앞만 보고 걷는다. 신호등에서 대기하거나 버스와 전철을 기다릴 때도 스마트폰을 들여다보며 주위에는 관심이 없다. 모르는 사람들과 같이 있는 상황이 불편하기 때문이다. 하지만 그렇다고 해서 딱히 불친절하지도 않다. 누군가가 길을 물으면 가던 길을 멈추고 친절하게 대응한다. 다만 친절의 여운이 오래가지 않을 뿐이다. 아마 타인과의 접촉에 익숙하지 않아서일 것이다. 지나친 친절과 냉담은 질적으로 다른 것임에도 하나로 쉽게 연결되는 듯 친절과 냉담의 변주가 계속된다. 서로에게 호기심도 없이 적정한 관심과 예의에 익숙해 있다. 누가 오래 타인의 존재를 참아내는가를 경쟁하는 듯하고 아니면 타인의 접근 자체를 싫어하는 듯하다.

사람들이 복잡한 도시에 모여 사는 이유는 뭐니 뭐니 해도 먹고 사는 일 때문일 것이다. "서로가 서로를 먹는다."라는 말도 사람이 복잡할 정도로 많아야 가능한 일이다. 예외가 있기는 하다. 예를 들어 만약 야구 경기장에 관중들이 별로 없어서 한산하다면 기분이 어떨까. 이때만은 복잡한 게 좋다. 하지만 경기가 끝나고 사람들이 한꺼번에 몰려나오면 그때는 다시 복잡함이 싫다. 이를 보면 복잡함의 취향도 모두 자기 입맛에 따라 달라지는 것 같다. 관중의 복잡함도 각자의 경기를 즐기는 데 필요한 소품 정도이고, 필요할 때는 좋지만 손해가 난다 싶으면 냉정히 외면하고 만다.

도시 사람들은 가능한 한 서로 눈을 마주치지 않으려고 한다. 대충 보거나, 엿보거나, 멀리서 본다. 웬만하면 눈을 피하고 고개를 돌리고 못 본 척한다. 자기 이외의 사람들은 모두 '사람들의 집합'으로 보이면서 동시에 하찮게 보인다. 집합으로 보인다는 것은 상대적인 의미인데, 주위 사람들이 한 명의 개인이 아니라 '나를 제외한 사람들의 묶음'으로 느껴진다는 뜻이다. 이렇게 되면 나는 하나고 그들은 여럿이 되어 자신도 모르게 위축되며, 동시에 그 사람들의 묶음은 사람이 아닌 사물처럼 느껴진다. 사람들이 많이 있는 복잡한 곳이라면 어김없이 일어나는 현상이다. 사람들이 집합으로 느껴지면 각각의 개인적 특성은 그만큼 사라지고 빠르게 물질화된다. 사람들 누구나 개인적인 아우라를 뿜어낼 수 있는데도 묶음이 되면 개성은 사라지고 인간적 존중도 없어지고 서로 시시하고 사소한 집합이 되고 만다.

사람들의 관계는 본래 개별적이다. 관계가 좋든 나쁘든 일대일이 정상이다. 하지만 도시에서는 자기는 하나이고 타인들은 여럿인, 이상할 정도로 불리한 상황에 놓인다. 다른 사람들이 집합의 큰 덩어리로 보이고 자기 외의 사람들이 위협과 위압으로 느껴져 '나 하나 그들 다수'의 공식이 된다. 사람들이 많은 도시의 삶은 모두 이런 식이어서 나는 얇아지고 그들은 두꺼워진다. "나는 매일 아침 군중 속으로 들어간다."라는 말이 실감이 난다. 자신은 너무나 쉽고 빠르게 집합된 타인들과 대척점에 놓이고 절대 그들이 되지 못한다. 누군가가 보면 나도 집합된 존재의 일원으로 보일 수 있지만 나는 여전히 분리되고 소외된다는 느낌을 지울 수 없다.

사람들은 혼자 잘 살아가는 듯해도 꼭 그렇지만 않다. 관계 중독의 수준은 아니라도 관계를 그리워한다. 몇 년 전 같은 아파트 단지에 친한 후배가 이사를 왔다. 처음에는 같은 곳에 아는 사람이 있다는 사실이 생경했지만 이내 좋은 일이 생겼다. 더운 여름 저녁 늦은 시간이면 단지 내 24시 마트 앞에서 커피도 마시고 치킨집에서 맥주도 같이 한다. 그렇게 마음이 편하고 좋을 수 없다. 아파트 단지가 옛날 동네로 바뀌는 기분이었다. 관계의 풍요가 피곤하다고 하지만 도시 사람들은 혼자 떨어져 있는 기분이 싫어 관계를 더 그리워한다. 문제는 이웃이 현관 초인종을 누른다든지 하면 금방 경계심을 가지고 자기 방어에 들어간다는 데 있다. 사람을 그리워하면서도 가까이 오면 피해 버리는 이 도시 생활의 복잡한 마음을 어떻게 설명해야 할까.

'동반 의존증'이라는 말이 있다. 내면의 공허함을 메우려고 타인이나 다른 물건에 정서적으로 집착하거나 중독된 상태로, 자기 옆에 사람이 없으면 불안해지는 것을 말한다. 중독은 관계의 결핍에서 온다. '혼자' 술을 마시고 마약도 '혼자' 한다. 하지만 사람들을 만나느라 바쁘면 중독될 겨를도 이유도 없다. 어쨌든 도시 사람들은 '관계맺음과 혼자 있음의 조화'를 세련되게 꾸며 가려고 안간힘을 쓴다. '혼자 있으면서도 같이 있는 듯한' 착시 효과도 만들면서 혼자 있음과 같이 있음의 무게 추를 이리저리 옮긴다.

시민

루소가 그의 계약론에서 "도시를 만드는 것은 시민이다."라고 했듯이 시민이 없으면 도시도 없다. 그리스 아테네와 같은 도시만 해도 중앙집권적이거나 계몽적 국가 형태가 아니어서 시민 개념이 있었다. 하지만 근대국가의 정치권력이 도시를 장악해 가면서 도시는 실종되고 동시에 도시의 중요 주체인 시민의 존재감이 약화하기 시작한다. 국가가 강화되면 시민은 사라지고 그 자리에 국민이 탄생한다. 그러나 발생론적으로 보면 시민이 국민보다 먼저이지 그 반대가 될 수 없다. 최호준은 "도시는 결코 국가 목적의 도구일 수 없다. 시민이 생활하고 활동하는 무대는 개인의 집합체로서 공동체이지 개인을 초월한 전체가 아니다."라고 말했다. 시민은 참여와 책임의 정신이 있어 "공동생활을 자각하고, 공동생활에 이바지하는 의식을 갖고 공동의 책임을 분담할 줄 알며, 나아가 그가 사는 지역사회의 문제에 적극적인 의사표시를 하는 인간형"이다.[226] 아테네 시민의 경우 폴

---

226. 최호준, 『시민도시』, p.26.

리스(polis)와 자기를 일체로 인식했으며 폴리스를 "자기 자신의 것으로 파악했기 때문에" 그 운영에 참여하는 것을 당연한 의무로 생각했다.[227] 시민 의식은 국가의 등장 탓으로 우리가 오랫동안 잊어버린 덕목인지도 모른다.

도시는 시민의 자치단체로 존재해야 한다. 지역성으로부터 생활 양식이 표현되어야 하고 공동생활이 영위되어야 하며 공통적인 관심 사항이 만들어져야 한다. 만약 도시의 의미가 약화하고 국가가 삶의 표준 단위가 되면 책임 소재는 약해진다. 국가 단위에서는 시민들의 무관심, 무참여, 무책임이 증대하여 근접성이나 친밀함이 사라지기 때문이다. 물론 도시 규모에서도 지역 애착심이 있을 수 있고 자칫 집단 이기주의를 낳을 수도 있지만, 애국심의 폐단에 비할 바가 못 된다. 지역 애착심과 애국심 둘을 놓고 생각해 보자. 지역 애착심에는 참가와 책임의 덕목이 직접적으로 작용할 수 있지만 애국심에는 직접성이 거의 없다. 산업화의 변화, 직업 형태와 가족 구조의 변화로 사회는 유동적이고 한시적이며 유목민적인 형태로 치닫고 있지만 삶의 방식은 어떤 식으로든 도시를 거점으로 진행될 수밖에 없다. 문제는 도시가 보여 주는 삶의 농도에 있으며, 이런 삶의 농도를 높여 주는 직접 대면이라는 삶의 방식이 여전히 부족하다는 데 있다.

도시이든 아니든 한 지역에 오래 거주하면서 얻어 내는 윤리 덕목은 관계이다. "사람은 자신의 주변 환경과 동일시하고 그것에 대해

---

227. 최호준, 『시민도시』, p.38.

관계를 맺으려는 욕구, 즉 인식할 수 있는 장소 안에 있으려는 욕구를 갖고 태어난다."라고 한다.[228] 사람들은 안정된 지역을 통해 관계의 지속성을 배울 수 있으며 무엇보다 관계의 지속성이 실질적으로 도움이 된다. 한곳에 오래 정착하는 동안 주변 사물이나 사람들과 구체적이고 실감 나는 관계를 맺어 나가며 장소의 지표적 특성인 구체적인 삶의 현실성을 배가시킨다. 한동네에 오래 사는 사람들이 느끼는 지역에 대한 밀착은 아파트에서 아파트로 끊임없이 이동해야 하는 유목민적 도시인과는 다를 수밖에 없다. 물론 한곳에 오래 살았다고 해서 주변 환경과의 관계성이 무조건 발달하지도 않고, 반대로 이사를 자주 다닌다고 해서 지역을 사랑하지 말라는 법도 없다. 다만 한곳에 오래 거주하면서 거의 무의식적으로 얻는 '장소의 정감'이 중요하며, 그리고 이런 정감을 반복적으로 경험하면서 지역과의 관계를 유지할 수 있다는 사실이 중요하다. 직접 대면의 관계가 지역의 산물이기 때문이다.

우리네 삶이 엄청난 관계로 덮인 듯해도 의미 있는 관계를 맺는 사람의 수는 그렇게 많지 않다. 그런 관계에도 격차가 있어서 사람들은 인간적 유대감을 쉽게 회피하거나, 심한 경우 관계 단절을 통해 자신만의 삶에 안주하려고 하고 가족이라는 공간으로 회귀하는 행태를 반복한다. 집이라는 일차 공간과 직장이라는 이차 공간 외에 공적으로나 사적으로 만나는 삼차 공간이 부족한 현상은 도시의 전형이

---

228. 이재하, "장소 연구의 핵심 주제 '장소의 정감' 재논의와 장소 만들기에서 그 중요성", p.53.

되었다. 집과 직장 사이의 복잡한 거리를 오가면서 서로를 빨리 비껴 간다. 빠른 걸음도 관계 윤리의 건전성인 느긋함을 기대하지 못하게 한다. 관계가 비인격적인 익명으로 남아서 많은 사람을 만난 듯해도 '인간적 삶의 흔적'으로 남지 않는다.[229] 모르는 사람들과 인사를 나누고 눈웃음을 지을 여유가 없다면 관계는 만들어질 수 없다.

이제 도시적 삶에도 관계의 문화가 있어야 한다. 삶의 여유와 향유를 제공하는 안정되고 따뜻한 문화가 삶의 전면으로 나와야 한다. 하지만 지금 우리의 도시를 가득 메운, 흔히 문명이라고 부르는 것은 아파트, 도로, 지하철, 백화점, 주차장 등이거나 외부에 잘 드러나지는 않는 전기와 상하수도 시설 등이다. 도시는 이와 같은 문명의 인프라를 통해 자신의 세련미를 더해 왔고 도시를 좀 더 살 만한 곳으로 만들어 왔다. 거기에 더해 잘 계획된 도로에는 교통질서가 있고 아파트에는 쓰레기 분리수거장이 있다. 그러나 이 정도로 만족할 수 없다. 도시가 친절과 다정함, 그리고 공손과 존중을 보여 줄 수 없을까. 이웃의 관계를 복원하고 서로에게 무관심해지지 않으며 책임이나 배려 의식을 살려 낼 수 없을까. 도시에 관계의 윤리가 더해져 삶의 질이 높아지는 것을 싫어할 사람은 없을 것이다.

동네의 재구성

"새로 이사 온 사람에게 근린(neighborhood)은 처음에 혼란스러운

---

229. 전은희, "장소로서의 도시와 공간의 장소감 표현 연구", p.34.

이미지, 즉 '저 밖에 있는' 흐릿한 공간이다."[230] 여기서 근린은 처음 대하는 낯선 동네를 말한다. 삼각형의 기하학적 형태를 인식하려면 먼저 모서리를 인식해야 하듯이 낯선 동네에 익숙해지려면 먼저 길 모퉁이의 주요 건물 등 특징적인 장소를 파악해야 한다. 그래야 흐릿하고 모호하게 느껴졌던 동네가 조금씩 눈에 들어온다. 아파트 상가, 도로 가의 꽃집, 길이 갈라지면서 나타나는 과일가게를 익히는 과정에서 동네는 천천히 친근해지기 시작한다. 주말이면 놀이터에서 뛰노는 아이들 소리, 치킨집과 고기 구이집에서 나오는 냄새도 동네의 지형을 인식하는 요인이다. 청각과 후각이 섞여 동네는 더욱 입체적으로 느껴진다. 이 모든 것은 시간이 흐르고 더 오래 지낼수록 친밀성이 더해진다.

동네는 집단 무의식의 장소로서 한곳에 오래 거주하지 않으면 생기지 않는다. 그런 무의식은 이웃에 관심을 쏟아야 만들어지는데 요즘처럼 이사가 잦은 곳에서는 불가능하다. 한곳에 오래 살아 가끔 지나친 간섭과 개입도 있을 수 있지만 그것도 동네 사람이 되기 위해서이다. 배려나 염려의 실질적인 기제도 간섭이나 개입이 없으면 생겨나지 않는다. 어쨌든 요즘 같은 시대에 동네라는 말이 비현실적으로 느껴질지라도 '동네로 사는 삶'은 희망이 될 수 있다. 이는 마치 공동체라는 말이 피부에 와닿지 않아도 그런 말을 쓰고 싶고 거기에 향수를 느끼는 것과 같다.

---

230. 이-푸 투안, 『공간과 장소』, p.37.

옛날 동네에는 협동하고 도와줘야 할 일이 있었고, 공유 자재나 공유 공간도 있었다. 물론 그 시절 살았던 사람들이 지금의 도시에 사는 사람들보다 더 이타적이었다는 증거는 없다. 하기야 자연적 모듬살이를 할 수밖에 없었던 사회경제 구조 때문에 이타적으로 보일 수는 있다. 사실 어떤 면에서 그 시절은 외집단이나 외부자에 대해 지금보다 훨씬 더 폐쇄적이었고 경계 의식도 심했다. 지금의 도시 아파트도 그 정도는 아니다. 요즘은 경계를 개별 아파트 공간으로 보기 때문에 현관문이 경계가 될지언정 아파트의 경계는 전통적 동네보다 느슨하다. 간혹 단지의 지름길을 외부인들이 지나지 못하게 막는다든지 입구를 자동개폐기나 철문으로 막기도 하지만 어디까지나 임시적인 조치일 뿐이다. 흥미로운 것은 옛 동네는 폐쇄적이었지만 인간관계는 유연했고, 지금의 아파트는 개방적이지만 인간관계는 닫혀 있다는 데 있다.

지금 우리는 아파트 현관문을 나서는 순간부터 낯선 사람을 매일 만나야 한다. 이웃에 누가 사는지 대충은 알고 있지만 살갑게 인사하며 지내지 않는다. 아파트를 벗어날수록 모르는 사람과 낯선 사람의 수는 늘어난다. 매일 낯선 사람을 만나는 일을 당연하게 생각한다. 정상은 아니다. 피로와 긴장이 어디서 오는지도 모른 채 무덤덤해져서 낯섦 자체를 낯섦으로 인정하지도 않는다. 뇌에 손상을 입은 사람이 깨어날 때마다 어제 일을 기억하지 못하듯이 매일 모르는 사람을 만난다. 기억을 상기시켜 주는 것은 아파트 내의 마트나 몇몇 단골 가게뿐이다. 어제 누구를 만났는지를 기억하지 못하는 뇌의 내부가 혼란스러울 것만 같다.

　모르는 사람들과 함께 있으면 몸은 조심스러워지고 자기 보호나 자기방어가 올라오고 자기중심성은 더욱 공고해진다. 피곤과 피로가 몰려든다. 모른다는 사실 자체가 공포나 두려움일 수도 있다. 그래서 모르는 상태를 오래 유지하지 않으려고 하지만 별 뾰족한 수가 없다. 그저 그 자리를 빨리 빠져나오거나 마땅치 않으면 낯선 상황을 친근하게 바꾸는 방법밖에 없는데 이 모든 일이 쉽지 않다. 이 속에서 얼굴 보기가 잘 이루어지려면 무엇을 채워 넣어야 할까. 서로 제대로 볼 수 있는 현실 조건을 만드는 것 외에 다른 방법은 없어 보인다. '우리 외부'를 강화하는 것, 개인의 도덕감 정도로 만족하지 말고 현실에서 사람들을 만나고 어울리는 것이다.

　'얼굴을 볼 수 있는 사람들'끼리는 친밀감이 생겨난다. 이런 덕목이 장소성을 만들고 얼굴 보기를 가능하게 한다. 이웃이 만들어지면 상호 관심과 환대가 생겨나 도움의 가치를 얻을 수 있다. 이웃은 처음 만들기가 어렵지 한번 만들면 섬세한 관심이나 세심한 보살핌의 터전이 된다. 사람이 소중해지고 귀해진다. 사람은 누구나 '당신은 소중한 존재'라는 소리를 듣고 싶어 한다. 자신이 유일하고 고유한 존재라는 사실은 다른 사람에게 보호받고 있다는 느낌 때문이다. 사람의 가치도 높아진다. 개인의 존재감이 떨어지는 이유는 자신이 많은 사람 중 하나에 지나지 않는다는 염려 때문이다.

　도시에서 '너무 많은' 사람들로 인해 얼굴을 볼 수 없다면 서로 사람대접을 해줄 수 없다. 개인이 '동네 사람'으로 거듭나지 않는 한 거의 불가능에 가깝다. 동네 사람은 이웃에게 보호받을 수 있고 이웃의 일에 선의로 개입할 수 있으며, 서로 고마움과 도움의 존재가 된다. 최소한의 '지역적 안전망'을 구축해 집 밖을 나와서도 서로 인사하며 알고 지내는 이웃이 많아지면 도시적 삶이라고 해도 윤리적일 수 있다. 이웃과 동네라는 강력한 장소성을 실현해 동네 사람이 되어야 하는 이유이다. 서로 정을 나누고 살 때 삶의 깊이와 넓이는 커진다. 흔히 온전한 인격체라고 불리는 인간성의 모습도 서로 나 몰라라 하며 지나가듯 하는 방식으로는 한계가 있다. 얼굴이 작동하려면 사는 곳이 동네로 변해야 하고, 그런 동네의 주민이라야 윤리도 제값을 할 수 있다.

주민의 탄생

장소는 구체적이고 살아 있는 관계 윤리의 외부 조건이다. 특히 동네에는 주민으로 이어지는 '개인 상징'이 있다. 주민은 장소의 주체로서 국민이나 시민이라는 말과 어느 정도 거리를 둔다. 국민은 항상 국가 주도의 행정 편의적인 객체로 떨어지고 시민도 국민과 주민 중간쯤에 있지만 이 두 개념은 말만 요란할 뿐 실속이 없다. 장소가 살아나려면 주민이 되어야 한다. 그리하여 개인이 추상화되는 일을 막고 관심과 배려, 책임이라는 덕목을 개입시켜서 참여나 자치의 공동체적 삶을 불러낼 수 있다.

요즘 많이 이야기하는 지역 재생 논의에서도 주민은 본질적이다. 지역 재생이 소기의 목적을 이루지 못하는 원인은 지속성을 담보할 주민이 소외되고 사라졌기 때문이다. 마을 기업이나 사회적 협동조합이 비현실적인 원인도 주민 스스로가 주체로 나서지 못하기 때문이다. 지역 재생의 성공은 주민의 관심과 열망에 달려 있으며, 그들이 사는 지역을 근거로 삶의 변화를 꾀하려는 의지와 결속에 있다. 주민 자치라는 말도 그들이 직접 대면해서 서로 얼굴을 보고 대화를 나눌 수 있어야 현실성이 있다. 도시의 원도심 재생에서도 볼 수 있다시피 주민들의 참여가 실종되면 원주민들이 다시 정착하기가 어렵고, 그들이 원도심에서 질 높은 삶을 살 수 있도록 하는 '회복 정의'도 상실된다.

주민은 지역의 속사정뿐만 아니라 자신들이 살고 있는 지역에 대한 이해도와 애착심이 높다. 이때 애착심은 책임의 윤리의식으로 연결된다. 애착심이 윤리의식의 모든 것은 아니지만 적어도 책임으로 나아갈 수 있는 조건인 것만은 분명하다. 애착심은 자치와 참여에 도움이 되며, 이는 대안적 정치 행위로서 지방 분권이나 지방 자치에 대한 의식화를 가속화한다. 그러므로 지역에 대한 이해도와 감성을 높이는 일이 무엇보다 중요하고, 사람들이 "소속된 지역사회 즉 장소에 대해서 감정적으로 결합하여 있을 때 지역사회의 자연적, 사회적 양상을 보존시키는 것이 용이하다."[231] 주민으로 살아가려면 지역에 대한 결합의 감정이나 보존에 대한 애착심이 중요하다. 그렇게 하려면 한곳에 오래 살 수 있어야 한다. 거주 기간이 짧으면 자신들이 사

---

231. 이은숙, "장소애착의 본질: 시 〈다시 엘르에게〉를 통해서", p.4.

는 장소를 이해할 수 없다. 물론 직업의 유동성으로 한곳에 오래 머물기가 어렵고, 디지털 시대에 직접 대면의 장소 욕구가 줄어들더라도 언젠가는 이루어 내야 할 과제이다.

윤리적인 사회를 위해서는 선결 조건이 하나 있다. 이제 더 이상 국민이라는 허울 좋은 이름 대신에 얼굴 보기라는 직접 대면의 삶이 가능한 주민이 사라지지 않게 하는 것이다. 사람은 장소와 밀착되어 살아가야 하는데도 국민이라는 말은 밀착성을 담아내기에는 지나치게 크다. 지역 재생에 어울리는 주체는 지역에 사는 주민이다. 규모 면에서도 지역과 밀착된 주민이 있어야 하며, 내용 면에서도 애정과 관심을 기울이며 관계의 윤리를 끌어내는 것이 주민이다. 주민 되기 또는 동네 사람 되기라는 강렬한 관계 의식이 동반되지 않는다면 지역 재생은 도시 안의 번거로움 또는 쓸데없음으로 남을지도 모른다.

우리의 삶의 양식은 국민 의식에 치중되어 있거나 아니면 국민과 시민 사이 어디쯤 있다. 그러나 주민은 국민이나 시민보다 더 진화된 개념이다. 국민이 시민이 되고 시민이 다시 주민이 되는 방식으로 진화하면서 주민이 탄생한다. 주민이 되어야 자기 정체성이나 주체 의식을 강하게 느낄 수 있지 국민 의식으로는 한계가 있다. 자비와 사랑, 희생과 염려라는 미세한 덕목을 얻어 내기가 쉽지 않다는 것이다. 주민이 되면 그 어떤 것보다 더 많은 윤리적 지분을 갖고 더 오래 서로의 얼굴을 볼 수 있다. 주민이 탄생해야 얼굴의 윤리학도 마련된다. 그래야만 직접 대면의 얼굴 보기 능력을 갖추어 관계의 윤리를 이룬다. 얼굴을 마주해야 인간을 이해하는 행위가 추상적이고 관념적으로 빠지지 않고, 인간을 사물처럼 대상화하지도 않으며 사람에 관한 몰이해도 사라진다.

관계 윤리학의 시작과 끝은 장소이다. 관계의 발생 조건은 관심의 덕목이 활성화될 수 있는 곳이어야 하며, 그곳은 바로 장소인 주민들이 사는 곳이다. 윤리학은 장소라는 구체적인 삶의 공간이라야 힘을 받을 수 있다. 정의나 공정이라는 말이 우리 사회를 유령처럼 떠돌고 있지만, 관심과 책임의 덕목이 결핍된 환경에서는 한갓 관념적 주술에 불과하다. 윤리학의 목적은 외부 조건이 마련되지 않으면 실질적인 효용성을 상실한다. 윤리학의 목적은 세상을 바꾸는 데 있지만 동시에 세상도 함께 바뀌어야 윤리적으로 살 수 있다. 윤리적일 수 있는 서로 다른 두 길을 같이 생각해야 할 것이다.

에필로그

관계의 윤리는 '같이 살기' 또는 '함께 살기' 위해서이다. 만약 같이 살 필요가 없다면 윤리도 필요 없고 당연히 얼굴 보기의 윤리도 필요 없다. 처음부터 홀로 살고자 작정한 사람은 없다. 다만 같이 살되 같이 사는 정도와 수위가 다르고 그 과정에서 쾌락의 조절이 다를 뿐이다. 비록 레비나스가 같이 살기 의식에 문화인류학적 처치를 충분히 하지 못했지만 그의 윤리는 여전히 새롭다. 그에게는 '도덕적 자율성' 같은 무의미한 동어반복적 윤리가 없다. 개인의 자유와 권리에 앞서 타인에 대한 배려와 관심에 우선권을 준 레비나스의 타인을 의식하는 윤리는 도덕 발달의 최전선에 있다. 개인의 자의식 이전에 '타인과 함께'라는 인간다움이 요청되었기 때문이다.

레비나스의 윤리가 펼쳐지는 사회는 전체와 계급을 넘어서고 전통적인 평등 의식마저 초월한다. 염려, 공감, 연민, 동정심 같은 원초적인 도덕 감정은 평등과 분배, 공정과 공평과 같이 지나치게 기교적이면서도 불안정한 체계보다 앞서 있다. 우리는 윤리를 머리로 생각만 하거나 멀리서 구경만 하고 있지 않았는지 되돌아봐야 한다. 정체불명의 윤리적 조건에 적응하려고 자신을 괴롭히거나 그게 아니라면 이룰 수도 없는 이상적인 도덕을 그려 내고자 동어반복적인 유희를 즐기지 않았는지도 살펴봐야 한다.

얼굴 보기처럼 '보는' 윤리는 관념이나 이론이 아닌 일상의 현실에 초점이 맞춰져 있다. 얼굴 보기가 윤리적일 수 있는 이유는 누구의 얼굴인가에 대한 어떤 선이해도 필요 없기 때문이다. 무차별적이어서 보는 쪽이나 보이는 쪽의 도덕 수준도 중요하지 않다. 남은 과제가 있다면 우리 삶의 양식의 변화일 것이다. 윤리 조건을 외부에서 가져오는 데 주의를 기울이면서 사회적 관계 역량으로 '윤리적 전환'을 꾀해야 한다. 서로 얼굴을 보며 경청하고 도움에 응답하면서 책임질 줄 아는 것이다. 서로를 의식하면서 일상의 관계 역량에 더 많은 시간을 쏟아야 한다. 그리하여 타인의 얼굴을 더 많이 더 오래 볼 수 있어야 한다.

얼굴을 오래 볼수록 책임 윤리의 진폭은 커진다. 레비나스는 '존재론적 모험'이라는 이름으로 익명의 존재에서 주체로, 다시 주체에서 타자로 이행하는 과정을 추적했다. 존재에서 존재자, 그리고 존재가 타자로 초월되고 넘어가는 과정이 레비나스 철학의 전체 모습이다. 이 과정에서 책임이라는 윤리의식이 우리의 일상을 채운다. 인간의 자기중심적인 모습은 불면의 밤, 잠, 몸, 고통, 죽음, 출산, 아이 등이며 홀로서기, 자리 잡기, 자유와 시간 등이다. 이 모든 일상의 물질적이고 감각적인 모습이 하나씩 개인이 갖추어야 할 윤리의 밑그림이었다. 하지만 여기서 머물지 않고 빠져나와 타인을 만나야 한다. 그래야만 얼굴을 통해 책임 윤리에 도달할 수 있다. 레비나스의 "얼굴에서 책임으로" 향하는 긴 윤리의 여정이 완성되는 것이다.

윤리는 보편적이고 초월적인 가치에 있지 않으며 믿음이나 이론 체계에도 있지 않다. 오히려 윤리는 우리 삶의 표현 모두를 확인하고 경험하는 데 있다. 사물과 사건에 관여하는 원초적 몸짓에서 겸손, 도움, 경청, 존중 등의 행위가 윤리를 구성한다. 이 과정에서 얼굴 보기가 결정적 계기를 마련한다. 얼굴에는 부끄러움과 미안함, 약함과 고통, 고마움과 걱정 등 윤리를 윤리답게 하는 수많은 표정이 있다. 이와 같은 얼굴의 모습이 그 얼굴을 지닌 사람의 모든 것이다. 진정한 윤리학은 얼굴을 읽어 내는 데 있다.

레비나스의 윤리학은 '보는' 관점에 무게 중심이 있다. 물론 '보는 행위'가 어떤 방식이어야 모든 이들의 공감을 얻어서 일반화된 윤리 이론으로 자리매김할 수 있는가는 여전히 쉬운 문제가 아니다. 예를 들어 '보이는 것'을 볼 때는 이론이 소용이 없지만 '보이지 않는 것'을 보려면 이론의 도움이 필요하다. 보이지 않는 대상을 개념적으로나마 이해할 수 있는 지식 체계를 갖추고 있어야 한다. 레비나스의 윤리에도 얼굴의 보이는 것 너머 보이지 않는 것을 보고자 하는 인간적 노력이 끊임없이 작동하므로 이론이 필요한 것은 마찬가지이다. 하지만 지금껏 살펴본 것처럼 그의 윤리학에는 항상 귀납의 그림자가 어른거려 과연 그의 얼굴 보기도 이론이 될 수 있을까 의구심을 자아 낸다.

얼굴 보기의 이론화 작업에는 분명 어려움이 있다. 그러나 적어도 우리는 레비나스의 윤리가 사람들과의 구체적이고 현실적인 일상에서 시작할 수 있다는 사실은 확인할 수 있었다. 그리고 일상에서 윤리를 성찰할 기회를 가진다는 것은 분명 매력적이다.

이 책에서는 관계와 관심의 조건을 얼굴 보기로 풀어 나가면서 윤리의 외부인 사회 조건의 필요성을 드러내고자 했다. 윤리의 외적 조건인 '장소'를 다룬 것도 그 이유 때문이다. 물론 우리 사회는 이미 상당한 수준의 상호 배려가 정착되어 있다. 하지만 여전히 '윤리적인 사회'라고 하기에는 부족하다. 만약 지금보다 더 나은 사회가 되면 사람들은 얼마쯤의 손해는 더 감수할 것이고 낯설고 모르는 사람에게도 더 많은 책임 의식을 질 것이다. 물론 가끔 책임에 대해 피로감을 나타내기도 하고 그런 관심이 제대로 지켜질 수 있을까 걱정한다. 그러나 적어도 무관심을 피할 수는 있다. 무관심한 사람만 되지 않으면 된다.

이 책의 목적은 자기중심을 넘어 얼굴 보기를 통한 윤리의 가능성을 보여 주는 데 있었다. 나아가서 얼굴 보기의 기호학적 관점을 통해 얼굴 보기의 신적 근거에서 발생하는 논쟁과, 책임의 직접성과 배치되는 제삼자 문제를 풀어보고자 했다. 그리고 장소를 통해 레비나스가 놓쳤다고 생각되는 얼굴 보기의 사회적 역량의 필요성도 강조하고자 했다. 그리고 전체에 걸쳐 인간관계의 부적응에서 오는 문제를 암시하면서 해결의 실마리를 찾고자 노력했다.

책을 끝내면서 아쉬운 점은 힘든 얼굴 모습의 원인일 수 있는 빈곤이나 가난 자체를 충분히 이야기하지 못한 것이다. 가난이야말로 우리가 윤리적일 수 없는 주요 원인으로서, 고립을 만들고 소통 능력을 저해하며 타인을 무관심으로 대하게 한다. 이런 현실을 그대로 두고 윤리를 말할 수 있을까. 롤스가 그의 『정의론』 서문에서 자신의 주장이 합리적으로 적용되려면 개인당 소득이 2만 달러가 넘어야 한다고 언급한 내용이 아프게 다가온다. 그것도 벌써 몇십 년 전의 일이다. 정의와 공정에 대한 의식도 먹고 살기가 빠듯하다면 아무 소용이 없다. 언제 내 것을 덜어 남에게 줄 수 있겠으며 공감이나 배려도 요구할 수 없을 것이다. 같은 질문을 레비나스에게도 한다면 아마 그도 명쾌하게 답을 내놓지 못할 것이다. 한 가지 희망적인 것은 공리와 계약의 정신을 여유롭게 관리할 일정한 소득이 없어도 얼굴 보기는 인간적으로 가능하다는 것이다. 적어도 레비나스는 나 중심이 아닌 타인과 함께하는 삶의 모습이 어떠해야 하는가는 충분히 제시했다고 본다. "얼굴을 보면 윤리적으로 된다."라는 말만큼 쉽고 단순한 윤리적 명제가 없기 때문이다.

감사의 글

철학은 늘 나를 중심으로 시작해야 한다는 생각에 익숙해져 있던 내게 타인의 의미가 더 중요하다는 사실을 깨닫게 해준 철학자가 에 마뉘엘 레비나스이다. 그의 글에 깊이 빠져들면서 이제는 타인과 함 께하는 레비나스 윤리의 매력에 헤어 나오지 못할 지경이 되었다. 직 접 본 적도 없고 말을 걸어본 일도 없었지만, 지금은 그가 전혀 낯설 지 않다. 개인적으로 영미권의 철학적 글쓰기에 훈련된 탓에 레비나 스의 생각을 읽어 내기가 쉽지 않았지만, 지금은 오히려 편안하고 느 긋하다. 늦게라도 그를 만날 수 있었던 것에 감사한다.

'이웃의 얼굴'이라는 제목으로 한 권의 책을 마무리하는 데는 여 러 도움이 있었다. 레비나스의 프랑스어 원전을 읽지 못해 번역본에 많이 의존할 수밖에 없었는데, 그런 점에서 국내 레비나스 전공자들 에게 감사의 말을 전하고 싶다. 특히 처음 접했던 강영안 교수의 『타 인의 얼굴』은 이 책을 쓰는 데 큰 힘이 되었다. 그 외 대학에서 오랫동안 '현대사회와 윤리'를 강의하면서 학생들과 나누었던 많은 토론과, 지자체나 복지기관에서 진행한 특강을 통해서도 윤리의 현실감을 많이 얻어 냈다. 대학의 안과 밖을 넘나들며 레비나스는 내 삶의 일부가 될 정도였다.

이 책은 한국연구재단의 저술과제사업으로 이루어졌다. 한국연구재단의 재정적 지원에 다시 한번 감사한다. 그리고 인문학 서적 출판 시장의 어려움에도 출판을 선뜻 승낙해 준 지식의날개 출판사에 감사한다. 특히 편집을 맡은 신경진 선생에게는 무어라고 감사의 말을 드려야 할지 모르겠다. 애매모호한 문장을 빠짐없이 바로잡아 주고 글의 토씨와 각주 하나에도 온갖 정성을 다해 교정해 주는 모습을 보면서 새삼 경외심을 갖는다. 무엇보다 독자들에게 자칫 오해나 편견을 줄 수 있는 글귀를 남김없이 지적해 준 것에 대해 감사의 말을 드린다.

늘 그렇지만 이 책을 끝낼 수 있도록 말없이 힘을 북돋워 준 아내에게 고마움을 전한다. 아내는 요즘 그림 그리는 일에 빠져 이른 새벽에도 일어나 캔버스에 붓질한다. 열정이 아니어도 좋다. 무언가를 열심히 하고 있다는 것은 주위 사람에게 알게 모르게 안정감을 준다. 멀리 떨어져 유목민처럼 혼자 살아가던 아들 르네도 이제 자리를 잡고 자기 일에 조금씩 흥미를 갖기 시작했다. 마음 편히 글을 쓸 수 있었던 것도 가족들 덕분이라고 생각하니 그저 그들이 고마울 뿐이다.

⌐ 참고문헌

· 강영안, "얼굴과 일상", 『프랑스문화예술연구』, 제39집, 2012.

· 강영안, 『주체는 죽었는가』(4쇄), 문예출판사, 2001.

· 강영안, 『타인의 얼굴』, 문학과지성사, 2001.

· 김기현, 『인간다움-인간다운 삶을 지탱하는 3가지 기준』, 21세기북스, 2023.

· 김모세, "프랑수아 모리악과 타자의 문제: 시선과 얼굴의 개념을 중심으로", 『프랑스학연구』, 제36집, 2006.

· 김상봉, 『서로주체성의 이념』, 길, 2007.

· 김애령, 『듣기의 윤리』, 봄날의 박씨, 2020.

· 김연숙, 『레비나스의 타자윤리학』, 인간사랑, 2002.

· 김종갑, 『근대적 몸과 탈근대적 증상』, 나남, 2008.

· 김종갑, 『타자로서의 몸, 몸의 공동체』, 건국대학교출판부, 2004.

· 김종성, 『춤추는 뇌』, 사이언스북스, 2005.

· 김진택, "시선의 현상학적 경험과 봄의 나르시시즘", 『프랑스문화연구』, 제16집, 2009.

· 김찬호, 『대면, 비대면, 외면』, 문학과 지성사, 2022.

· 김현경, 『사람, 장소, 환대』, 문학과 지성사, 2015.

· 김현승, 『김현승 시전집』, 김인섭 엮음, 민음사, 2005.

· 나카야마 겐, 『밥벌이는 왜 고단한가』, 최연희 · 정이찬 옮김, 이데아, 2024.

· 노무라 도시아키, 『교도소의 정신과 의사』, 송경원 옮김, 지금이책, 2024.

· 니콜 아브릴, 『얼굴의 역사』, 이민아 옮김, 바다출판사, 2006

· 다나카 준, 『도시의 시학』, 나승회 · 박수경 옮김, 심산, 2019.

· 다카기 진자부로, 『시민과학자로 살다』, 김원식 옮김, 녹색평론사, 2000.

· 데니얼 멕닐, 『얼굴』, 안정화 옮김, 사이언스북스, 2003.

· 데이비스 콜린스, 『엠마누엘 레비나스-타자를 향한 욕망』, 김성호 옮김, 다산글방, 2001.

· 도나 캐머런, 『카인드: 아주 작은 친절의 힘』, 허선영 옮김, 포레스트북스, 2021.

· 도린 매, 『공간, 장소, 젠더』, 정현주 옮김, 서울대학교출판문화원, 2015.

· 뤼트허르 브레흐만, 『휴먼카인드: 감춰진 인간 본성에서 찾은 희망의 연대기』, 조현욱 옮김, 인플루엔셜, 2021.

· 리디아 댄워스, 『우정의 과학』, 안기순 옮김, 흐름출판, 2021.

· 린 스타우트, 『양심은 힘이 없다는 착각』, 왕수민 옮김, 원더박스, 2023.

· 마르틴 부버, 『나와 너』, 김천배 옮김, 대한기독교서회, 2011.

- 마르틴 하이데거, 『존재와 시간』, 이기상 옮김, 까치, 2010.
- 마사 너스바움, 『혐오와 수치심』, 조계원 옮김, 민음사, 2015.
- 마이클 토마셀로, 『도덕의 기원』, 유강은 옮김, 이데아, 2018.
- 메를로 퐁티, 『지각의 현상학』, 류의근 옮김, 문학과지성사, 2002.
- 모리스 블랑쇼 · 장-뤽 낭시, 『밝힐 수 없는 공동체, 마주한 공동체』, 박준상 옮김, 문학과지성사, 2005.
- 문성원, 『타자와 욕망』, 현암사, 2017, 2019.
- 문성원, 『해체와 윤리』, 그린비, 2012.
- 문유석, 『최소한의 선의』, 문학동네, 2021.
- 미셸 앙리, 『물질 현상학』, 박영옥 옮김, 자음과모음(이룸), 2012.
- 미카엘 드 생 쉐롱, 『엠마뉴엘 레비나스와의 대담: 1992-1994』, 김웅권 옮김, 동문선, 2008.
- 박남희, 『레비나스, 그는 누구인가』, 세창출판사(세창미디어), 2019.
- 박여성, "얼굴의 행태학: 표정의 문화기호학적 연구를 위하여", 『기호학연구』, 19권, 한국기호학회, 2006.
- 박연규, "레비나스의 '가족'에서 분리와 거리두기의 관계윤리", 『문화와 융합』, 제38권 2호, 2016.
- 박연규, "레비나스의 얼굴 윤리학의 퍼스기호학적 이해", 『기호학연구』, 제50집, 2017.
- 박연규, "유가의 관계 자아에서 타자와의 거리두기와 낯설게 하기", 『공자학』, 28호, 2015.
- 박연규, "장소와 경험, 그리고 책임의 인문학", 『시민인문학』, 31호, 2016.
- 박연규, 『교정윤리: 재소자의 몸과 관계윤리』, 시간여행, 2017.
- 박영택, 『얼굴이 말하다』, 마음산책, 2010
- 박원빈, 『레비나스와 기독교』, 북코리아, 2010
- 박정호, "고통의 의미: 레비나스를 중심으로", 『시대와 철학』, 제22권 4호, 2011.
- 박준상, 『빈중심』, 그린비, 2008.
- 박치완, "레비나스의 '얼굴': 윤리학적 해석이 가능한가", 『범한철학』, 제64집, 2012.
- 뱅자맹 주아노, 『얼굴』, 신혜연 옮김, 21세기북스, 2014.
- 베른하르트 타우렉, 『레비나스』, 변순용 옮김, 인간사랑, 2004.
- 변순용, 『책임의 윤리학』, 철학과 현실사, 2007.
- 블레즈 파스칼, 『팡세』, 이환 옮김, 민음사, 2003.
- 빅터 프랭클, 『빅터 프랭클의 심리의 발견』, 강윤영 옮김, 이시형 감수, 청아출판사, 2008.
- 빅터 프랭클, 『죽음의 수용소에서』, 이시형 옮김, 청아출판사, 2005.
- 샤우나 샤피로, 『마음챙김』, 박미경 옮김, ㈜로크미디어, 2021.
- 서규환, 『정치적 모랄리아1 레비나스』, 다인아트, 2017.
- 서동욱, 『차이와 타자』, 문학과 지성사, 2000.
- 서영이, "상법(相法)의 은유적 변용", 『철학』, 제125집, 한국철학회, 2015.
- 서영채, 『풍경이 온다: 공간 장소 운명애』, 나무나무, 2019.
- 서정윤, 『홀로서기』, 연인(연인M&B), 2019.
- 손봉호, 『고통받는 인간』, 서울대학교출판문화원, 2014.

• 송호근, 『시민의 탄생』, 민음사, 2013.

• 슈테판 클라인, 『현명한 이타주의자』, 장혜경 옮김, page2북스, 2024 .

• 스티븐 핑커, 『언어본능』, 김한여 · 문미선 · 신효식 옮김, 동녘사이언스, 2015.

• 스티븐 핑커, 『우리 본성의 선한 천사』, 김명남 옮김, 사이언스북스, 2014.

• 스파이크 칼슨, 『동네 한바퀴 생활인문학』, 한은경 옮김, 21세기북스, 2021.

• 시몬 코헨, 『마음 盲: 자폐증과 마음 이론에 관한 과학 에세이』, 김혜리 옮김, 시그마프레스, 2005.

• 심귀연, 『신체와 자유』, 그린비, 2012.

• 아놀드 민델, 『명상과 심리치료의 만남』, 정인석 옮김, 학지사, 2011.

• 아담 스미스, 『국부론』, 유인호 옮김, 동서문화사, 2009.

• 아리스토텔레스, 『니코마코스 윤리학』, 천병희 옮김, 도서출판 숲, 2015.

• 아브라함 H. 메슬로, 『존재의 심리학』, 정태연 · 노현정 옮김, 문예출판사, 2012.

• 아인 랜드, 『이기심의 미덕』, 정명진 옮김, 부글북스, 2017.

• 안나 S. 레더샌드, 『빅터 프랑클』, 황의방 옮김, 두레, 2008.

• 알폰스 링기스, 『아무것도 공유하지 않은 자들의 공동체』, 김성균 옮김, 바다출판사, 2013.

• 알프레드 아들러, 『인간 이해』, 라영균 옮김, 일빛, 2012.

• 어빈 D. 얄롬, 『태양을 직면하기: 얄롬의 죽음불안심리와 상담』, 임경수 옮김, 학지사, 2023.

• 어빙 고프먼, 『스티그마』, 윤선길 옮김, 한신대학교출판부, 2009.

• 에드워드 렐프, 『장소와 장소상실』, 김덕현 · 김현주 · 심승희 옮김, 논형, 2008.

• 에리히 프롬, 『자기를 위한 인간』, 강주헌 옮김, 나무생각, 2018.

• 에마뉘엘 레비나스, 『레비나스 평전』, 변광배 · 김모세 옮김, 살림, 2006.

• 에마뉘엘 레비나스, 『시간과 타자』, 강영안 옮김, 문예출판사, 2009.

• 에마뉘엘 레비나스, 『신, 죽음, 그리고 시간』, 김도형 · 문성원 · 손영창 옮김, 그린비, 2013.

• 에마뉘엘 레비나스, 『우리 사이』, 김성호 옮김, 그린비, 2019

• 에마뉘엘 레비나스, 『윤리와 무한』, 양명수 옮김, 다산글방, 2005.

• 에마뉘엘 레비나스, 『전체성과 무한』, 김도형 · 문성원 · 손영창 옮김, 그린비, 2018, 2022.

• 에마뉘엘 레비나스, 『존재에서 존재자로』, 서동욱 옮김, 민음사, 2009.

• 에마뉘엘 레비나스, 『존재와 다르게: 본질의 저편』, 김연숙 · 박한표 옮김, 인간사랑, 2010.

• 에마뉘엘 레비나스, 『타자성과 초월』, 김도형 · 문성원 옮김, 그린비, 2020.

• 에마뉘엘 레비나스, 『탈출에 관해서』, 김동규 옮김, 지식을만드는지식, 2012.

• 에밀 쿠에, 『자기암시』, 김동기 · 김분 옮김, 화담, 2013.

• 에픽테토스, 『엥케이리디온』, 김재홍 옮김, 까치, 2003.

• 와시다 키요카즈, 『듣기의 철학』, 길주희 옮김, 아케넷, 2014.

• 유발 하라리 외, 『초예측: 세계 석학 8인에게 인류의 미래를 묻다』, 정현옥 · 오노 가즈모토 엮음, 웅진지식하우스, 2019.

• 유발 하라리, 『호모데우스』, 김명주 옮김, 김영사, 2017.

· 유씨부인, 『조침문』, 신원문화사, 2004.

· 윤대선, 『레비나스의 타자 물음과 현대철학』, 문예출판사, 2018.

· 윤대선, 『레비나스의 타자철학』, 문예출판사, 2009.

· 이기상, 『존재와 시간』, 살림, 2008.

· 이명곤, 『레비나스와의 1시간』, 세창출판사(세창미디어), 2021.

· 이무용, "장소를 통한 문화의 소통: 공간의 문화정치와 장소 만들기", 『인문학연구』, 14권, 경희대 인문학연구원, 2008.

· 이민규, 『차이, 차별, 처벌』, 알에이치코리아(RHK), 2021.

· 이우환, 『만남을 찾아서: 현대미술의 시작』, 김혜신 옮김, 학고재, 2011.

· 이원, 『시간적 인간』, 지식의날개(방송대출판문화원), 2016.

· 이은숙, "장소애착의 본질: 시 〈다시 엘르에게〉를 통해서", 『문화역사지리』 제18권 제1호, 2006.

· 이재하, "장소 연구의 핵심 주제 '장소의 정감' 재논의와 장소 만들기에서 그 중요성", 『한국지역지리학회지』 제24권 제1호, 2018.

· 이종선, "얼굴, 그 해체와 재구성에 대한 탐구", 『동양예술』, 제30호, 한국동양예술학회, 2016.

· 이-푸 투안, 『공간과 장소』, 구동회 · 심승희 옮김, 대윤, 2007.

· 임춘성, 『거리두기』, 쌤앤파커스, 2017.

· 자크 데리다, 『환대에 대하여』, 남수인 옮김, 동문선, 2004.

· 장 폴 사르트르, 『실존주의는 휴머니즘이다』, 박정태 옮김, 이학사, 2008.

· 전은희, "장소로서의 도시와 공간의 장소감 표현 연구", 『미술문화연구』 12, 2018.

· 제러미 리프킨, 『공감의 시대』, 이경남 옮김, 민음사, 2010.

· 제임스 홀, 『얼굴은 예술이 된다』, 이정연 옮김, 시공사(Sigongart), 2018.

· 제프 말파스, 『장소와 경험』, 김지혜 옮김, 에코리브르, 2014.

· 조 코헤인, 『낯선 사람에게 말을 걸면』, 김영선 옮김, 어크로스, 2022.

· 조광제, 『몸의 세계, 세계의 몸』, 이학사, 2009.

· 조현수, 『애덤 스미스의 도덕감정론』, 진인진, 2022.

· 존 M. 렉터, 『인간은 왜 잔인해지는가』, 양미래 옮김, 교유서가, 2021.

· 주기화, 『비대면』, 은행나무, 2022.

· 주디스 버틀러, 『윤리적 폭력 비판』, 양효실 옮김, 인간사랑, 2013.

· 질 들뢰즈, 『차이와 반복』, 김상환 옮김, 민음사, 2004.

· 최신한, 『독백의 철학에서 대화의 철학으로』, 문예출판사, 2001

· 최진석, "바흐친과 레비나스: 얼굴과 사건, 윤리적인 것의 생성에 관하여", 『한국노어노문학회 학술대회 자료집』, Vol. 2009. No.6, 2009.

· 최호준, 『시민도시』, 파라북스, 2007.

· 캐서린 샌더슨, 『방관자 효과』, 박준형 옮김, 쌤앤파커스, 2021.

· 케네스 레이너드 · 에릭 L. 샌트너 · 슬라보예 지젝, 『이웃』, 정혁현 옮김, 도서출판b, 2010.

· 콰메 앤터니 애피아, 『세계시민주의』, 실천철학연구회 옮김, 바이북스, 2008.

· 클로에 마다네스, 『관계, 유연하면 풀린다』, 나혜목 옮김, 비전과리더십, 2011.

· 테리 이글턴, 『문화란 무엇인가』, 이강선 옮김, 문예출판사, 2021.

· 테오도어 W. 아도르노, 『부정변증법』, 홍승용 옮김, 한길사, 1999.

· 폴 리쾨르, 『타자로서 자기 자신』, 김웅권 옮김, 동문선, 2006.

· 폴 에크만, 『얼굴의 심리학』, 이민아 옮김, 바다출판사, 2012.

· 한승혜, 『다정한 무관심』, 사우, 2021.

· 허지웅, 『최소한의 이웃』, 김영사, 2022.

· 호메로스, 『오디세이아』, 이상훈 옮김, 동서문화사, 2016.

· M. E. Kerr, M. Bowen, 『보웬의 가족치료이론』, 남순현 · 전영주 · 황영훈 옮김, 학지사, 2010.

· Descartes, Rene, *The Philosophical Writings of Descartes*, Vol. 1, trans. John Cottingham, Robert Stoothoff, Dugald Murdoch, Cambridge University Press, 1989.

· Dewey, John, *Art as Experience*, A Perigee Book, 2005.

· Levinas, Emmanuel, *Totality and Infinity*, Kluwer Academic Publishers, 1991.

· Peirce, Charles Sanders, *Collected Papers of Charles Sanders Peirce*, Hartshorne C, P. Weiss and A.Q. Burks (ed.), Cambridge, Mass: Belknap Press. (1931–1935) & (1958).